Studienreihe Informatik

Herausgegeben von W. Brauer und G. Goos

Jürg Nievergelt   Klaus Hinrichs

Programmierung und Datenstrukturen

Eine Einführung anhand von Beispielen

Springer-Verlag Berlin Heidelberg New York
London Paris Tokyo

Jürg Nievergelt
Klaus Hinrichs

University of North Carolina at Chapel Hill
Department of Computer Science
Chapel Hill, NC 27514, USA

und

Informatik, ETH, CH-8092 Zürich

ISBN-13: 978-3-540-17100-3   e-ISBN-13: 978-3-642-71605-8
DOI: 10.1007/978-3-642-71605-8

CIP-Kurztitelaufnahme der Deutschen Bibliothek.
Nievergelt, Jürg:
Programmierung und Datenstrukturen: e. Einf. anhand von Beispielen / Jürg Nievergelt;
Klaus Hinrichs. – Berlin; Heidelberg; New York; London; Paris; Tokyo: Springer, 1986.
(Studienreihe Informatik)

ISBN-13: 978-3-540-17100-3
NE: Hinrichs, Klaus:

Druck und Einband: Druckhaus Beltz, Hemsbach/Bergstraße
2145/3140-543210

Vorwort

Dieses Buch ist aus der zweisemestrigen Einführungsvorlesung Informatik 1 und 2 an der ETH Zürich entstanden. Da der Inhalt des ersten Semesters, der die Abschnitte 1 und 2 umfasst, eine unkonventionelle Einführung in die Informatik darstellt, ist eine Erklärung angebracht, damit der Leser beurteilen kann, ob die Voraussetzungen und Zielsetzungen dieses Buches auf ihn zutreffen. Zählen wir zuerst die Funktionen auf, die dieses Buch *nicht* zu erfüllen versucht.

Dieses Buch ist keine Anfängeranleitung zum Programmieren. Wir setzen voraus, dass der Leser eine moderne Programmiersprache nicht nur kennt, sondern auch geübt hat, zum Beispiel anhand einer der vielen Einführungen ins Programmieren in Pascal.

Wir streben keine umfassende Darstellung der Informatik an, sondern wählen gezielt Themen aus, die schnell zu wichtigen Begriffen, Methoden und Erkenntnissen in einigen Kernbereichen der Informatik führen. Wer eine Übersicht über einen viel grösseren Themenkreis sucht, dem sei die *Informatik* von Bauer und Goos [BG] empfohlen.

Wir streben auch keine formale Darstellung der behandelten Themen an. Informatik ist zwar die Technik der Formalisierung, aber formale Darstellungen sind in erster Linie für den Umgang mit Maschinen geeignet, nicht für die Kommunikation von Mensch zu Mensch. Gerade bei der *ersten* Begegnung mit einem Gedankengang, wie es beim Lesen eines Lehrbuches die Regel ist, ist Intuition der Schlüssel zum Verständnis. Wir versuchen mit vielen Beispielen und Bildern des Lesers Intuition anzusprechen. Wir überlassen die Verallgemeinerung vom Beispiel zur Regel oft dem Leser, wohl wissend, dass die Erstellung eines lauffähigen Programms die formale Darstellung der allgemeinen Regel verlangt.

Die Behandlung der vielen algorithmischen Probleme auf knappem Platz lässt es auch nicht zu, dass immer der volle Hintergrund einer Aufgabe erklärt wird. Wer den Inhalt im Detail verstehen will, muss bereit sein, intensiv zu arbeiten, nicht nur passiv zu lesen.

Nach all den Warnungen darüber, was dieses Buch nicht ist, stellt sich die Frage, was es sein will? Erstens will es dem computerbegeisterten Autodidakten schnell und überzeugend zeigen, dass die Informatik "mächtige Gedanken" entwickelt hat, die beim Umgang mit dem Computer zu wichtigen Werkzeugen werden, und die man nicht leicht selbst nacherfinden kann. Zweitens will es dem angehenden Informatiker gleich zu Beginn eine Probe der intellektuellen Anforderungen eines Informatikstudiums geben, damit er Informatik nicht mit Fingerfertigkeit am Computer verwechselt. Und drittens will es dies mit zentralen Fragestellungen von bleibendem Wert erreichen, mit Gedanken, welche die gegenwärtige Generation von Computern, Betriebssystemen und auch Programmiersprachen überleben werden. Unsere Einschätzung der "Lebenserwartung" eines Themas hat oft darüber entschieden, ob es aufgenommen wurde. Die Zukunft möge zeigen, ob uns diese Auswahl geglückt ist.

Unser Buch ist ein konkreter Vorschlag für die Realisierung des *ACM Recommended Curriculum for CS2, 1984*, des zweiten Einführungskurses in die Informatik. Die Ziele von Computer Science 2 sind in [KSW] folgendermassen aufgeführt:

- Einen disziplinierten Ansatz für den Entwurf, die Codierung und das Testen von Programmen in einer blockstrukturierten höheren Programmiersprache weiter zu vertiefen.

- Datenabstraktion anhand von Beispielen, die über die in einer Programmiersprache bereitgestellten Typen hinausgehen, zu lehren.
- Das Verständnis für verschiedene Implementationen dieser Datentypen zu fördern.
- Such- und Sortieralgorithmen und deren Analyse einzuführen.
- Eine Grundlage für ein vertieftes Studium in Informatik bereitzustellen.

Wie in [Ral] vorgeschlagen, haben wir versucht, mathematische Aspekte zu berücksichtigen, doch nicht überzubetonen.

Es sind uns noch keine Textbücher bekannt, die diesen Kurrikulumsvorschlag verwirklichen.

Nun zur konkreten Begründung der behandelten Themen:

Im Teil 1, Sprachunabhängige Aspekte der Programmierung, nehmen wir an, der Leser kenne einzelne oder mehrere Computer, Betriebssysteme, Programmiersprachen (etwa im Umfang von [BZ] und eines Einführungsbuches in Pascal, siehe auch *ACM Recommended Curriculum for CS1, 1984* [KMW]), und dass er jetzt mit einem neuen Gerät arbeiten muss. Wir wollen den Übergang auf ein neues System dazu benutzen, den Gedanken zu festigen, Programmieren sei die Reduktion einer Lösung auf beliebig vorgegebene "primitive Operationen", sei also zum grossen Teil unabhängig von einer spezifischen Programmierumgebung. Damit der Student sofort auf dem neuen System attraktive und interessante Programme zum Laufen bringt, führen wir Graphik und Rekursion ein. Rekursive Bilder sind wohlbekannte Musterbeispiele für anschauliches algorithmisches Denken.

Ebenfalls zum Thema "sprachunabhängiges Programmieren" gehört der Gedanke, alle Programmiersprachen seien in erster Approximation gleich, wer eine kenne, kenne sie alle. Dies ist bewusst überspitzt ausgedrückt, aber wir haben oft gesehen, dass bei entsprechender Erfahrung einige Seiten Syntaxdiagramme von Pascal oder Modula-2 genügen, um daraus die Semantik der Sprache zu erraten. Dazu muss der Student natürlich mit Syntax gut umgehen können; deshalb behandeln wir dieses Thema gleich am Anfang.

Unterrichtscomputer werden heute interaktiv verwendet, also hat jedes Programm eine Dialogkomponente. Prinzipien und Methoden der Dialogprogrammierung werden in heutigen Lehrbüchern noch weitgehend ignoriert, also haben wir diesem Thema zwei Abschnitte gewidmet. Wir stützen uns auf den Ansatz der Trennung von Form und Inhalt, der in [NVH] beschrieben ist.

Diese Themen haben wir als notwendig erachtet, damit der Student für die folgenden Algorithmen wirksam Übungsprogramme schreiben kann. Auf explizite Behandlung anderer Aspekte der Programmierung haben wir verzichtet, da sie in verschiedenen Lehrbüchern zu finden sind. [BW], [Gri], [Dij] und [Heh] behandeln Programmentwicklung von einem streng formalen Standpunkt aus. Am anderen Ende des Spektrums steht Programmentwicklung vom Gesichtspunkt der algorithmischen Effizienz aus gesehen, wie etwa in [Knu] und [Ben 82] vertreten. Unser Ansatz liegt näher an dieser Tradition, und wir illustrieren ihn eingehend in Teil 2, mit einer Sammlung von Algorithmen aus den verschiedensten Bereichen. Umfangreichere und detailliertere Algorithmensammlungen findet der interessierte Leser in [Meh], [Sed], [Gon].

Teil 3 enthält eine moderne Einführung in den traditionellen Bereich des "Sorting and Searching", der Datenstrukturen. Verglichen mit anderen Darstellungen desselben Themenkreises haben wir uns beim Sortieren auf wenige zentrale Punkte beschränkt. Aus der Vielfalt verschiedener Sortieralgorithmen haben wir nur wenige Typen ausgewählt. Bei der Behandlung von Datenstrukturen gewichten wir - im Einklang mit den Tendenzen aktueller Forschung - Adressberechnungsmethoden gleich stark wie Listenstrukturen. Abstrakte Datentypen werden eingeführt als Werkzeug zur Trennung von Funktion und Implementation, eine Entwicklung, die von modularen Programmiersprachen wie Modula-2 und Ada unterstützt wird.

Programmbeispiele sind in Pascal und Modula-2 - oft nebeneinander - aufgeführt, hin und wieder mit leichten Erweiterungen, welche die Programme kürzer und übersichtlicher gestalten. Diese Spracherweiterungen sind im Anhang aufgeführt, der auch eine Sammlung theoretischer Grundlagen enthält. Übungen und Lösungen stammen aus Vorlesung und Vordiplomprüfungen an der ETH.

Zusammenfassend: Dieses Buch ist eine Einführung in die Informatik im Schnellzugtempo, mit einer starken Gewichtung von Algorithmen und Datenstrukturen und deren praktischer Realisierung. Sein Studium ist anspruchsvoll, aber auch lohnend, stellt es doch ein gefestigtes Gedankengut der Informatik dar.

Wir sind dem Institut für Informatik der ETH Zürich dankbar für die Unterstützung bei der Erstellung dieses Buches, insbesondere für die Bereitstellung der Textverarbeitungssoftware Lara und SIL auf dem Lilith Arbeitsplatzrechner. Viele Assistenten und Studenten haben zur Gestaltung beigetragen, insbesondere Feiga Haymann, Anders Kierulf, Carlo Muller und Christian Brechbühler. Wir danken Hans Wössner und Herbert Ehler für die sorgfältige Durchsicht des Manuskripts und viele Verbesserungsvorschläge.

Zürich und Chapel Hill, im Juni 1986

J. Nievergelt
K. Hinrichs

Inhalt

1 Sprachunabhängige Aspekte der Programmierung

"Programmieren" umfasst (mindestens) die folgenden Tätigkeiten:
- Analyse einer Aufgabenstellung;
- Entwurf einer Lösung;
- Analyse dieser Lösung;
- Formulieren dieser Lösung als Programm in einer vorgegebenen Programmiersprache;
- Ausführen und Testen des Programms;
- Beobachten der Programmabläufe und Analyse der Ergebnisse.

Versteht man "Programmieren" in diesem breiten Sinn, so ergibt sich, dass ein grosser Teil der Programmierarbeit unabhängig von einer bestimmten Programmiersprache und -umgebung wird. Die Gedankenarbeit wird weitgehend mittels Begriffen geführt, die auf einer "höheren Stufe" liegen, als sie von typischen heutigen Programmiersprachen direkt angeboten werden. Schrittweise wird die so konzipierte Lösung auf das Bestehende reduziert, das heisst auf die Bausteine, die als Primitive von der vorliegenden Programmierumgebung angeboten werden, oder die man sich vorher selbst aufgebaut hat.

Die Informatik hat im Laufe von vier Jahrzehnten viele Begriffe entwickelt, um den sprach- und systemunabhängigen Teil der Programmierarbeit zu erleichtern. Es ist unser Ziel, einige dieser wichtigen Grundbegriffe durch Beispiele einzuführen - vor allem solche Grundbegriffe, die in vielen Einführungen ins Programmieren zu kurz kommen, weil sich die entsprechenden Bücher stark auf die Eigenheiten einer bestimmten Programmierumgebung (System, Sprache) konzentrieren.

1.1 Programmierumgebungen

Ein Programm*entwurf* kann im Kopf oder auf dem Papier entstehen und darf auch noch vage Begriffe und informelle Notation verwenden. Wenn es zum Programm*ablauf* kommen soll, nimmt man weitere Komponenten einer *Programmierumgebung* hinzu: Eine formal definierte Notation, die *Programmiersprache*; ein *Computersystem*, bestehend aus *System Software* und *Hardware*. Zur System Software gehören ein oder mehrere *Betriebssysteme*, *Sprachübersetzer (Compiler* und *Interpreter)* und weitere *utilities* oder *Dienstleistungsprogramme*, wie *Editoren* und *Datenverwaltungshilfsmittel*.

Programmieren heisst, eine Problemlösung mit den Hilfsmitteln realisieren, die von einer vorgegebenen *Programmierumgebung* angeboten werden. Die meisten Programmierer arbeiten in Umgebungen, die sehr mächtige Hilfsmittel anbieten. Dementsprechend sind diese Umgebungen kompliziert. Auch ein erfahrener Programmierer kann Monate benötigen, um eine neue Umgebung zu beherrschen.

Für das Erlernen des Programmierens sollte die Umgebung möglichst einfach sein; auch künstlich erfundene Umgebungen, deren einziger Zweck es ist, einige Begriffe des Programmierens in möglichst einfacher Form zu zeigen, können sich dazu eignen. Leider sind heutige Umgebungen für Anfänger nicht so einfach, wie sie sein könnten. In diesem ersten Abschnitt steuern wir unter Vernachlässigung vieler Aspekte so schnell wie möglich auf ein einfaches Programm, das im UCSD p-System auf Apple II läuft.

1.1.1   Einfache künstliche Umgebungen

Einige Aspekte des Programmierens können auch ohne Computer erlernt werden, indem man eine künstliche Programmierumgebung wie ein Gedankenspiel erfindet. Am folgenden Beispiel des *anschmiegsamen Roboters* können die folgenden Begriffe eingeführt werden: die Aufgabenstellung und die Lösungsidee, die Programmierumgebung (hier dargestellt durch den vorgegebenen Befehlssatz), die Struktur eines Programms (hier als numerierte Folge von Befehlszeilen), die Darstellung der Lösung als Programm.

Ein Roboter fährt programmgesteuert in einem Labyrinth herum. Er bewegt sich nur in Einheitsschritten und kann an Ort und Stelle um 90 Grad drehen, so dass er sich auf einem rechtwinkligen Gitter bewegt. Vorne am Roboter ist ein Sensor angebracht, der angibt, ob er in der gegenwärtigen Stellung und Fahrtrichtung an einer Wand anstösst.

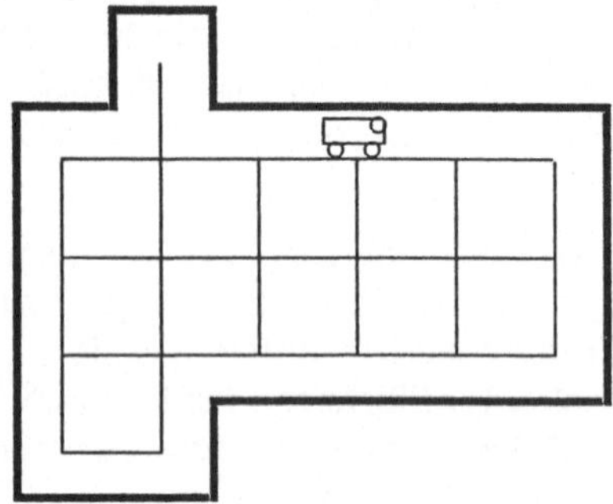

Ein Progamm für diesen Roboter ist eine numerierte Folge von Befehlszeilen, wobei jede Befehlszeile aus dem folgenden Befehlssatz ausgewählt wird (z ist eine Zeilennummer):

```
right,  left,  forward,  goto z,  if touch goto z.
```

Gesucht ist ein Programm, das den Roboter zuerst zu einer Wand führt, dann an dieser Wand entlang lenkt, wobei die Wand über alle Richtungsänderungen hinweg immer zur Linken des Roboters sein soll. Im folgenden Programm werden vor jedem Befehl alle bekannten Aussagen über den Zustand des Roboters bezüglich der Wand festgehalten, wobei "{}" aussagt, dass nichts bekannt ist. Befehle 1 bis 3 führen den Roboter zu einer Wand, die fünf Befehle 4 bis 8 führen ihn der Wand entlang, an der er angestossen ist:

```
    {}
1 if touch {Frontberührung} goto 4
    {keine Frontberührung}
2 forward
    {}
3 goto 1
    {Frontberührung}
4 right
    {Wand links vorne}
5 if touch {Frontberührung wiederhergestellt} goto 4
    {Wand links vorne, keine Frontberührung}
6 forward
    {Wand links hinten}
7 left
    {Wand links vorne}
8 goto 5
```

Dieses Programm ist sorgfältig so optimiert worden, dass die Schleife "der Wand entlang" nur gerade 5 Befehle benötigt. Die sich überschneidenden Schleifen {4, 5} und {5, 8} machen dieses Programm etwas schwer verständlich. Wir entwickeln daher ein neues Programm, das nur streng verschachtelte Schleifen verwendet, und schreiben es in einer höheren Programmiersprache. Die Lösung folgt der Anleitung: "Schau, ob Du links vorwärts gehen kannst; falls nicht möglich, drehe rechts, bis Du vorwärts gehen kannst". Beim Start stehe der Roboter diesmal bereits an einer Wand, die er zu seiner Linken hat; er sei also in dem Zustand, den er nach Ausführung der Befehle 1 bis 4 im obigen Programm hat.

```
loop
  left;
  while touch do right;
  forward;
forever;
```

Wir haben eine unendliche Schleife `loop - forever` und eine bedingte Schleife `while - do` neu eingeführt. Der Leser möge dieses Programm in die primitiven Befehle des Roboters übersetzen; er wird finden, dass die Schleife "der Wand entlang" dann 6 Roboterbefehle braucht, statt deren fünf wie im obigen Programm.

1.1.2   Die Umgebung "Turtle Graphics"

Die "Turtle" (Schildkröte) ist ein Zeichengerät, das sich ähnlich verhält wie der obige Roboter, jedoch einen reicheren Befehlssatz besitzt. Der Zustand der Schildkröte ist festgelegt durch den Punkt, an dem sie sich befindet, und eine Bewegungsrichtung. Der Befehlssatz der Schildkröte ist wie folgt:

`PenColor(c)`   Falls `c = none`, so ist im folgenden der Zeichenstift angehoben, falls `c = white`, so ist der Zeichenstift abgesenkt.

`MoveTo(x,y)`   Bewege die Schildkröte von ihrem gegenwärtigen Punkt zu dem Punkt `(x,y)`, wobei bei abgesenktem Zeichenstift eine Linie gezeichnet wird.

`TurnTo(a)`   Ändere die Bewegungsrichtung der Schildkröte so, dass sie den Winkel `a` mit der positiven x-Achse bildet.

`Move(s)`   Bewege die Schildkröte von ihrem gegenwärtigen Punkt um `s` Einheiten in der vorgegebenen Bewegungsrichtung.

`Turn(a)`   Drehe die Schildkröte um `a` Einheiten.

Weiterhin erfinden wir noch eine selbsterklärende Notation für eine Schleife. Mit den folgenden Anweisungen zeichnet die Turtle ein 36-Eck:

```
PenColor(white);
DO 36 times:
  Move(9);     {9 Einheiten vorwärts}
  Turn(10);    {Richtungsänderung an Ort und Stelle, 10 Grad im Gegenuhrzeigersinn}
OD.
```

1.1.3   Die Prozedur als Baustein von Programmen

Moderne Programmiersprachen stellen als Hauptmittel zur Strukturierung von Programmen die *Prozedur* zur Verfügung. Ein nützliches Programmfragment wird am besten als Prozedur geschrieben, wodurch ein wichtiger Teil seines Ein- und Ausgabeverhaltens durch Parameter formal beschrieben wird. Es wird damit zu einem Baustein, der übersichtlich in verschiedene Programme eingebaut werden kann.

Wenn das obige Programmfragment zu einer Prozedur gemacht wird, soll es grössere Allgemeinheit besitzen, als nur gerade 36-Ecke zeichnen zu können. Wichtige Fragen: Welche Parameter soll die Prozedur haben? Welche Resultate soll sie liefern?

Die folgende Prozedur (in UCSD Pascal und in Modula-2 unter Verwendung der Bibliothek "turtlegraphics" formuliert) kann n-Ecke mit beliebiger Seitenzahl und Seitenlänge auf den Bildschirm zeichnen.

```
procedure ngon(n, s: integer);    |             PROCEDURE ngon(n, s: INTEGER);
            {n: Anzahl Seiten, s: Seitenlänge}
  var i, j: integer;              |             VAR i, j: INTEGER;
  begin                          |             BEGIN
    pencolor(none);      {ohne zu zeichnen}     PenColor(none);
    moveto(140, 20);             |             MoveTo(140, 20);
            {in die untere Mitte des Schirms fahren}
    turnto(0);          {nach rechts schauen}   TurnTo(0);
    pencolor(white);    {zu zeichnen anfangen}  PenColor(white);
    j := 360 div n;     {Drehwinkel bestimmen}  j := 360 DIV n;
    for i := 1 to n do begin     |             FOR i := 1 TO n DO
      move(s); turn(j)           |               Move(s); Turn(j);
    end                          |             END;
  end; {ngon}                    |             END ngon;
```

Um ein 36-Eck mit Seitenlänge 9 zu zeichen, ruft man in beiden Programmiersprachen `ngon(36, 9);` auf.

1.1.4   Ein primitives Rahmenprogramm

Informatikstudenten im ersten Semester müssen sich häufig mit mehreren Programmierumgebungen herumschlagen, unter anderen z. B. mit dem Betriebssystem UCSD-p System mit den Programmiersprachen Modula-2 und UCSD-Pascal auf dem APPLE II Computer und mit MacPascal auf dem Apple Macintosh. Wir verwenden für unsere Programmbeispiele beide Sprachen, Pascal und Modula-2, und zeigen oft durch direkte Gegenüberstellung deren Ähnlichkeit. Um nicht auf Betriebssyteme eingehen zu müssen, führen wir den Begriff des Rahmenprogramms ein, ein wiederverwendbares Programmfragment, welches ein Minimum an systemspezifischen "utilities" zur Verfügung stellt.

In einigen Programmiersprachen, vor allem in solchen, die gewöhnlich interpretiert werden, wäre kein Rahmenprogramm notwendig: eine Prozedur kann direkt ausgeführt werden. In Pascal und Modula-2 hingegen ist eine Prozedur allein kein ausführbares Programm. In diesen Sprachen wird ein Programm zuerst kompiliert, d. h. von der Programmiersprache, in der es geschrieben wurde, in Maschinensprache übersetzt. Es gibt den Begriff der Kompilationseinheit, der *compilation unit*, in Pascal das `program`, in Modula das `MODULE`. Um eine Prozedur auszuführen, braucht man ein *Testprogramm:* Man bettet die Prozedur in eine Kompilationseinheit ein, kompiliert diese, führt das resultierende Objektprogramm aus und beobachtet, wann die Prozedur aufgerufen wird.

In 1.5 besprechen wir Rahmenprogramme, die einen vernünftigen Dialog mit dem Benutzer führen, und in die Prozeduren als *dynamische Seiten* eingebettet werden. Hier wollen wir nur das allereinfachste Rahmenprogramm vorstellen, mit dem Prozeduren ausgeführt und getestet werden können. Je nach den Parametern der Prozedur p müssen in diesem Programm noch andere Variable deklariert werden.

```
program r0;                    |    MODULE R0;
uses turtlegraphics,           |    FROM TurtleGraphics IMPORT
     applestuff;               |        InitTurtle, TextMode, ...;
                               |    FROM InOut IMPORT Read;
var c: char;                   |    VAR c: CHAR;
procedure p(....);             |    PROCEDURE P(....);
                 {Deklarationen}
begin                          |    BEGIN
                    {Rumpf}
end; {p}                       |    END P;
begin {main}                   |    BEGIN (* main *)
  initturtle;                  |        InitTurtle;
        {von Text- auf Graphik-Bildschirm umschalten}
      {Parameter von p setzen, oft durch Benutzereingabe}
  p( .... );                   |        P( .... );
   read(c);                    |        Read(c);
          {damit das in p erzeugte Bild stehen bleibt}
   textmode                    |        TextMode;
           {auf den Textbildschirm zurückschalten}
end. {r0}                      |    END R0.
```

Setzt man hier für p die Prozedur ngon ein, und für den Aufruf p(....); den
Aufruf ngon(36, 9); so wird das Programm r0 ein 36-Eck auf den Bildschirm
zeichnen.

1.2   Divide et impera und Rekursion

Nachdem wir das erste Programm zum Laufen gebracht haben, möchten wir in diesem
Kapitel mit geringem Aufwand interessante Vorführprogramme erzeugen. Am
schnellsten erreichen wir dieses Ziel durch den Einsatz von Graphik als Ausgabeform und
von Rekursion als Programmiertechnik. Kurze rekursive Prozeduren können erstaunliche
Animationen auf den Bildschirm zaubern. Wer Rekursion völlig versteht, beherrscht ein
wichtiges Hilfsmittel der Informatik.

1.2.1   Ein algorithmisches Prinzip

A(D) bedeute das Ausführen von Algorithmus A auf einer Datenmenge D. Viele
Datenverarbeitungsaufgaben haben die folgenden Eigenschaften:

- Wenn die Datenmenge D klein oder einfacher Art ist, dann wird das Problem durch
  eine einfache Operation A0 gelöst;
- Wenn die Datenmenge D gross oder komplizierter Natur ist, wird D in mehrere
  kleinere Datenmengen D_1, ... , D_k derart zerlegt, dass die Lösung A(D) aus den
  Teillösungen $A(D_1)$, ... , $A(D_k)$ leicht zusammengesetzt werden kann.

Dieses algorithmische Prinzip des *divide et impera* führt auf natürliche Art zu *rekursiv
formulierten Prozeduren*, nämlich:

```
A(D):  if D einfach then   A0(D)
                     else
                         teile D in D₁, ... , Dk;
                         berechne Teillösungen A(D₁), ... , A(Dk);
                         setze die Teillösungen zusammen zur Lösung A(D)
       endif
```

Damit diese rekursive Prozedur das Problem löst, ist es notwendig, dass die neu erzeugten Datenmengen D_i "einfacher" sind als die Ausgangsmenge D und dass der Zerlegungsprozess aufhört, d. h. dass AO anwendbar wird. "Einfacher" heisst oft "hat weniger Elemente", und "einfach" (im Sinne, dass AO anwendbar ist) heisst oft "D hat 0 oder 1 Elemente".

1.2.2   Sortieren

Es sei eine Liste von n Namen alphabetisch aufsteigend zu sortieren. Diese Aufgabe kann man erledigen, indem man die Liste in zwei Teile aufteilt, die beiden Teile unabhängig voneinander sortiert und dann die beiden sortierten Listen zu einer zusammenmischt. Der rekursive Teilungsprozess endet, wenn die zu sortierende Teilliste nur noch einen Namen enthält. AO angewendet auf eine Liste mit einem einzigen Namen muss nichts tun.

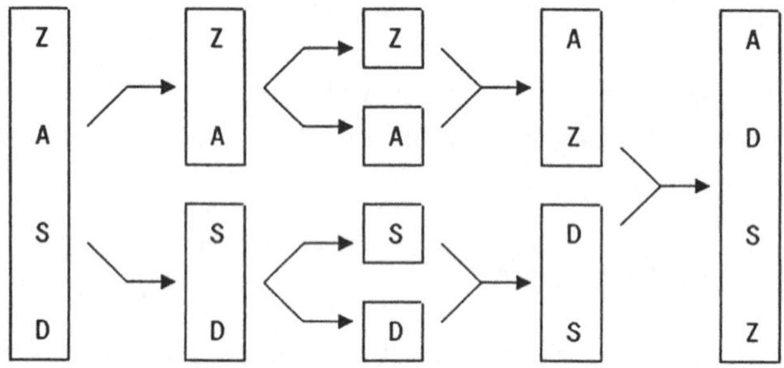

1.2.3   Die Türme von Hanoi

Gegeben sind n Scheiben 1, 2, ... , n mit wachsendem Durchmesser. Die Scheiben sind der Grösse nach zu einem Turm aufgeschichtet, die unterste Scheibe ist die grösste. Die Aufgabe besteht darin, den Turm von seinem Ausgangsplatz source unter Verwendung des Hilfsplatzes workspace an den Zielplatz target zu verlegen. Dabei darf immer nur eine Scheibe auf einmal bewegt werden, und es darf nie eine grössere Scheibe auf eine kleinere gelegt werden.

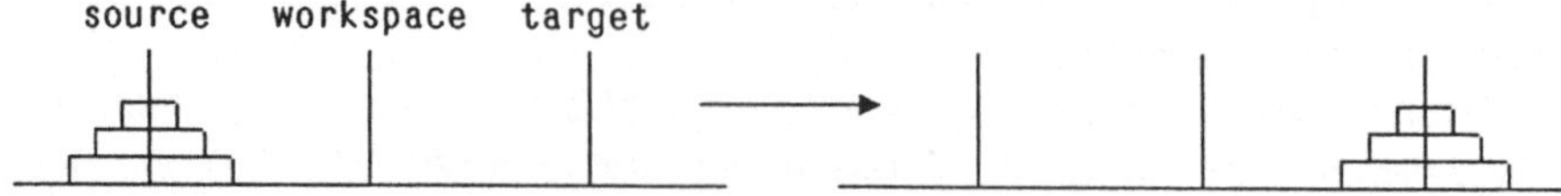

Wir setzen das *divide* asymmetrisch an, indem der Turm von n Scheiben zerlegt wird in einen Turm der oberen (kleineren) n−1 Scheiben und in den Turm bestehend aus einer einzigen (der grössten) Scheibe. Auf den Turm mit n−1 Scheiben wird wieder die rekursive Prozedur A angesetzt, auf den Turm mit 1 Scheibe wird eine einfache Prozedur AO angesetzt, die nur eine einzige Scheibe bewegen muss. A entspricht hier Hanoi, AO entspricht move.

```
procedure Hanoi(n, a, b, c: integer);  | PROCEDURE Hanoi(n, a, b, c: INTEGER);
begin                                   | BEGIN
  if n = 1 then                         |   IF n = 1 THEN
    move(a, c)                          |     Move(a, c);
  else begin                            |   ELSE
    Hanoi(n-1, a, c, b);                |     Hanoi(n-1, a, c, b);
    move(a, c);                         |     Move(a, c);
    Hanoi(n-1, b, a, c)                 |     Hanoi(n-1, b, a, c);
  end                                   |   END;
end; {Hanoi}                            | END Hanoi;
```

Diese Prozedur wird das erste Mal aufgerufen durch

```
Hanoi(n, source, workspace, target);
```

So elegant diese rekursive Prozedur auch erscheint, es gibt eine effiziente und noch
elegantere Lösung, welche Iteration statt Rekursion einsetzt. Dieses Thema wird am
besten besprochen, nachdem man den Buchhaltungsaufwand verstanden hat, der von
rekursiven Prozeduren automatisch eingeführt wird. Eine Stärke der Rekursion ist es,
dass diese Buchhaltung vor dem Programmierer versteckt wird. Die Tatsache, dass sie
automatisch abläuft, auch wenn sie vom Problem her nicht verlangt wird, ist die
Schwäche der Rekursion.

1.2.4 Rekursiv definierte Bäume

Ein binärer Baum (mit Wurzel und einer links-rechts Ordnung) kann durch die folgende
Grammatik definiert werden:

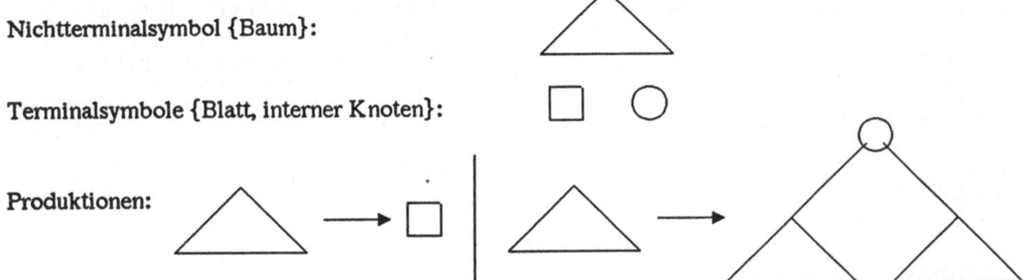

Nichtterminalsymbol {Baum}:

Terminalsymbole {Blatt, interner Knoten}:

Produktionen:

1.2.5 Rekursive Baumtraversierung

Eine häufig verwendete rekursive Prozedur traversiert einen Baum so, dass jeder Knoten
genau dreimal besucht wird. Die Verwendung dieser Prozedur wird ausführlich in 3.4.3
erklärt.

```
procedure traverse(...);                          |       PROCEDURE Traverse(...);
begin                                             |       BEGIN
  if not empty then begin                         |         IF NOT empty THEN
              {solange es noch unbesuchte Knoten gibt}
    visit();              {Knoten bearbeiten}               Visit();
    traverse(left);    {linken Teilbaum durchlaufen}        Traverse(left);
    visit();              {Knoten bearbeiten}               Visit();
    traverse(right);  {rechten Teilbaum durchlaufen}        Traverse(right);
    visit()              {Knoten bearbeiten}                Visit();
  end                                             |         END;
end; {traverse}                                   |       END Traverse;
```

1.2.6   Hilbert's raumfüllende Kurve

Raumfüllende Kurven dienen als Beweis dafür, dass die Mächtigkeit des Einheitsintervalls gleich der Mächtigkeit des Einheitsquadrates ist. Auf dem Graphikbildschirm mit diskreten Punkten wird der Begriff "raumfüllend" besonders schön ersichtlich, da kein Limes-Vorgang notwendig ist: bei geeignet gewählter Schrittlänge s (eine Konstante) und Rekursionstiefe 1 durchläuft die Kurve *jeden* Pixel.

Die folgende Prozedur h (bzw. H) zeichnet mit dem Argument a = 45 (Grad) Hilbertkurven, welche ein Quadrat füllen können. Mit anderen Werten von a zeichnet h (bzw. H) andere rekursive Kurven, die wild auf dem Bildschirm herumwandern können, sogenannte *fractals*. Mit Parameterwerten wie a = 43, 44, 46 kann man schön die Fortpflanzung von Rundungsfehlern graphisch illustrieren.

Die Elementarfigur, die mit der Folge von Turtle Befehlen

```
    turn(a);  move(s);  turn(a);
```

entsteht, könnte durch eine andere Figur Z ersetzt werden; dann hätten wir "Hilbert Kurven", deren primitive Elemente Z sind.

```
procedure h(1: level; a: angle);   |   PROCEDURE H(1: level; a: angle);
begin                              |   BEGIN
  if 1 = 0 then                    |     IF 1 = 0 THEN
    turn(2 * a)                    |       Turn(2 * a);
  else begin                       |     ELSE
          {zerlege das Quadrat in 4 Quadranten}
    h(1-1, -a);                    |       H(1-1, -a);
    turn(a);  move(s);  turn(a);   |       Turn(a);  Move(s);  Turn(a);
    h(1-1, a);                     |       H(1-1, a);
    turn(-a);  move(s);  turn(-a); |       Turn(-a);  Move(s);  Turn(-a);
    h(1-1, a);                     |       H(1-1, a);
    turn(a);  move(s);  turn(a);   |       Turn(a);  Move(s);  Turn(a);
    h(1-1, -a)                     |       H(1-1, -a);
  end                              |     END;
end; {h}                           |   END H;
```

1.3   Syntax

1.3.1   Syntax und Semantik

Aus dem Studium der natürlichen Sprachen hat die Informatik einige wichtige Begriffe und Bezeichnungen ausgeliehen, z. B. die Begriffe *Syntax* und *Semantik*. Unter Syntax versteht man die Regeln, nach denen Sätze einer Sprache gebildet werden dürfen, unabhängig von deren Bedeutung. Semantik befasst sich mit der Bedeutung. Die zwei Sätze: "Das Kind zeichnet ein Haus" und "Das Haus zeichnet ein Kind" sind syntaktisch beide korrekt, wie nach allgemein akzeptierten Regeln der Grammatik leicht nachgeprüft werden kann. Semantisch ist der erste Satz sinnvoll, der zweite entweder sinnlos oder vielleicht unklar ausgedrückt (falls gemeint war "Das Haus wird von einem Kind gezeichnet"). Semantische Korrektheit ist viel schwieriger zu entscheiden als syntaktische.

Die Analogie zwischen natürlichen Sprachen und Programmiersprachen geht allerdings nicht weit. Die Wahl von "englischen" Wörtern und Phrasen wie begin, end, goto, if-then-else ist eine oberflächliche Eigenschaft (hin und wieder als "syntactic sugar" bezeichnet). Sehr viel wichtiger ist der Unterschied, dass natürliche Sprachen nicht streng definiert sind (weder im Wortschatz, noch in der Syntax und schon gar nicht in Bezug auf die Semantik), während Programmiersprachen formal streng definiert sein *sollten*. Programmiersprachen sind daher viel näher mit den *formalen* Notationen der Mathematik als mit natürlichen Sprachen verwandt, und die Bezeichnung *Programmiernotationen* wäre wohl treffender.

Im Bestreben nach formal strenger Definition ist man heute so weit, dass der *lexikalische Teil* moderner Programmiersprachen (das Alphabet, die Menge der reservierten Wörter, die Konstruktionsregeln der Bezeichner (identifiers), also das Äquivalent zum Wortschatz einer natürlichen Sprache) und die *Syntax* formal recht streng definiert werden, wobei allerdings systemabhängige Unterschiede oft nicht genau beschrieben werden. Die syntaktische Korrektheit eines Programms in Bezug auf ein bestimmtes System (Computer und Betriebssystem) wird in Details oft nur durch den Compiler bestimmt. Die *Semantik* einer Programmiersprache kann heute auch streng definiert werden, aber man tut es kaum, weil diese formalen Definitionen umfangreich und schwer lesbar sind.

Die Syntax einer Programmiersprache ist nicht so wichtig wie deren Semantik, aber gutes Verständnis der Syntax ist ein wichtiges Hilfsmittel zum Verständnis der ganzen Sprache. Mit etwas Übung kann man aus der Syntax oft die Semantik erraten, denn bei einer gut entworfenen Programmiersprache ist die Syntax das Gerüst, welches die Semantik trägt.

1.3.2   Grammatiken und ihre Darstellung durch Syntaxdiagramme

Die Syntax moderner Programmiersprachen wird durch *Grammatiken* definiert, die durch verschiedene Notationen dargestellt werden können. Für die Definition der Syntax von Programmiersprachen wurde schon 1960 bei Algol die *Backus-Naur Form (BNF)* eingeführt, auf deren Grundbegriffe sich heute gebräuchliche Darstellungen stützen (z. B. *EBNF = Extended BNF* und graphische Darstellungen wie *Syntaxdiagramme*). Mit diesen syntaktischen Notationen kann man diejenigen Grammatiken ausdrücken, welche in der theoretischen Informatik als *kontextfrei* bezeichnet werden.

Allen diesen Formalismen ist gemeinsam, dass sie sich wesentlich auf Rekursion abstützen: die syntaktische Korrektheit und Struktur eines grossen Programmtextes wird auf die Korrektheit und Struktur seiner textuellen (kleineren) Komponenten zurückgeführt. Weiterhin sind ihnen die folgenden Begriffe gemeinsam: *Terminalsymbol, Nicht-Terminalsymbol* und *Produktionen* oder andere Regeln, die angeben, wie die Terminalsymbole zu komplexen Gefügen zusammengesetzt werden dürfen.

1.3.3   Beispiel: Syntax sehr einfacher Ausdrücke

Die folgenden drei Syntaxdiagramme definieren eine einfache Klasse von Ausdrücken (sie erlauben z. B. keinen einstelligen minus Operator). Diese Einführung der drei Nichtterminale *Ausdruck, Term, Faktor* geht auf Algol 60 zurück. Damit wird jedem Ausdruck die korrekte Struktur zugewiesen. An Stelle von Konstanten und Variablen führen wir das Terminalsymbol # ein.

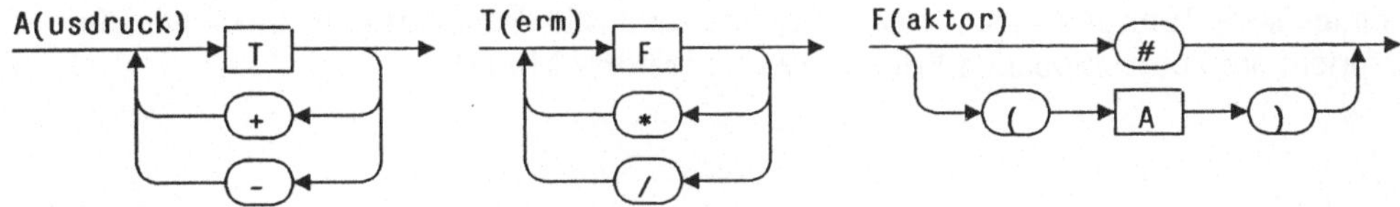

Angefangen mit dem Nichtterminal A wird ein Ausdruck *hergeleitet,* und dies kann in verschiedener Reihenfolge geschehen. In der umgekehrten Richtung fangen wir mit einer Folge von Terminalsymbolen an und prüfen durch *syntaktische Analyse,* ob diese Folge ein Ausdruck ist. Falls ja, ordnet die Grammatik diesem Ausdruck eine *eindeutige Baumstruktur* zu.

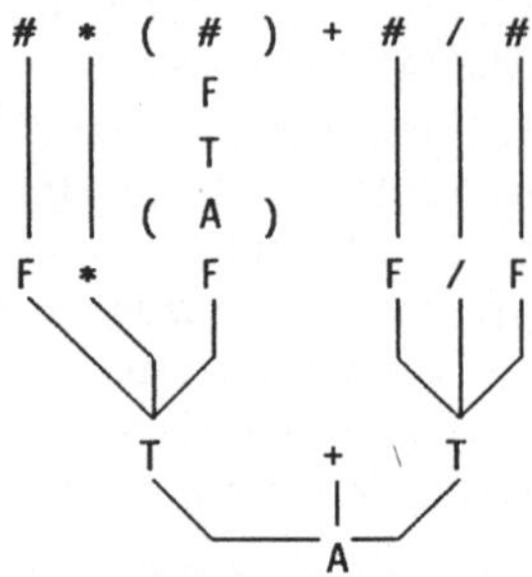

1.3.4   Allzu einfache Syntax für einfache Ausdrücke

Warum enthält die obige Grammatik die Begriffe *Term* und *Faktor?* Bei zweistelligen Operatoren wie +, -, *, / ist ein Ausdruck A entweder ein primitiver Operand, abgekürzt als #, oder von der Form A op A. Versuchen wir deshalb eine "einfachere" Grammatik für einfache, klammerfreie Ausdrücke zu entwerfen.

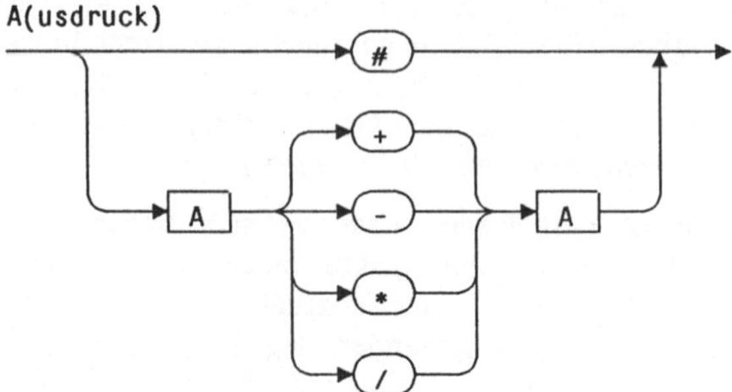

Struktur nicht eindeutig:

Bezüglich dieser Grammatik hat derselbe Ausdruck zwei verschiedene Strukturen. Eine solche mehrdeutige Grammatik ist unbrauchbar, da wir ja an der syntaktischen Struktur die semantische Interpretation ablesen wollen, und die Baumstruktur links im Bild widerspricht der konventionellen Priorität des Operators "Minus".

Wird die Grammatik so abgeändert, dass jeder Ausdruck der Form A op A in Klammern eingeschlossen wird, so erhält jeder Ausdruck wieder eine eindeutige Struktur, aber wir haben dabei auch die "Sprache" abgeändert. Der Grund für die relativ komplizierte Grammatik mit Termen und Faktoren liegt also darin, dass wir Ausdrücke schreiben wollen, die *nicht vollständig geklammert* sind, sondern ihre strukturelle Eindeutigkeit durch *Prioritätskonventionen* erhalten: * und / haben höhere Priorität als + und -.

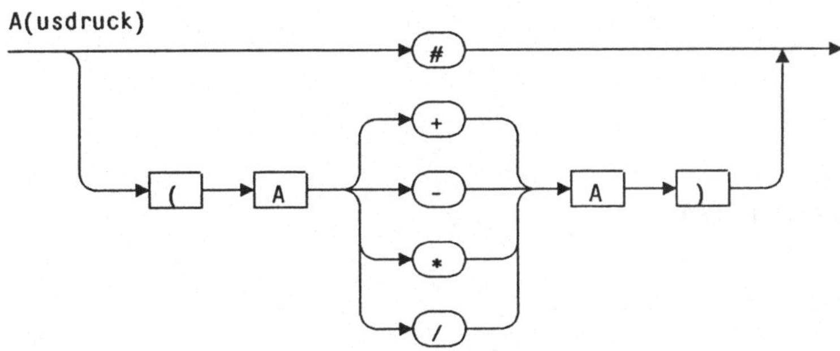

1.3.5   Klammerfreie Notation für arithmetische Ausdrücke

In der konventionellen Darstellung von Ausdrücken wird ein zweistelliger Operator zwischen seine zwei Operanden geschrieben. Diese *Infixnotation* verlangt die Einführung von Klammern, um eine eindeutige Struktur zu gewährleisten. Durch Konventionen über Operatorpräzedenz erreicht man, dass einige Klammern weggelassen werden können, aber durch die selektive Verwendung von Klammern wird die Syntax von Infixausdrücken kompliziert. Syntaxanalyse, interpretative Auswertung und Übersetzung in Maschinensprache (code generation) werden dadurch auch kompliziert.

Eine einfachere Darstellung arithmetischer Ausdrücke ist die *klammerfreie* oder *polnische Notation*, nach dem polnischen Logiker Jan Lukasiewicz benannt. In dieser Notation steht der Operator entweder *vor den Operanden (Präfixnotation)* oder *nach den Operanden (Suffixnotation)*, auf die er angewendet werden soll. Wir beschränken uns auf Ausdrücke mit den zweistelligen Grundoperationen +, -, *, /. Operatoren mit verschiedener Stelligkeit können eingeführt werden, sofern man jedem Operator ansieht, wieviele Operanden er verknüpft (man muss also für das einstellige Minus ein anderes Zeichen als für das zweistellige verwenden).

Infix:	a+b	a+(b*c)	(a+b)*c
Präfix:	+ab	+a*bc	*+abc
Suffix:	ab+	abc*+	ab+c*

Suffixnotation widerspiegelt besonders gut die Operationen, die bei der Auswertung eines Ausdrucks durchgeführt werden. "ab+" kann man lesen als: lade a (finde den ersten Operanden), lade b (finde den zweiten), addiere die zwei.

Syntaxdiagramm für arithmetische Ausdrücke in Suffixnotation:

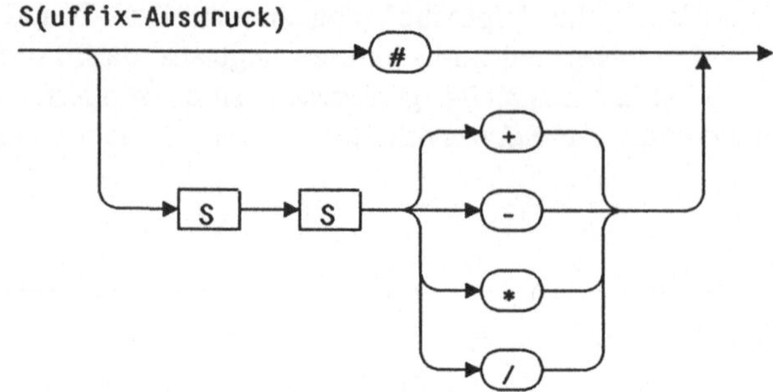

1.4   Syntaxanalyse

1.4.1   Die Rolle der Syntaxanalyse

Wenn wir die Syntax einer Sprache als das Skelett betrachten, das die Semantik trägt, dann werden wir versuchen, soviele Verarbeitungsaufgaben wie nur möglich als Nebeneffekte der Syntaxanalyse zu lösen. Beispiel: Die Hauptaufgabe eines Compilers ist es, ein Programm zu übersetzen, eine vorwiegend semantische Aufgabe. Es ist aber nützlich und übersichtlich, einen Compiler so zu schreiben, dass die Syntaxanalyse in die Augen springt, und die Übersetzungsarbeiten an solchen Stellen anzusetzen, die von der Syntaxanalyse her bestimmt sind. Sehr viel in der Informatik ist auf diese Weise *syntax-gesteuert.*

Syntaxanalyse ist also wichtig. Wir untersuchen in diesem Kapitel Algorithmen für die Syntaxanalyse, die sich direkt aus den Syntaxdiagrammen herleiten lassen, weil der Algorithmus die rekursive Natur der Grammatik direkt widerspiegelt. Diese Methode des *rekursiven Abstiegs* macht einige Annahmen über die Grammatik, welche in vielen praktischen Fällen zutreffen. Ein Programm für Syntaxanalyse wird oft *Parser* genannt.

Die Bezeichnung *rekursiver Abstieg* stammt von einer Einteilung gebräuchlicher Parser in zwei Klassen: Die *top-down parser* und die *bottom-up parser.* Den Aufbau eines Satzes stellt man sich am besten als "Baum" vor, dessen Wurzel das Startsymbol und dessen Blätter den zu erkennenden Satz enthalten.

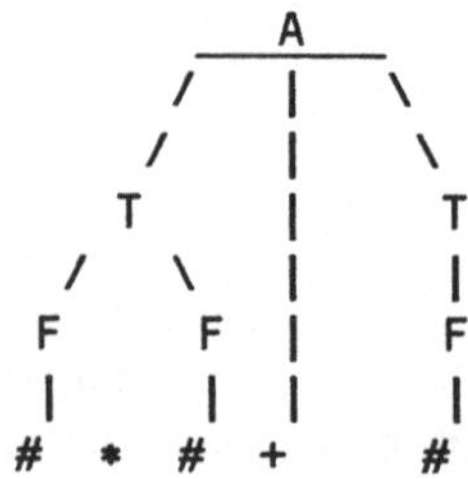

Bei Top-down-Verfahren fängt man mit dem Startsymbol als Ziel der Analyse an (als "oben" betrachtet, obschon es die Wurzel des Baumes darstellt), in unserem Beispiel "wir suchen ein A". Das Syntaxdiagramm für A gibt an, dass wir ein A erhalten, falls wir eine Folge von T's getrennt durch + oder - finden, also suchen wir T's. Der Strukturbaum eines Ausdrucks wächst auf diese Weise als Folge von Zielen von "oben" (der Wurzel) nach "unten" (den Blättern). Bei der Erfüllung der Ziele (Nichtterminalsymbole) liest der Parser von links nach rechts geeignete Zeichen (Terminalsymbole).

Umgekehrt bauen Bottom-up-Methoden den Strukturbaum von den Blättern aus auf. Der Text wird reduziert, bis wir ihn auf das Startsymbol zurückgeführt haben.

1.4.2   Syntaxanalyse klammerfreier Ausdrücke durch Zählen

Syntaxanalyse kann sehr einfach sein. Wir zeigen dies am Beispiel arithmetischer Ausdrücke in polnischer Notation, welche durch Abzählen analysiert werden. Der Einfachheit halber nehmen wir an, dass jeder Operand durch ein einziges Zeichen benannt werde, das Zeichen #. Um zu entscheiden, ob eine Zeichenkette $z_1 \, z_2 \, ... \, z_n$ ein syntaktisch korrekter Ausdruck in Suffixnotation ist, bilden wir die Zahlenfolge t_0, t_1, ... , t_n nach folgender Regel:

$$t_0 = 0$$
$$t_{i+1} = t_i + 1 \text{ , falls } i > 0 \text{ und } z_{i+1} \text{ ein Operand ist}$$
$$t_{i+1} = t_i - 1 \text{ , falls } i > 0 \text{ und } z_{i+1} \text{ ein Operator ist}$$

Beispiel eines korrekten Ausdrucks:

#	#	#	#	-	-	+	#	*
z_1	z_2	z_3	z_4	z_5	z_6	z_7	z_8	z_9
t_0	t_1	t_2	t_3	t_4	t_5	t_6	t_7	t_8	t_9
0	1	2	3	4	3	2	1	2	1

Beispiel eines inkorrekten Ausdrucks (ein Operator fehlt):

#	#	#	+	*	#	#	/
z_1	z_2	z_3	z_4	z_5	z_6	z_7	z_8
t_0	t_1	t_2	t_3	t_4	t_5	t_6	t_7	t_8
0	1	2	3	2	1	2	3	2

Satz:

Die Zeichenkette $z_1 \, z_2 \, ... \, z_n$ über dem Alphabet $\{\#, +, -, *, /\}$ ist ein syntaktisch korrekter Suffixausdruck genau dann, wenn für die zugeordnete Zahlenfolge t_0, t_1, ... , t_n gilt:

$$t_i > 0 \text{ für } 1 \leq i < n, \; t_n = 1.$$

Beweis:

"==>" (zu einem syntaktisch korrekten Ausdruck hat die zugeordnete Zahlenfolge t_0, t_1, ... , t_n die geforderten Merkmale)

Wir führen den Beweis durch Induktion nach der Länge n der Zeichenkette.

Induktionsverankerung:

Für $n = 1$ ist der einzige korrekte Suffixausdruck ein Operand, $z_1 = \#$, und die Zahlenfolge $t_0 = 0$, $t_1 = 0 + 1 = 1$ hat die gewünschten Eigenschaften.

Induktionshypothese:

Der Satz sei korrekt für alle Ausdrücke der Länge kleiner oder gleich k.

Induktionsschritt:

" Dann ist der Satz auch korrekt für Ausdrücke der Länge $k + 1$ " folgt aus folgendem Argument.

Betrachte einen beliebigen Ausdruck S der Länge $k + 1 > 1$. Gemäss der Grammatik muss S die Form haben: $S = S' \, S'' \, O$, wobei O ein Operator ist, und S' und S'' Ausdrücke der Länge kleiner oder gleich k sind, auf die wir die Induktionshypothese anwenden. Die Zahlenfolge T für S wird aus den Zahlenfolgen T' für S' und T'' für S'' wie folgt zusammengesetzt:

$$T = T', \, (T'' + 1), \, 1.$$

Weil T' mit 1 aufhört, wird jeder Zahl in T'' eine 1 hinzugezählt, und die Teilfolge T' $(T'' + 1)$ endet daher mit 2. Danach folgt der Operator O, der die ganze Folge T mit 1 beenden lässt. T weist also die geforderten Eigenschaften auf.

$$
\begin{array}{ccccc}
S = & S' & S'' & O \\
T = & 0 \ldots 1 & \ldots 2 & . 1
\end{array}
$$

Der Beweis in der umgekehrten Richtung "<==" (falls die zugeordnete Zahlenfolge t_0, t_1, ... , t_n die geforderten Merkmale besitzt, dann ist der Ausdruck syntaktisch korrekt) ist ähnlich, ebenso wie der Beweis des Satzes: Die syntaktische Struktur eines Suffixausdrucks ist eindeutig. Die Zahlenfolge T hat eine wichtige praktische Bedeutung: T beschreibt die Stacktiefe während der Auswertung des Ausdrucks, und die grösste Zahl in T ist daher der maximale Speicherbedarf.

1.4.3   Analyse durch rekursiven Abstieg (recursive descent)

Wir verwenden die Syntax einfacher Ausdrücke aus Abschnitt 1.3.3. Anhand des Beispiels: $\# * (\# - \#)$ zeigen wir das Vorgehen des rekursiven Abstiegs. Der Verlauf der Analyse wird vom momentanen Zustand des parsers und vom nächsten einzulesenden Zeichen bestimmt. Es wird also nur *ein* Zeichen vorausgeblickt (one symbol lookahead), und der einmal eingeschlagene Weg wird nie zurückgenommen (no backtracking).

Bemerkungen zum folgenden Bild:
Vertikal: Zustand des Stacks
Die Fragen wie $\#($? oder $*/$? kennzeichnen Verzweigungen im Syntaxdiagramm; das gelesene Eingabezeichen wählt dann einen der Wege aus, je nachdem ob es $\#$ oder $($ ist bzw. $*$ oder $/$.

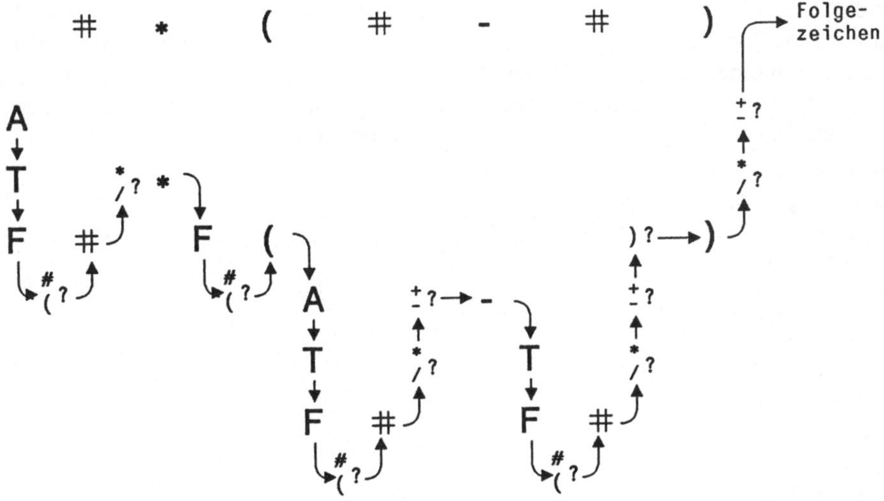

1.4.4   Umsetzung in ein Programm (parser)

Die drei Syntaxdiagramme aus Abschnitt 1.3.3 können in einer Programmiersprache, die Rekursion erlaubt, direkt in Prozeduren umgesetzt werden. Ein Nicht-Terminalsymbol erzeugt einen Prozeduraufruf, eine Schleife im Diagramm erzeugt eine WHILE-Schleife. Die drei Prozeduren treten symmetrisch auf; jede ruft eine andere auf, wenn sie ein entsprechendes Ziel delegieren will. Diese Kontrollstruktur nennt man oft *rekursive Koroutinen.*

```
PROCEDURE Ausdruck;          ===========>     PROCEDURE Term;
BEGIN                                         BEGIN
  Term;                                         Faktor;
  WHILE (ch = '+') OR (ch = '-') DO             WHILE (ch = '*') OR (ch = '/') DO
    Read(ch); Term;                               Read(ch); Faktor;
  END;                                          END;
END Ausdruck;                                 END Term;


                 PROCEDURE Faktor;
                 BEGIN
                     IF    ch = '(' THEN  Read(ch);  Ausdruck;
                                         IF ch <> ')' THEN  Error;  END;
                     ELSIF ch <> '#' THEN  Error;  END;
                     Read(ch);
                 END Faktor;
```

Diese Prozeduren gehören in eine Umgebung, in der die Variable ch und die beiden Prozeduren Read und Error bekannt sind, wie im folgenden MODULE Parser. Gewisse Einpass-Compiler verlangen die FORWARD Deklaration derjenigen Prozeduren, deren Definition im Text erst nach dem ersten Aufruf angetroffen wird.

Da sich unsere drei Prozeduren zyklisch aufrufen (Ausdruck ruft Term ruft Faktor ruft Ausdruck auf), brauchen wir die FORWARD Deklaration. Die Alternative, diese drei Prozeduren ineinander zu verschachteln, zerstört deren symmetrische Rolle und drückt die zugrundeliegende Kontrollstruktur weniger gut aus. Im folgenden Programm nehmen wir an, dass die Eingabe eines Ausdruckes mit einem Punkt beendet wird.

```
MODULE Parser;
FROM Terminal IMPORT WriteString, Read;
(* Read wartet, bis ein Zeichen auf der Tastatur eingegeben wird. *)
PROCEDURE Error;
BEGIN
  WriteString('Illegal symbol');  HALT;
END Error;
PROCEDURE Term; FORWARD;
PROCEDURE Faktor; FORWARD;
VAR ch: CHAR;
PROCEDURE Ausdruck;
PROCEDURE Term;
PROCEDURE Faktor;
BEGIN
  Read(ch);  Ausdruck;  IF ch <> '.' THEN  Error;  END;
END Parser.
```

1.5   Dialogführende Rahmenprogramme

1.5.1   Trennung von Dialogführung und Inhalt

Ein nicht-triviales interaktives Programm kann für seinen Dialog mit dem Benutzer nicht immer mit derselben Bildschirmgestaltung auskommen. Es wird Textseiten geben, auf denen der Benutzer "scrollen" kann; Graphikseiten, auf denen er zeichnet, Formular- oder Tabellenseiten, auf denen er rechnet. In dieser Situation werden dem Benutzer zwei ganz verschiedene Typen von Befehlen angeboten: anwendungsabhängige Befehle (im Text suchen, eine Linie zeichnen, zwei Spalten addieren) und anwendungsunabhängige Dialogsteuerungsbefehle (zur nächsten Seite fortschreiten, die letzte Operation rückgängig machen, aus einem Menu auswählen).

Es ist sowohl für den Programmierer als auch für den Benutzer nützlich, wenn ein interaktives Programm diese zwei Arten von Befehlen systematisch trennt. Der Programmierer kann vorhandene Werkzeuge zur Dialogführung in verschiedenen Programmen einsetzen, der Benutzer findet in verschiedenen Programmen das gleiche Dialogverhalten vor. Diese Trennung verlangt die Definition eines dialogführenden Programms unabhängig vom anwendungsspezifischen Inhalt.

Wir betrachten ein Dialogprogramm als ein *Netz von dynamischen Seiten*. Zu jedem Zeitpunkt soll auf dem Bildschirm ein aussagekräftiges Bild, vergleichbar mit einer Seite in einem Buch, zu sehen sein. Da - im Gegensatz zu einem Buch - auf einer Seite auch Prozesse ablaufen dürfen, sprechen wir von *dynamischen* Seiten. Der Benutzer gelangt auf einem Pfad im Netz der Verbindungswege von einer Seite zur nächsten. Bei der Erstellung von Dialogprogrammen werden die dynamischen Seiten zu Prozeduren, das Netz der Verbindungswege wird zu einem Rahmenprogramm. Ein Rahmenprogramm führt also einen Dialog, ohne einen konkreten Inhalt zu haben.

1.5.2   Ein einfaches Rahmenprogramm

Die einfachste Struktur, welche verschiedene Seiten verbindet, ist die *Sequenz*. Der Benutzer wandert von der ersten zur letzten Seite durch wiederholte Eingabe eines Bewegungsbefehls *next*. Um dem Benutzer eine grössere Bewegungsfreiheit zu geben, bauen wir diese einfache Sequenz auf zwei Arten aus. Die erste und die letzte Seite sind gegenüber allen anderen ausgezeichnet. Auf der ersten Seite (Titelseite) wird die Anwendung den Zweck dieser Sequenz von Seiten erklären, und falls der Benutzer nicht interessiert ist, soll er mit dem Bewegungsbefehl *skip* direkt zur letzten Seite springen können. Auf der letzten Seite (Epilogseite) kann der Benutzer, der alles nochmals durchlaufen möchte, mit *repeat* zurück zur ersten Seite springen oder mit *next* die Sequenz verlassen.

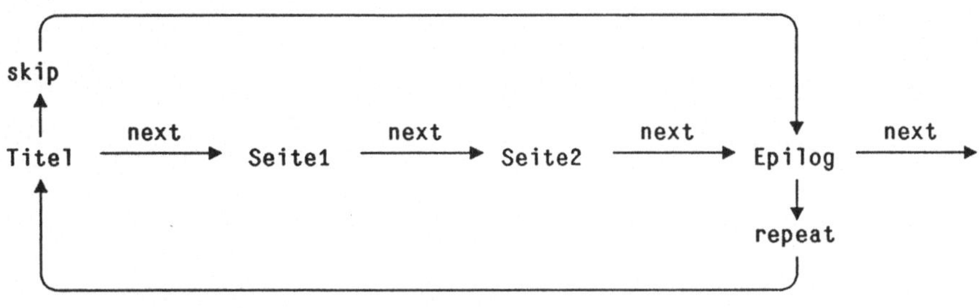


```
MODULE Sequence;
FROM Terminal  IMPORT  Read, WriteString, Write;
FROM Screen    IMPORT  ClearScreen, GoToXY;
VAR np: BOOLEAN; (* next page *)
    ch: CHAR;
PROCEDURE WSAt(1: Line; c: Column; VAR s: ARRAY OF CHAR);
BEGIN
  GoToXY(c, 1);  WriteString(s);
END WSAt;
PROCEDURE Page(VAR s: ARRAY OF CHAR);
BEGIN
  ClearScreen;  WriteString(s);
END Page;
PROCEDURE Next;
BEGIN
  WSAt(23, 0, 'Alle Tasten = Next');  Read(ch);
END Next;
PROCEDURE NextRep;
BEGIN
  WSAt(23, 0, 'R(epeat, andere Tasten = Next');
  Read(ch);
  np := ch <> 'R';
END NextRep;
```

```
PROCEDURE NextSkip;
BEGIN
  WSAt(23, 0, 'S(kip, andere Tasten = Next');
  Read(ch);
  np := ch <> 'S';
END NextSkip;
PROCEDURE Title;
BEGIN
  Page('Titelseite');
  ...
  NextSkip;
END Title;
PROCEDURE Demo;
BEGIN
  Page('Demoseite');
  ...
  Next;
END Demo;
PROCEDURE Epilog;
BEGIN
  Page('Epilogseite');
  ...
  NextRep;
END Epilog;
BEGIN
  REPEAT
    Title;
    IF np THEN  Demo;  END;
    Epilog;
  UNTIL np;
END Sequence.
```

1.5.3   Beispiel: Parser, eingebettet in ein Rahmenprogramm

Die Demoseite des Rahmenprogramms wird durch folgende PROCEDURE Demo realisiert.
Sie zeigt auf dem Bildschirm die verzahnte Folge von Eingabesymbolen und die
Nichtterminalsymbole A, T, F, die von den Aufrufen der entsprechenden Prozeduren
Ausdruck, Term, Faktor stammen. Die Prozedur Error setzt die boolesche Variable
error, die im Falle eines Fehlers die Rückkehr aus den verschachtelten
Prozeduraufrufen ermöglicht. Die Prozedur Read wartet, bis ein Zeichen auf der
Tastatur eingetippt wird, und schreibt dieses Zeichen auf den Bildschirm.

```
PROCEDURE Demo;
VAR error: BOOLEAN;
PROCEDURE Term; FORWARD;
PROCEDURE Faktor; FORWARD;
PROCEDURE Error;
BEGIN
  WSAt(21, 0, 'Illegal symbol');  error := TRUE;
END Error;
```

```
PROCEDURE Ausdruck;
BEGIN
  Write('A');
  Term;
  WHILE (ch = '+') OR (ch = '-') DO
    Read(ch);
    Term;  IF error THEN  RETURN;  END;
  END
END Ausdruck;
PROCEDURE Term;
BEGIN
  Write('T');
  Faktor;
  WHILE (ch = '*') OR (ch = '/') DO
    Read(ch);
    Faktor;  IF error THEN  RETURN;  END;
  END
END Term;
PROCEDURE Faktor;
BEGIN
  Write('F');
  IF    ch = '('   THEN  Read(ch);  Ausdruck;
                         IF ch <> ')'  THEN  Error;  RETURN;  END;
  ELSIF ch <> '#'  THEN  Error;  RETURN;  END;
  Read(ch);
END Faktor;
BEGIN
  Page('Demoseite');
  WSAt(2, 0, 'Ausdruck eingeben: ');
  error := FALSE;
  Read(ch);
  Ausdruck;
  Next;
END Demo;
```

1.5.4   Die zwei Netztypen

Wir wählen die zwei Netztypen Sequenz und Auswahl als Bausteine, um komplexere
Netze zu definieren. Deren Syntax ist durch folgendes Diagramm gegeben:

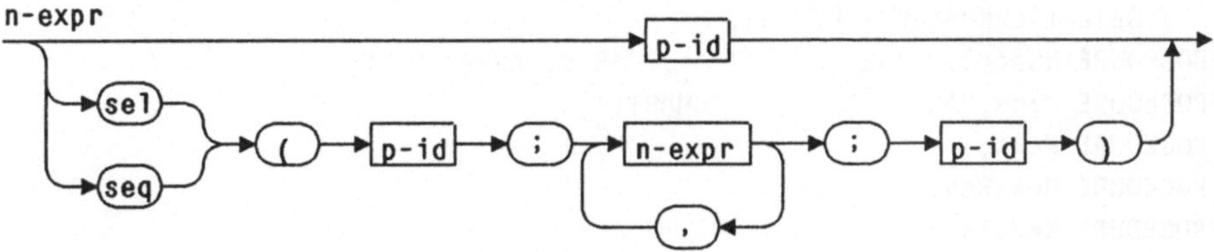

Dieses Syntaxdiagramm erzeugt Ausdrücke der Form P oder

```
seq(P0; N1, ... , Nn; Pe)
sel(P0; N1, ... , Nn; Pe)
```

N1, ... , Nn sind selbst wiederum durch obiges Syntaxdiagramm erzeugte Ausdrücke. Die Semantik von seq und sel wird durch die folgenden Diagramme beschrieben. seq fügt N1, ... , Nn in einer Sequenz hintereinander, der Bewegungsbefehl next erlaubt es, von einer Seite zur nächsten zu springen. sel stellt N1, ... , Nn parallel nebeneinander, select erlaubt die Auswahl einer dieser Seiten. Jedes Netz hat eine Anfangsseite P0 und eine Endseite Pe. Sie erlauben dem Benutzer, das Netz zu überspringen (skip) oder es zu wiederholen (rep).

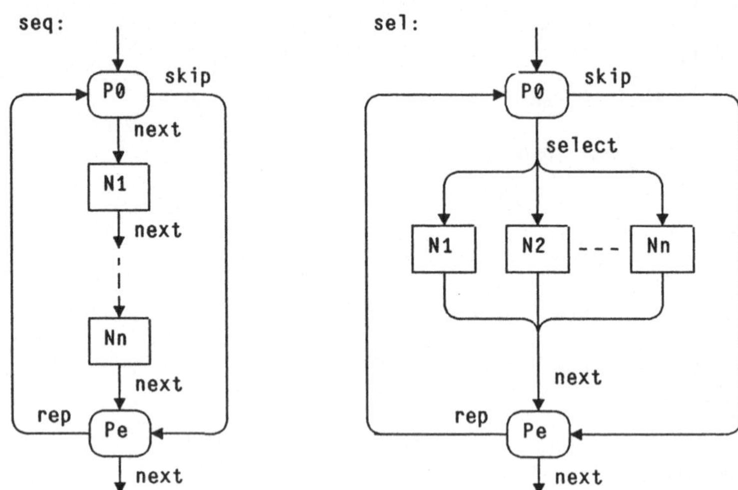

1.5.5   Eine Sammlung nützlicher Dialogprozeduren

Wir fassen alle Dialogsteuerungsprozeduren, die in unserem Modell vorkommen, in einem Modul zusammen, aus dem sie bei Bedarf importiert werden können.

```
DEFINITION MODULE DialogControl;
EXPORT QUALIFIED Line, Column, SelectionNumber, WSAt, Page,
                 Next, NextRep, NextSkip, SelSkip, NextPage, Selection;
TYPE Line = [0..23];
     Column = [0..79];
     SelectionNumber = [0..9];
PROCEDURE WSAt(1: Line; c: Column; VAR s: ARRAY OF CHAR);
PROCEDURE Page(VAR s: ARRAY OF CHAR);
PROCEDURE Next;
PROCEDURE NextRep;
PROCEDURE NextSkip;
PROCEDURE SelSkip;
PROCEDURE NextPage(): BOOLEAN;
PROCEDURE Selection(): SelectionNumber;
END DialogControl.
```

```modula-2
IMPLEMENTATION MODULE DialogControl;
FROM Terminal  IMPORT  Read, WriteString;
FROM Screen    IMPORT  ClearScreen, GoToXY;
VAR np: BOOLEAN; (* next page *)
    sn: SelectionNumber;
    ch: CHAR;
PROCEDURE WSAt(l: Line; c: Column; VAR s: ARRAY OF CHAR);
BEGIN
  GoToXY(c, l);  WriteString(s);
END WSAt;
PROCEDURE Page(VAR s: ARRAY OF CHAR);
BEGIN
  ClearScreen;  WriteString(s);
END Page;
PROCEDURE Next;
BEGIN
  WSAt(23, 0, 'Alle Tasten = Next');  Read(ch);
END Next;
PROCEDURE NextRep;
BEGIN
  WSAt(23, 0, 'R(epeat, andere Tasten = Next');
  Read(ch);
  np := ch <> 'R';
END NextRep;
PROCEDURE NextSkip;
BEGIN
  WSAt(23, 0, 'S(kip, andere Tasten = Next');
  Read(ch);
  np := ch <> 'S';
END NextSkip;
PROCEDURE SelSkip;
BEGIN
  WSAt(23, 0, 'S(kip, 0, 1, ... = Select');
  Read(ch);
  np := ch <> 'S';
  IF (ch < '0') OR (ch > '9') THEN  ch := '0';  END;
  sn := ORD(ch) - ORD('0');
END SelSkip;
PROCEDURE NextPage(): BOOLEAN;
BEGIN
  RETURN np;
END NextPage;
PROCEDURE Selection(): SelectionNumber;
BEGIN
  RETURN sn;
END Selection;
END DialogControl.
```

1.6   Entwicklung eines interaktiven Programms: Stackrechner

In diesem Abschnitt setzen wir verschiedene Bausteine, die wir bisher entwickelt haben, zusammen, um ein lehrreiches Vorführprogramm zu entwickeln. Es soll die Funktionsweise eines Stackrechners erklären (tutorial), den Benutzer damit üben lassen (simuliertes Labor) und den internen Ablauf graphisch auf dem Bildschirm anzeigen (Animation von Algorithmen). Wir zeigen das Rahmenprogramm und fordern den Leser dazu auf, die trivialen Seitenprozeduren durch realistische zu ersetzen. Diese anwendungsspezifischen Prozeduren werden als dynamische Seiten in das dialogführende Rahmenprogramm eingebettet.

1.6.1   Wie ein Stackrechner funktioniert

Suffixausdrücke können mit einem *Stackrechner* direkt ausgewertet werden. Auf einem Stack sind die zwei Operationen *push* und *pop* definiert. *push x* legt den Wert von x als oberstes Element eines Stack ab; *pop* entfernt das oberste Element des Stacks, sofern dieser nicht leer ist. Weil das zuletzt eingefügte Element zuerst entfernt wird, bezeichnet man einen Stack auch als last-in-first-out (lifo) queue.

Zusätzlich seien die Operationen +, -, *, / wie folgt definiert. Der zweitoberste Wert auf dem Stack dient als erster Operand, der oberste Wert auf dem Stack als zweiter; diese beiden Operanden werden vom Stack weggenommen (pop), danach wird das Resultat auf den Stack gelegt (push).

Die Symbolfolge eines Suffixausdruckes ist ein vollständiges Programm zur Auswertung dieses Ausdrucks auf einem Stackrechner. Das Maximum der zugeordneten Zahlenfolge t_i gibt dabei die Stacktiefe an, die bei der Auswertung benötigt wird. Falls der Stack am Anfang leer ist, enthält er am Ende genau eine Zahl, nämlich das Resultat.

Während der Simulation des Stackrechners soll der Bildschirm den Zustand des Stacks laufend anzeigen, dem Benutzer die möglichen Eingabebefehle in Erinnerung rufen, die Eingaben nachprüfen (z. B. keine Buchstaben annehmen, wenn eine Zahl verlangt wird) und eine vernünftige Antwort (feedback) liefern (z. B. stack overflow und underflow melden).

1.6.2   Simulation eines Stackrechners: Das Rahmenprogramm

Als Rahmenprogramm für die Animation des Stackrechners können wir dasselbe MODULE Sequence verwenden, das in 1.5.2 für die Präsentation des parsers diente - hier zeigt sich die Arbeitsersparnis für den Programmierer. Wir kürzen es aber noch ab, indem wir aus dem MODULE DialogControl aus 1.5.5 die Dialogsteuerungsprozeduren importieren. Das resultierende Rahmenprogramm sieht so aus:

```
MODULE StackFrame;
FROM DialogControl IMPORT Line, Column,
                          WSAt, Page, Next, NextRep, NextSkip, NextPage;
PROCEDURE Title;
BEGIN
  Page('Titelseite');
  NextSkip;
END Title;
PROCEDURE StackCalculator;
  PROCEDURE EvaluateExpression;
  BEGIN
    ...
  END EvaluateExpression;
BEGIN
  Page('Stack-Calculator');
  EvaluateExpression;
  Next;
END StackCalculator;
PROCEDURE Epilog;
BEGIN
  Page('Epilogseite');
  NextRep;
END Epilog;
BEGIN
  REPEAT
    Title;
    IF NextPage() THEN  StackCalculator;  END;
    Epilog;
  UNTIL NextPage();
END StackFrame.
```

2 Eine Sammlung von Algorithmen und deren Darstellung als Prozeduren

Zum Programmieren gehört das Studium von typischen Programmen. Ein grosser Teil des Informatikwissens besteht aus der Kenntnis, wie typische Aufgaben gelöst werden, und das heisst oft, dass man Standardprogramme in groben Zügen kennt.

Beim Studium von Programmen ist es zweckmässig, grosse und kleine Programme zu unterscheiden, da diese zwei Kategorien grundsätzlich verschiedene Anforderungen an den Programmierer stellen.

Programmieren im Grossen

Bei grossen Programmen (wie Betriebssysteme, Datenbanksysteme, Compiler, grosse Anwendungspakete) stehen *organisatorische Aspekte* im Vordergrund: Die Grobaufteilung des Programmes in Module, die Dokumentation, die Anpassungsfähigkeit an neue Systeme und neue Anforderungen, die Organisation des Teams von Programmierern. Grosse Programme sind oft *flach*: über weite Strecken des Listings sieht man nur Kommentare, Definitionen, Deklarationen, Initialisierungen und viel Code, der nur selten ausgeführt wird. Es ist schwer, das ganze Programm zu verstehen: obschon jede einzelne Seite - für sich betrachtet - etwas eher Triviales tun mag, braucht man sehr viel Information, um ihren Sinn zu verstehen.

Programmieren im Kleinen

Bei kleinen Programmen, wie im Folgenden beschrieben, stehen *algorithmische Aspekte* im Vordergrund: welcher von verschiedenen Algorithmen, die alle dasselbe Problem lösen, unter gegebenen Umständen am effizientesten ist; wieviel Zeit und Speicherplatz er braucht, welche Datenstrukturen verwendet werden sollen. Im Gegensatz zu grossen Programmen sind kleine Programme gewöhnlich *tief*: kurzer, kompakter Quellcode, dessen Anweisungen möglicherweise sehr oft ausgeführt werden. Ein kleines Programm zu verstehen mag anfänglich auch schwierig sein, weil der notwendige Gedankengang verzwickt sein kann. Hat man es aber einmal verstanden, so kann man es jederzeit, mit viel geringerem Aufwand als beim ersten Mal, reproduzieren.

Interessante kleine Programme zu beherrschen ist unserer Ansicht nach der beste Einstieg in die Informatik. Der Leser möge also versuchen, die vorgestellten Beispiele *im Detail* zu verfolgen, nicht nur in groben Zügen.

2.1 Rechnen mit Booleschen Werten und Mengen

Der englische Mathematiker George Boole (1815-1864) wollte logische Begriffe in mathematischer Form ausdrücken und wurde dadurch einer der Begründer der symbolischen Logik. Das Ziel seines Buches (1854) *The laws of thought* war "... to investigate the laws of those operations of the mind by which reasoning is performed; to give expression to them in the symbolic language of calculus ...".

Nach ihm werden die *Booleschen Variablen* benannt, die den kleinstmöglichen Wertebereich besitzen, der noch nützlich ist: den zweiwertigen Bereich, der durch ja/nein, 1/0, `true`/`false`, T/F dargestellt wird. Auf *Booleschen Variablen* sind die Operationen `and`, `or` und `not` wie folgt definiert: Der Ausdruck `a and b` hat den Wert `true` genau dann, wenn `a` und `b` beide den Wert `true` haben. `a or b` hat den Wert `true` genau dann, wenn `a` oder `b` oder beide den Wert `true` haben. `not a` hat den Wert `true` genau dann, wenn `a` den Wert `false` hat.

Was kann mit Booleschen Variablen berechnet werden? Theoretisch alles, weil grosse Wertebereiche sich immer durch genügend viele Boolesche Variablen darstellen lassen. Wir möchten hier aber zeigen, dass Boolesche Variablen nicht nur in der Theorie, sondern ganz natürlich in praktischen Problemen auftreten. Betrachten wir als Beispiel die Entwicklung, Analyse und Optimierung eines Algorithmus, der Netzwerke analysiert.

2.1.1 Berechnung der transitiven Hülle

Gegeben sei eine Grundmenge N von n Elementen, genannt $1, 2, \ldots, n$, und eine zweistellige Relation $E \subset N \times N$ über N, genannt $\rightarrow$ (ein kurzer Pfeil).

Man stelle sich N als die Menge der Knoten (nodes) eines gerichteten Graphen G vor und E als die Menge der Kanten (edges). Dieser Graph G sei durch seine Adjazenzmatrix A dargestellt, deren Element `A[i,j]` angibt, ob es eine gerichtete Kante von i nach j gibt:

$$A[i,j] = \begin{cases} \text{true, falls } i \rightarrow j \\ \text{false sonst} \end{cases}$$

Eine Kante ist ein Weg der Länge 1. Wir wollen aus A alle Wege beliebiger Länge im Graphen G berechnen. Dies führt zu einer Relation $\dashrightarrow$ (ein langer Pfeil), die *transitive Hülle von* E:

$i \dashrightarrow j$, falls es einen Weg von i nach j gibt, d. h. eine Folge von Kanten
$i \rightarrow i_1, i_1 \rightarrow i_2, i_2 \rightarrow i_3, \ldots, i_l \rightarrow j$.

Wir lassen auch den Weg der Länge 0 zu, d. h. $i \dashrightarrow i$ für alle i. Diese Relation wird durch eine Matrix $C = A^*$ dargestellt:

$$C[i,j] = \begin{cases} \text{true, falls } i \dashrightarrow j \\ \text{false sonst} \end{cases}$$

C steht für "connectivity matrix"; $C = A^*$ wird auch *transitive Hülle* oder *transitiver Abschluss* genannt, weil es die kleinste transitive Relation ist, die E "umfasst".

Beispiel:

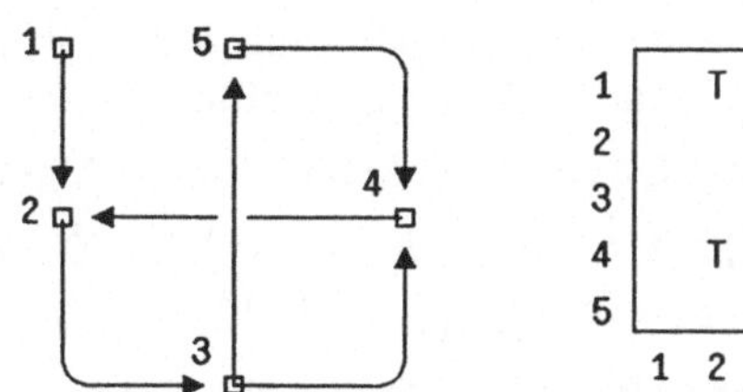

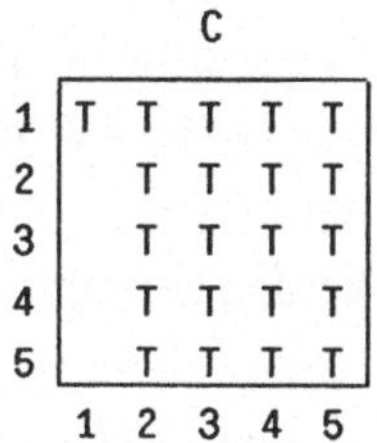

Seien A, B, C Boolesche $n*n$-Matrizen, deklariert durch:

```
type nnb: array[1..n,1..n]         |   TYPE NNB: ARRAY[1..n],[1..n]
              of boolean;          |                  OF BOOLEAN;
var A, B, C: nnb;                  |   VAR A, B, C: NNB;
```

Die Boolesche Matrizenmultiplikation C = AB wird wie folgt definiert:

$$C[i,j] = \underset{1 \leq k \leq n}{OR} \quad (A[i,k] \ \text{and} \ B[k,j])$$

```
procedure mmb(var a, b, c: nnb);    |  PROCEDURE MMB(VAR a, b, c: NNB);
var i, j, k: integer;               |  VAR i, j, k: INTEGER;
begin                               |  BEGIN
  for i := 1 to n do                |    FOR i := 1 TO n DO
    for j := 1 to n do begin        |      FOR j := 1 TO n DO
      c[i,j] := false;              |        c[i, j] := FALSE;
      for k := 1 to n do            |        FOR k := 1 TO n DO
        c[i,j] := c[i,j] or         |          c[i,j] := c[i,j] OR
                  a[i,k] and b[k,j] |                    a[i,k] AND b[k,j];
                                    |        END;
    end                             |      END;
                                    |    END;
  end; {mmb}                        |  END MMB;
```

Multiplikation definiert auch Potenzen, und das gibt uns eine erste Lösung des Problems der Berechnung der transitiven Hülle. A^2 liefert alle Wege der Länge 2, im allgemeinen liefert A^k alle Wege der Länge k, für k $\geq$ 1:

$$A^k[i,j] = \begin{cases} \text{true, falls ein Weg der Länge k von i nach j führt} \\ \text{false sonst} \end{cases}$$

Neben der Adjazenzmatrix A betrachten wir die zugehörige Matrix A' = A OR I. In A' gilt für die Diagonalelemente A'[i,i] = true. Mit dieser Definition gibt A'^k alle Wege der Länge kleiner oder gleich k (statt exakt gleich k) an, für k $\geq$ 0. Daher ist die transitive Hülle $A^* = A'^{(n-1)}$.

Die Effizienz eines Algorithmus wird oft durch die Anzahl "elementarer" Operationen gemessen, die er auf einer vorgegebenen Datenmenge ausführt. Elementare Operationen sind solche, deren Zeitaufwand nicht von den Operanden abhängt, wie z. B. die zweistelligen Operatoren (and, or), welche in obigen Algorithmen auftreten. Um abzuschätzen, wieviele solche Operationen in der Booleschen Matrizenmultiplikation in Abhängigkeit von n auftreten, konzentrieren wir uns auf die Hauptterme und vernachlässigen kleinere Beiträge. Dazu benutzen wir die im Anhang 4.3 definierte asymptotische Notation.

Die Anzahl Operationen (and, or), die bei der Berechnung von $A'^{(n-1)}$ mit der Prozedur mmb (MMB) bei wiederholter Multiplikation mit A' ausgeführt werden, ist von der Ordnung $\Theta(n^4)$. Durch wiederholtes Quadrieren kann dieser Algorithmus verbessert werden zur Ordnung $\Theta(n^3 * \log n)$: A'^2, A'^4, A'^8, .. bis A'^k, wobei k die kleinste 2-er Potenz $\geq$ (n-1) ist. Man muss nicht genau $A'^{(n-1)}$ berechnen. Statt A'^{13} genügt auch A'^{16}, also die nächsthöhere Zweierpotenz, die alle Wege der Länge $\leq$ 13 enthält.

Auf der Suche nach einem schnelleren Algorithmus betrachten wir eine andere Möglichkeit der Iteration. Anstatt über die zunehmende Länge der Wege iterieren wir über eine wachsende Menge von Knoten, die für einen Zwischenhalt auf dem Weg von Knoten i nach Knoten j benutzt werden dürfen.

Warshall's Algorithmus:

Berechne die Folge von Matrizen B_0, B_1, B_2, ... , B_n :

$$B_0[i,j] = A' = \begin{cases} \texttt{true, falls } i = j \texttt{ oder } i \rightarrow j \\ \\ \texttt{false sonst} \end{cases}$$

$$B_1[i,j] = \begin{cases} \texttt{true, falls } i \; ---> \; j \text{ mit Zwischenhalt nur in Knoten 1} \\ \\ \texttt{false sonst} \end{cases}$$

$$B_2[i,j] = \begin{cases} \texttt{true, falls } i \; ---> \; j \text{ mit Zwischenhalt nur in Knoten 1 und / oder 2} \\ \\ \texttt{false sonst} \end{cases}$$

$$\vdots$$

$$B_k[i,j] = \begin{cases} \texttt{true, falls } i \; ---> \; j \text{ mit Zwischenhalt nur in Knoten 1, 2, ... , k} \\ \\ \texttt{false sonst} \end{cases}$$

Die Folge von Matrizen B_0, B_1, ... , B_n gibt die Existenz aller Wege an, die, um von einem Knoten i nach einem Knoten j zu gelangen, zunehmend mehr Knoten für einen Zwischenhalt benutzen dürfen (aber nicht müssen). Daraus ergibt sich die "connectivity matrix" $C = B_n$.

Einen Iterationsschritt $B_{(k-1)} \rightarrow B_k$ berechnet man nach der Formel :

$$B_k[i,j] = B_{(k-1)}[i,j] \;\; \texttt{or} \;\; (B_{(k-1)}[i,k] \;\; \texttt{and} \;\; B_{(k-1)}[k,j])$$

Der Aufwand für die Berechnung eines Schritts ist von der Ordnung $\Theta(n^2)$, der Aufwand für die Berechnung der "connectivity matrix" also von der Ordnung $\Theta(n^3)$. Vergleicht man die Formel des Warshall Algorithmus mit derjenigen der Matrizenmultiplikation, so sieht man, dass ein zweistelliges $\texttt{or}$ das n-stellige $\texttt{OR}$ ersetzt hat.

Die folgende Prozedur scheint auf den ersten Blick den obigen Algorithmus auszuführen, aber bei genauem Betrachten sieht man ein Problem: die Zuweisung in der innersten Schleife rechnet neue Werte aus, die danach an Stelle der alten verwendet werden.

```
procedure warshall(var a: nnb);      |  PROCEDURE Warshall(var a: NNB);
var i, j, k: integer;                |  VAR i, j, k: INTEGER;
begin                                |  BEGIN
 for k := 1 to n do                  |    FOR k := 1 TO n DO
   for i := 1 to n do                |      FOR i := 1 TO n DO
     for j := 1 to n do              |        FOR j := 1 TO n DO
       a[i,j] := a[i,j] or           |          a[i,j] := a[i,j] OR
               a[i,k] and a[k,j]     |                  a[i,k] AND a[k,j];
  {in dieser Anweisung werden Werte der alten und der neuen Matrix gemischt}
                                     |          END;
                                     |        END;
                                     |      END;
 end; {warshall}                     |  END Warshall;
```

Eine genauere Untersuchung ergibt, dass diese "naiv" programmierte Prozedur trotzdem das richtige Resultat liefert, und zwar wesentlich effizienter, als eine strenge Umsetzung der Formeln für die Matrizen B_k es tun würde. Man muss verifizieren, dass beim Ersetzen von alten Werten durch neue keine Werte zerstört werden, die für die weitere Berechnung benötigt werden, d. h. man muss zeigen, dass folgendes gilt:

$$B_k[k,j] = B_{(k-1)}[k,j] \quad \text{und} \quad B_k[i,k] = B_{(k-1)}[i,k]$$

2.1.2   Die Bitsumme oder "Bevölkerungszählung"

Ein Computerwort ist ein Vektor von Bits. Hin und wieder wollen wir mit Bitvektoren direkt rechnen. Auch in einer Programmiersprache, die nicht explizit von Computerworten spricht, kann man gewöhnlich auf einzelne Bits zugreifen, wenn man etwas über die Darstellung von Zahlen oder anderen Werten weiss. In Pascal und Modula-2 ist der Typ SET dazu besonders geeignet.

TYPE S = SET OF (a,b,c) besteht aus allen Mengen, die mit den Werten a, b, c gebildet werden können. Wenn die Grundmenge M, über der ein TYPE S = SET OF M deklariert wird, aus n Elementen besteht, dann hat S 2^n Elemente. Ein Wert vom Typ S wird intern gewöhnlich durch einen Vektor aus n Bits dargestellt, eines für jedes Element der Grundmenge M. Durch Rechnen mit Werten vom Typ S setzen wir also individuelle Bits.

Integer werden auf vielen Kleincomputern durch 16 Bits dargestellt. Wir definieren nun einen Typ w16, für "Wort der Länge 16":

```
    type w16 = set of 0 .. 15;          |  TYPE W16 = SET OF [0 .. 15];
```
Eine Variable m vom Typ w16 (W16)

```
    var m: w16;                         |  VAR m: W16;
```
kann als Wert betrachtet werden, der ein Bitmuster darstellt (z. B. m := {0,2,4,6,8,10,12,14} stellt das Bitmuster 0101010101010101 dar, wobei das am weitesten rechts gelegene Bit dem Element 0 entspricht).

Die Frage nach der Anzahl Elemente in einem set m ist also gleich der Frage nach der Anzahl von *Einsen* im Bitmuster, das m darstellt. Man nennt die Operation, welche die Anzahl Elemente in einer Menge ergibt, die *Bevölkerungszählung,* oder, da dies gleich der Anzahl von Einsen ist, die *Bitsummenzählung.* Diese Operation kommt beim kombinatorischen Rechnen oft vor und sollte daher schnell sein. Die folgende Funktion bitsum0 schaut sich jedes Bit einzeln an.

```
    function bitsum0(w: w16): integer;  |  PROCEDURE BitSum0(w: W16): INTEGER;
    var i, c: integer;                  |  VAR i, c: INTEGER;
    begin                               |  BEGIN
      c := 0;                           |    c := 0;
      for i := 0 to 15 do               |    FOR i := 0 TO 15 DO
                      {jedes bit wird betrachtet}
        if i in w then c := c + 1;      |      IF i IN w THEN c := c + 1; END;
                      {wenn sein Wert 1 ist, wird es gezählt}
                                        |    END;
      bitsum0 := c                      |    RETURN c;
    end; {bitsum0}                      |  END BitSum0;
```

Gibt es ein schnelleres Verfahren? In der folgenden Funktion wird die Schleife nur so oft durchlaufen, wie Einsen in dem Wort vorkommen, was bei grosser Wortlänge und "dünnbesiedelten" Werten (wenige Einsen und viele Nullen) von Vorteil ist.

```
function bitsum1(w: w16): integer;   | PROCEDURE BitSum1(w: W16): INTEGER;
var c, n: integer;                   | VAR c, n: INTEGER;
    w1, w0: w16;                     |     w1, w0: W16;
begin                                | BEGIN
  w0 := w; c := 0;                   |   w0 := w;  c := 0;
  while w0 <> [ ] do begin           |   WHILE w0 <> {} DO
    n := w16toi(w0);                 |     n := INTEGER(w0);
             {w16toi konvertiert typ set in integer}
    n := n - 1;                      |     n := n - 1;
       {entfernt Eins mit kleinstem Stellenwert (least significant)}
    w1 := itow16(n);                 |     w1 := W16(n);
             {itow16 konvertiert typ integer in set}
    w0 := w0 * w1;                   |     w0 := w0 * w1;
                {Durchschnitt zweier Mengen}
    c := c + 1                       |     c := c + 1;
  end;                               |   END;
  bitsum1 := c                       |   RETURN c;
end; {bitsum1}                       | END BitSum1;
```

Statt der vier Zuweisungen hätten wir lieber w := w * (w-1) geschrieben, was eine
Erklärung verlangt, da w einmal als Zahl (bei w-1) und einmal als Set (bei der
Durchschnittoperation ' * ') verwendet wird. Eine solche Typenvermischung ist in einer
stark getypten Sprache unzulässig. Die beiden Konversionsroutinen w16toi bzw.
INTEGER (Typ w16 bzw. W16 umwandeln in Integer) und itow16 bzw. W16 (Integer
umwandeln in Typ w16 bzw. W16) sind eingeführt worden, damit die Doppel-
interpretation von w vermieden wird. BitSum1 ist aber nur interessant, falls eine derartige
Typenkonversion keine Zeit beansprucht, das heisst, wenn man Kenntnisse über die
interne Darstellung von Sets und Integers ausnutzt. Solche formalen Typenkonversionen,
die einen gegebenen Speicherinhalt anders interpretieren, sind in fast allen Sprachen
möglich. In Pascal und Modula-2 durch Records mit Varianten, in FORTRAN durch
EQUIVALENCE, in PL/1 durch UNSPEC.

2.2 Rechnen mit Zeichenketten

Einfache Operationen auf Zeichenketten sind in verschiedenen Programmiersprachen
vorhanden, z. B. Vergleichen, Katenieren, Extrahieren, Suchen. Das Suchen eines
Musters in einer Kette (Text) ist eine zeitraubende Operation. Es sind verschiedene
effiziente Algorithmen bekannt. Der hier besprochene Ansatz für das Erkennen von
Zeichenketten ist sehr allgemein, indem er als Muster nicht nur einzelne Zeichenketten,
sondern auch *Mengen von Zeichenketten* gleichzeitig zulässt, wobei die Mächtigkeit der
Mustermenge nur den Speicherplatz, nicht aber die Zeit beeinflusst. Er führt uns zum
Begriff des *endlichen Automaten.*

2.2.1   Erkennung eines Musters bestehend aus einer einzigen Kette

In einer (langen) Zeichenkette $z = z_1 z_2 \ldots z_n$ von n Zeichen finde man alle
Vorkommnisse einer (gewöhnlich viel kürzeren) Zeichenkette $p = p_1 p_2 \ldots p_m$ von m
Zeichen, genannt das Muster (pattern). Schiebt man ein Fenster der Länge m von links
nach rechts über z hinweg, dann werden im schlimmsten Fall die meisten Zeichen z_i
m-Mal angeschaut.

Es genügt aber, jedes Zeichen z_j genau einmal anzuschauen, indem man aus dem Muster p einen geeigneten endlichen Automaten konstruiert. Jeder Zustand entspricht einem Präfix des Musters, vom leeren Präfix bis zum ganzen Muster. Die Eingabesymbole sind die Zeichen z_1, z_2, ... , z_n von z. Im j-ten Schritt führt das Eingabezeichen z_j von einem Zustand, der dem Präfix $p_1\ p_2\ ...\ p_i$ entspricht, zu einem anderen Zustand, und zwar:

- zum Zustand mit Präfix $p_1\ p_2\ ...\ p_i\ p_{i+1}$, falls $z_j = p_{i+1}$
- zu einem anderen Zustand (oft zum leeren Präfix), falls $z_j \neq p_{i+1}$.

Wir wollen dies am Beispiel p = barbara zeigen.

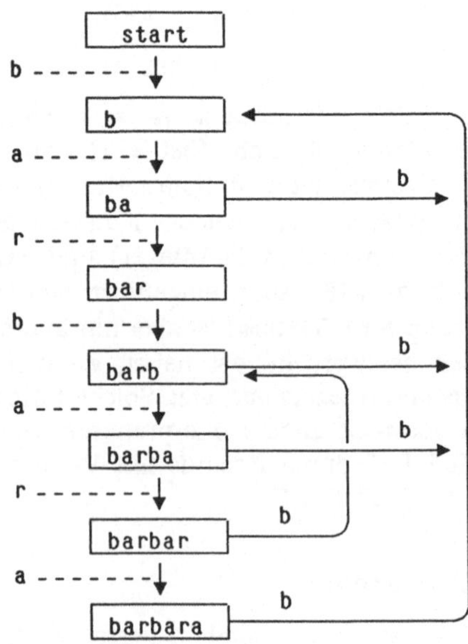

Alle anderen Zustandsübergänge führen zum Initialzustand start zurück.

2.2.2   Erkennung einer Menge von Zeichenketten

Beim Erkennen von *Mengen von Zeichenketten* spielt der Begriff des endlichen Automaten eine wichtige Rolle. Ein (deterministischer) endlicher Automat (finite state machine, abgekürzt fsm) ist gegeben durch eine endliche Menge S von Zuständen, ein endliches Alphabet A von Eingabezeichen und eine Übergangsfunktion $f: S \times A \rightarrow S$. Oft ist es nützlich, einen Anfangszustand s_0 in S zu definieren und den Zuständen gewisse Aktionen zuzuordnen, formal durch eine Ausgabefunktion $g: S \rightarrow B$, wo B ein endliches Alphabet von Ausgabezeichen ist. Das Zustandsdiagramm veranschaulicht die Zustände eines endlichen Automaten und die Eingaben, die von einem Zustand in einen anderen führen. Eine Zeichenkette über dem Alphabet A führt den Automaten vom Anfangszustand in einen Endzustand. Die Ausgabefunktion $g: S \rightarrow B$ wird benutzt, um den Begriff *eine Menge von Zeichenketten wird vom Automaten erkannt* zu definieren. Eine Menge M von Zeichenketten über A wird vom Automaten erkannt, falls es ein

Ausgabesymbol b gibt derart, dass jede Kette in M von s_0 zu einem Zustand s führt mit g(s) = b und keine Kette ausserhalb M diese Eigenschaft hat.

Beispiel:

Zustandsdiagramm eines endlichen Automaten zum Erkennen von modifizierten Parameterlisten (ohne Variablenparameter)

Sei L (letter) das Symbol für einen Buchstaben A .. Z
Sei D (digit) das Symbol für eine Ziffer 0 .. 9

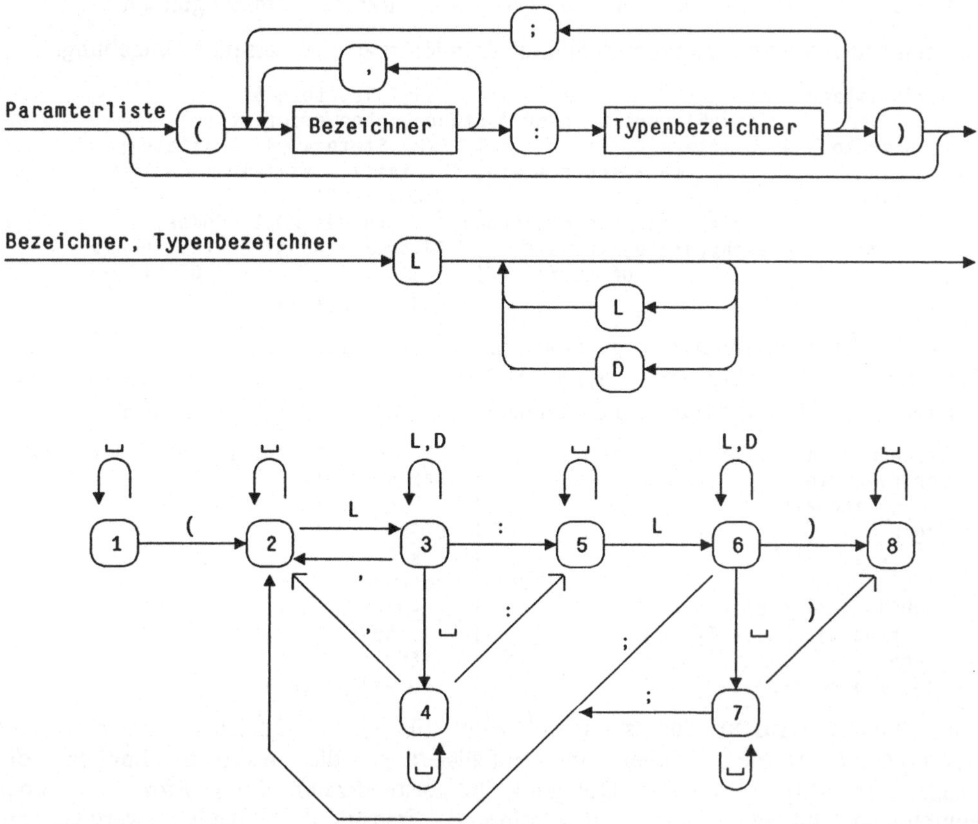

Ein fsm-interpreter wird am besten geschrieben, indem man das Zustandsdiagramm durch eine Übergangsmatrix T (transition matrix) darstellt. T[s,c] gibt den nächsten Zustand an, wenn im gegenwärtigen Zustand s das Eingabezeichen c gelesen wird. Dabei ist es bequem, einen Fehlerzustand einzuführen, in dem alle unvorhergesehenen Transitionen abgefangen werden. Die Übergangsmatrix T zu obigem Zustandsdiagramm sieht wie folgt aus:

L steht für einen Buchstaben A .. Z
D steht für eine Ziffer 0 .. 9
! steht für alle Spezialzeichen, die nicht explizit aufgeführt sind.

```
      _   (   )   :   ,   ;   !   L   D
    |-----------------------------------------
  0 | 0   0   0   0   0   0   0   0   0     Fehlerzustand
  1 | 1   2   0   0   0   0   0   0   0     Leerzeichen überspringen
  2 | 2   0   0   0   0   0   0   3   0     Linke Klammer gelesen
  3 | 4   0   0   5   2   0   0   3   3     Variablenbezeichner lesen
  4 | 4   0   0   5   2   0   0   0   0     Leerzeichen überspringen
  5 | 5   0   0   0   0   0   0   6   0     Kolon gelesen
  6 | 7   0   8   0   0   2   0   6   6     Typenbezeichner lesen
  7 | 7   0   8   0   0   2   0   0   0     Leerzeichen überspringen
  8 | 8   0   0   0   0   0   0   0   0     Rechte Klammer gelesen
```

Um den fsm-interpreter zu programmieren, definiert man eine passende Umgebung.

```
const lstate = 8;                        | CONST lstate = 8;
             {Anzahl gewöhnlicher Zustände, ohne error state}
type state = 0 .. lstate;                | TYPE State = [0 .. lstate];
             {0 = error state, 1 = initial state}
     inchar = ' '.. '←';                 | InChar = [' '..'←'];
          {64 aufeinanderfolgende Zeichen des ASCII Codes}
     tmatrix = array[state, inchar]      | TMatrix = ARRAY State, InChar
               of state;                 |                    OF State;
     var T: tmatrix;                     | VAR T: TMatrix;
```

Falls die Übergangsmatrix T geeignet initialisiert wird, interpretiert die folgende Prozedur 'silentfsm' die durch T definierte finite state machine. Sie verarbeitet die Folge von Eingabezeichen und hüpft im Zustandsraum herum, hat aber keinerlei Ausgabe.

```
procedure silentfsm(var T: tmatrix);  | PROCEDURE SilentFsm(VAR T: TMatrix);
var s: state;                         | VAR s: State;
    c: inchar;                        |     c: InChar;
begin                                 | BEGIN
   s := 1;                            |    s := 1;
                          {initial state}
   while s <> 0 do begin              |    WHILE s <> 0 DO
     read(c);   s := T[s,c]           |      Read(c);   s := T[s,c];
   end                                |    END;
end; {silentfsm}                      | END SilentFsm;
```

Die einfache Struktur der 'silentfsm' kann für einen nützlichen fsm-interpreter übernommen werden, wobei die Initialisierung, die Abbruchbedingung, die Eingabeverarbeitung und der Übergang im Zustandsraum durch Prozeduren oder Funktionen 'initfsm', 'alive', 'processinput', 'transition' behandelt werden, die entsprechend dem gewünschten Verhalten noch zu schreiben sind. Die Abschlussprozedur 'terminate' soll eine Meldung auf den Bildschirm ausgeben, welche die korrekte Beendigung der Eingabe bestätigt oder eine Fehlersituation anzeigt.

```
procedure fsmsim(var T: tmatrix);    | PROCEDURE FsmSim(VAR T: TMatrix);
var ... ;                            | VAR ... ;
begin                                | BEGIN
  initfsm;                           |   InitFsm;
  while alive do begin               |   WHILE Alive DO
    processinput;  transition        |     ProcessInput;  Transition;
  end;                               |   END;
  terminate                          |   Terminate;
end; {fsmsim}                        | END FsmSim;
```

2.3   Rechnen mit ganzen Zahlen

In der Informatik ist es üblich, statt den vier arithmetischen Grundoperationen auf den ganzen Zahlen die folgenden 5 zu definieren:

+, -, *, div und mod .

Produkt, Quotient a div b und Rest a mod b (0 $\leq$ a mod b < abs(b)) erfüllen die "div-mod Identität":

(a div b) * b + (a mod b) = a .

Für natürliche Zahlen ist dies klar. Wenn diese Operationen auf *ganze Zahlen* ausgedehnt werden, dann beobachtet man leider auf verschiedenen Systemen verschiedene Resultate. Dies ist eine Folge davon, dass die plausible Art, div durch Symmetrie auf negativen Zahlen zu definieren, nämlich:

(-a) div b = a div (-b) = -(a div b) ,

unangenehme Folgen hat. Die drei wünschenswerten Eigenschaften:

1) div-mod Identität : (a div b) * b + (a mod b) = a
2) nicht-negative Reste: 0 $\leq$ a mod b < abs(b)
3) Symmetrie: (-a) div b = a div (-b) = -(a div b)

sind nicht gleichzeitig erfüllbar. 1) und 2) sind für das ganzzahlige Rechnen unerlässlich und werden durch die folgende Definition gleichzeitig erfüllt:

Für ganze Zahlen a und b $\neq$ 0 definieren wir:

a div b := La/b⌋ ,

wobei a/b die Division reeller Zahlen darstellt und Lx⌋ die Floor-Funktion bezeichnet. Floor ordnet einer reellen Zahl x die grösste ganze Zahl kleiner oder gleich x zu. Es folgt (leider):

(-a) div b $\neq$ -(a div b) ,

wie das Beispiel (-3) div 2 = L-3/2⌋ = -2, -(3 div 2) = -L3/2⌋ = -1 zeigt. Das folgende Beipiel zeigt das periodische Verhalten der Restklassen unter obigen Definitionen. Die div-mod Identität ist erfüllt:

((-5) div 3) * 3 + (-5) mod 3 = (-2) * 3 + 1 = -5.

a	6	5	4	3	2	1	0	-1	-2	-3	-4	-5	-6
a div 3	2	1	1	1	0	0	0	-1	-1	-1	-2	-2	-2
a mod 3	0	2	1	0	2	1	0	2	1	0	2	1	0

2.3.1   Der Euklidsche Algorithmus

Aus dem 7. von Euklids 13-bändigen *Elementen* (~300 v. C.) stammt ein berühmter Algorithmus zur Berechnung des grössten gemeinsamen Teilers zweier ganzer Zahlen.

Für ganze Zahlen u, v > 0 gilt:

ggt(u, 0) = u	per Konvention gilt dies auch für u = 0 ;
ggt(u, v) = ggt(v, u)	Permutation der Argumente, wichtig für Terminierung der folgenden Prozedur;
ggt(u, v) = ggt(v, u - qv)	für jede beliebige ganze Zahl q ;

Die obigen Formeln lassen sich elegant in eine rekursive Prozedur umsetzen:

```
function ggt(u,v: integer): integer;   | PROCEDURE Ggt(u,v: INTEGER): INTEGER;
begin                                   | BEGIN
  if v = 0 then                         |   IF v = 0 THEN
    ggt := u                            |     RETURN u;
  else                                  |   ELSE
    ggt := ggt(v, u mod v)              |     RETURN Ggt(v, u MOD v);
                                        |   END;
end; {ggt}                              | END Ggt;
```

Der Preis für diese einfach aussehende Lösung ist hoch. Um die rekursiven Prozeduraufrufe korrekt zu verwalten, wird maschinenintern ein Stack aufgebaut. Neben den einfachen Operationen wie Zuweisung und mod werden zudem noch alle notwendigen Stackoperationen ausgeführt. Sowohl Speicherplatz als auch Rechenzeit werden damit vergeudet. Die iterative Lösung erfordert etwas mehr Schreibarbeit, ist aber effizienter.

```
function ggt(u,v: integer): integer;   | PROCEDURE Ggt(u,v: INTEGER): INTEGER;
var r: integer;                         | VAR r: INTEGER;
begin                                   | BEGIN
  while v <> 0 do begin                 |   WHILE v <> 0 DO
    r := u mod v;  u := v;  v := r      |     r := u MOD v;  u := v;  v := r;
  end;                                  |   END;
  ggt := u                             |   RETURN u;
end; {ggt}                              | END Ggt;
```

2.3.2   Das Primzahlensieb von Eratosthenes

Nach Eratosthenes (3. Jahrhundert vor Christus) wird der älteste bekannte Algorithmus vom Typ *Sieb* benannt. Man will eine Menge von Elementen in zwei Klassen teilen, die wertvollen und die wertlosen, wobei leider, wie oft im Leben, die wertlosen leichter zu finden sind als die wertvollen. In Siebverfahren streicht man sukzessive als wertlos erkannte Elemente aus, wobei jedes gestrichene Element weitere wertlose Elemente identifizieren hilft. Wer die Epidemie überlebt, muss wertvoll sein.

Eine Primzahl ist eine natürliche Zahl grösser 1, die nur durch 1 und sich selbst teilbar ist. Primzahlen sind nicht leicht zu erkennen, da das Faktorisieren zeitaufwendig ist (auf der Schwierigkeit des Faktorisierens beruht die moderne Kryptographie). Im Gegensatz dazu sind Vielfache einer gegebenen Zahl leicht zu erhalten. Das Primzahlensieb von Eratosthenes läuft wie folgt ab. Man beginnt mit der kleinsten Primzahl 2 und streicht alle Vielfachen dieser Zahl innerhalb des gewünschten Bereiches 1 .. n. Die nächste nichtgestrichene Zahl muss eine Primzahl sein, und man eliminiert deren Vielfache und so fort. Diesen Prozess führt man mit allen Zahlen kleiner oder gleich n durch und erhält so die gesuchten Primzahlen.

```
program eratosthenes;                 | MODULE Eratosthenes;
                                      | FROM InOut    IMPORT WriteLn,
                                      |                      WriteString,
                                      |                      WriteInt;
                                      | FROM MathLib0 IMPORT sqrt;
const n = 101;                        | CONST n = 101;
var sieb: packed array[2..n]          | VAR sieb: ARRAY[2..n]
                of boolean;           |              OF BOOLEAN;
    p, np, sqrtn, i: integer;         |     p, np, sqrtn, i: INTEGER;
begin                                 | BEGIN
              {initialisiere das Sieb}
  for i := 2 to n do                  |   FOR i := 2 TO n DO
    sieb[i] := true;                  |     sieb[i] := TRUE;
                                      |   END;
  sqrtn := trunc(sqrt(n));            |   sqrtn := TRUNC(sqrt(n));
         {Es genügt, die Zahlen bis zur Quadratwurzel von n
                  als Teiler zu berücksichtigen}
  p := 2;                             |   p := 2;
  while p <= sqrtn do begin           |   WHILE p <= sqrtn DO
    i := p * p;                       |     i := p * p;
    while i <= n do begin             |     WHILE i <= n DO
      sieb[i] := false;               |       sieb[i] := FALSE;
      i := i + p                      |       i := i + p;
    end;                              |     END;
    repeat                            |     REPEAT
      p := p+1                        |       p := p+1;
    until sieb[p]                     |     UNTIL sieb[p];
  end;                                |   END;
  np := 0;                            |   np := 0;
  for i := 2 to n do                  |   FOR i := 2 TO n DO
    if sieb[i] then begin             |     IF sieb[i] THEN
      np := np + 1;                   |       np := np + 1;
      writeln(i)                      |       WriteInt(i, 6); WriteLn;
    end;                              |     END;
                                      |   END;
  writeln('Im Bereich von 1 bis ',   |   WriteString('Im Bereich von 1 bis ');
          n, ' liegen ',             |   WriteInt(n, 6);
          np,' Primzahlen.')         |   WriteString(' liegen ');
                                      |   WriteInt(np, 6);
                                      |   WriteString(' Primzahlen.');
end. {eratosthenes}                   | END Eratosthenes.
```

2.3.3   Billige grosse Zahlen · modulare Zahlensysteme

Ein Problem beim Rechnen mit ganzen Zahlen ist die Darstellung grosser Zahlen. Der Bereich der Zahlen, die durch die Hardware dargestellt werden können, ist begrenzt durch die Wortlänge eines Computers. Viele Kleincomputer haben eine Wortlänge von 16 bits. Dann liegen die ganzen Zahlen typischerweise im Bereich $-2^{15} \leq a < + 2^{15}$. Die meisten Systeme bieten eine Möglichkeit, grössere Zahlen zu definieren. In UCSD-Pascal erhält man diese "long integers", indem man hinter der Typenbezeichnung integer in Klammern die gewünschte Anzahl Stellen angibt, z. B. type li = integer[15]. Diese werden im UCSD-Pascal in BCD (binary coded decimal) - Darstellung abgespeichert, bei der jede Dezimalziffer 4 Bits benötigt. Zum Beispiel belegt eine ganze Zahl mit n Dezimalziffern auf dem Apple II (n + 3) div 4 + 1 Wörter zu je 16 Bits. Das Rechnen mit solchen Zahlen ist daher teuer, sowohl im Speicherbedarf wie auch in der Rechenzeit. Eine billigere Art, grosse ganze Zahlen darzustellen, erhält man mittels modularer Arithmetik.

Der chinesische Restsatz

Gegeben seien k natürliche, paarweise teilerfremde Zahlen m_1, m_2, ... , m_k, genannt *Moduli*; sei $m = m_1 * m_2 ... * m_k$ das Produkt der Moduli. Zu k natürlichen Zahlen a_1, ... , a_k, genannt *Reste*, mit $0 \leq a_i < m_i$ für $i = 1 .. k$ gibt es genau eine Zahl a im Bereich $0 \leq a < m$, für die gilt: a mod $m_i = a_i$ für $i = 1 .. k$.

Der chinesische Restsatz wird verwendet, um ganze Zahlen im Bereich $0 \leq a < m$ *eindeutig* als k-Tupel ihrer Reste modulo m_i darzustellen. Wir bezeichnen diese *modulare Zahlendarstellung* mit:

$$a \sim [a_1, a_2, ... , a_k].$$

Der Nutzen modularer Zahlensysteme für das Rechnen mit grossen Zahlen beruht auf folgender Tatsache:

Die arithmetischen Operationen $(+, -, *)$ auf Zahlen im Bereich $0 .. m$ werden dabei durch dieselben Operationen, *komponentenweise* auf k-Tupel $[a_1, a_2, ... , a_k]$ angewendet, dargestellt. Ein $+$, $-$ oder $*$ in einem *grossen Bereich* wird also durch k $+$, $-$ oder $*$ in *kleinen Bereichen* ersetzt.

Falls $a \sim [a_1, a_2, ... , a_k]$, $b \sim [b_1, b_2, ... , b_k]$, $c \sim [c_1, c_2, ... , c_k]$, dann:

$$(a + b) \bmod m = c \Leftrightarrow (a_i + b_i) \bmod m_i = c_i \quad \text{für } i = 1 .. k;$$
$$(a - b) \bmod m = c \Leftrightarrow (a_i - b_i) \bmod m_i = c_i \quad \text{für } i = 1 .. k;$$
$$(a * b) \bmod m = c \Leftrightarrow (a_i * b_i) \bmod m_i = c_i \quad \text{für } i = 1 .. k.$$

Beispiel:

$m_1 = 2$ und $m_2 = 5$, also $m = m_1 * m_2 = 2 * 5 = 10$.

In der nachfolgenden Tabelle sind die Zahlen i von $0 .. 9$ in ihrer Darstellung als Zweier-Tupel modulo 2 und modulo 5 aufgeführt.

i	i mod 2	i mod 5
0	0	0
1	1	1
2	0	2
3	1	3
4	0	4
5	1	0
6	0	1
7	1	2
8	0	3
9	1	4

Sei $i = 2$ und $j = 3$, also $i * j = 6$.
In modularer Darstellung:
$i \sim [0,2]$ und $j \sim [1,3]$, $i * j \sim [0,1]$

Ein nützliches modulares Zahlensystem bilden die Moduli:

$$m_1 = 99, \; m_2 = 100, \; m_3 = 101, \text{ also } m = m_1 * m_2 * m_3 = 999900.$$

Man kann damit Zahlen im Bereich 0 .. 999900 darstellen, also fast bis zu 10^6. Die
Konversion einer Dezimalzahl in ihre modulare Form ist durch Quersummen leicht von
Hand zu berechnen: Um   a mod 99   zu berechnen, werden Ziffernpaare addiert; bei
a mod 101   werden sie alternierend addiert und subtrahiert. Die grösste Zahl, die bei
Operationen auf Komponenten auftritt, ist 1002; sie übersteigt den Wert 2^{15} = 32768
~ 32K nicht und verursacht daher auf einem Computer mit 16-bit Arithmetik keinen
Überlauf.

Beispiel:

```
i = 123456, als Zahlentripel dargestellt, ist  i ~ [3,56,34]:
i mod   99 = (56 + 34 + 12) mod   99 =  3
i mod 100 =                          56
i mod 101 = (56 - 34 + 12) mod 101 = 34

j = 654321, als Zahlentripel dargestellt, ist  j ~ [30,21,43]:
j mod   99 = (21 + 43 + 65) mod   99 = 30
j mod 100 =                          21
j mod 101 = (21 - 43 + 65) mod 101 = 43

i + j ~ [3,56,34] + [30,21,43] = [33,77,77]
```

Modulare Zahlensysteme führen aber zu aufwendigen Berechnungen bei Division,
Vergleichsoperationen, Overflow und Konversion in Dezimaldarstellung.

2.4   Rechnen mit "reellen" Zahlen

2.4.1   Gleitkommazahlen

"Reelle Zahlen", d. h. solche vom Typ REAL, werden in den meisten Computern als
Gleitkommazahlen (floating point numbers) dargestellt. Eine reelle Zahl z wird durch eine
Mantisse m und einen Exponenten e, beide mit Vorzeichen, in Bezug auf eine Basis b
dargestellt: $z = \pm\ m * b^{\pm e}$, z. B. $z = +0.11 * 2^{-1}$.

Rechnen mit Gleitkommazahlen ist nicht dasselbe wie Rechnen mit reellen Zahlen.
Sowohl die Mantisse m wie auch der Exponent e liegen in einem beschränkten Bereich.
Auf byte-orientierten Maschinen werden Gleitkommazahlen oft durch 4 Bytes = 32 bits
dargestellt, wobei die Mantisse mit Vorzeichen 24 Bits und der Exponent mit Vorzeichen
8 Bits verwendet. Dann ist z. B. $0 \leq m < 1$, wobei die Genauigkeit von m durch 23 Bits
eingeschränkt ist, und $2^{-128} \leq b^e \leq 2^{127}$. Zudem ist die Darstellung von Zahlen *nicht
eindeutig*. Beim Rechnen mit Gleitkommazahlen ergeben sich ernsthafte numerische
Probleme. Betrachten wir als Beispiel das folgende Zahlensystem:

$$z = \pm\ 0.b_1 b_2 * 2^{\pm e},$$

wobei b_1, b_2 und e die Werte $(0,1)$ annehmen können.

1.5	$+0.11 * 2^{+1}$		
1.0	$+0.10 * 2^{+1}$		
0.75		$+0.11 * 2^{\pm 0}$	
0.5	$+0.01 * 2^{+1}$	$+0.10 * 2^{\pm 0}$	
0.375			$+0.11 * 2^{-1}$
0.25		$+0.01 * 2^{\pm 0}$	$+0.10 * 2^{-1}$
0.125			$+0.01 * 2^{-1}$
0.	$+0.00 * 2^{+1}$	$+0.00 * 2^{\pm 0}$	$+0.00 * 2^{-1}$

Die Tabelle ist symmetrisch für negative Zahlen. Man beachte die Häufung der Zahlen gegen Null und die verschiedenen Darstellungen für dieselben Zahlenwerte. Es gibt nur 15 verschiedene Zahlen, aber $32 = 2^5$ verschiedene Darstellungen.

2.4.2   Einige Gefahren

Einige Beispiele sollen veranschaulichen, welch unvermutete Resultate beim Rechnen mit Gleitkommazahlen entstehen können. In den ersten zwei Beispielen verwenden wir ein binäres Gleitkommazahlensystem mit zweistelliger Mantisse mit Vorzeichen und einstelligem Exponenten mit Vorzeichen. Damit stellen wir Zahlen im folgenden Bereich dar:

$$-0.11 * 2^{-1} \leq z \leq +0.11 * 2^{+1}$$

Beispiel 1: $y + x = y$ und $x \neq 0$

Es genügt, x im Vergleich zu y klein zu wählen, z. B.

$$x = 0.01 * 2^{-1}, \quad y = 0.10 * 2^{+1}.$$

Bei der Adition wird die Mantisse von x nach rechts verschoben, bis die Exponenten gleich sind, d. h. x wird dargestellt als $0.0001 * 2^{+1}$. Auch wenn die Summe $x + y$ in einem Akkumulator doppelter Länge noch korrekt als $0.1001 * 2^{+1}$ berechnet wird, wird beim Speichern des Resultates doch $x + y = 0.10 * 2^{+1} = y$ herauskommen.

Beispiel 2:   Addition ist nicht assoziativ

$$(x + y) + z \neq x + (y + z)$$

Mit den angegebenen Werten von x, y und z ergeben die linke und die rechte Seite verschiedene Resultate.

Linke Seite: $(0.10 * 2^{+1} + 0.10 * 2^{-1}) + 0.10 * 2^{-1} = 0.10 * 2^{+1}$

Rechte Seite: $0.10 * 2^{+1} + (0.10 * 2^{-1} + 0.10 * 2^{-1}) = 0.11 * 2^{+1}$

Um die Auslöschung signifikanter Stellen zu vermeiden, gilt für die numerische Addition: zunächst die kleinen Zahlen zusammenzählen und danach zu den grossen addieren.

Beispiel 3: $((x + y)^2 \cdot x^2 - 2xy) / y^2 = 1$???

Wir berechnen diesen Ausdruck in einem Gleitkommasystem mit 5 Dezimalstellen für grosses x und kleines y.

$x = 100.00$ $y = .01000$

$x + y = 100.01$

$(x + y)^2 = 10002.0001$, auf 5 Stellen gerundet $= 10002.$

$x^2 = 10000.$

$(x + y)^2 - x^2 = 2.????$ (4 Dezimalstellen sind verloren gegangen!)

$2xy = 2.0000$

$(x + y)^2 - x^2 - 2xy = 2.???? - 2.0000 = .?????$

Jetzt sind 5 Dezimalstellen verloren, und das Resultat ist nichtssagend.

Beispiel 4:   Instabilität

Beim Berechnen von Zahlenfolgen mittels Rekursionsformeln muss man sich vor numerischer Instabilität hüten. Wir zeigen dies anhand der Folge:

$$x_0 = 1.0$$
$$x_1 = 0.5$$
$$x_{n+1} = 2.5 * x_n - x_{n-1}$$

Man findet eine exakte Lösung mit dem Ansatz $x_i = r^i$ für $r \neq 0$.

Dies führt zu $r^{n+1} = 2.5 * r^n - r^{n-1}$, also $0 = r^2 - 2.5 * r + 1$, mit den beiden Lösungen $r = 2$ und $r = 0.5$.

Die allgemeine Lösung erhält man als Linearkombination $x_i = a * 2^i + b * 2^{-i}$. Die Anfangswerte $x_0 = 1$ und $x_1 = 0.5$ bestimmen die Koeffizienten $a = 0$ und $b = 1$, was die exakte Lösung ergibt:

$$x_i = 2^{-i} .$$

Berechnet man die Folge $x_i = 2^{-i}$ nach der obigen Rekursionsformel mit den vorgegebenen Anfangswerten in einem Gleitkommasystem mit 1 Dezimalstelle, so kann folgendes passieren:

$x_2 = 2.5 * 0.5 - 1$ $= 0.25$ (exakt) $= 0.2$ (gerundet)

$x_3 = 2.5 * 0.2 - 0.5$ $= 0$ (exakt mit einer Dezimalstelle dargestellt)

$x_4 = 2.5 * 0 - 0.2$ $= -0.2$ (exakt mit einer Dezimalstelle dargestellt)

$x_5 = 2.5 * (-0.2) - 0$ $= -0.5$ (exakt mit einer Dezimalstelle dargestellt)

$x_6 = 2.5 * (-0.5) - (-0.2)$ $= -1.05$ (exakt) $= -1.0$ (gerundet)

$x_7 = 2.5 * (-1) - (-0.5)$ $= -2.0$ (exakt mit einer Dezimalstelle dargestellt)

$x_8 = 2.5 * (-2) - (-1)$ $= -4.0$ (exakt mit einer Dezimalstelle dargestellt)

Nach dem ersten Rundungsfehler wechselt die berechnete Folge auf den anderen Lösungsast $x_i = b*2^i$ hinüber, wie durch das Verdoppeln aufeinanderfolgender berechneter Werte ersichtlich ist.

2.4.3   Das Horner Schema

Ein Polynom n-ten Grades (z. B. n = 3) wird gewöhnlich in der Form dargestellt:

$$a_3 * x^3 + a_2 * x^2 + a_1 * x + a_0 \ .$$

Berechnet wird es aber besser in der Form:

$$((a_3 * x + a_2) * x + a_1) * x + a_0 \ .$$

Während die erste Formel n Multiplikationen der Form $a_i * x^i$ benötigt und zusätzlich noch n−1 Multiplikationen, um die Potenzen von x zu berechnen, genügen bei der zweiten n Multiplikationen insgesamt. Sie baut die notwendigen Potenzen gleichzeitig mit der Koeffizientenmultiplikation auf. Die folgenden Prozeduren nehmen an, die (n+1) Koeffizienten seien linksbündig in einem genügend langen Array a gespeichert.

```
type coeff = array[0..m] of real;      |  TYPE Coeff = ARRAY[0..m] OF REAL;
function horner(var a: coeff;          |  PROCEDURE horner(VAR a: Coeff;
                n: integer;            |                    n: INTEGER;
                x: real): real;        |                    x: REAL): REAL;
var i: integer;                        |  VAR i: INTEGER;
    h: real;                           |      h: REAL;
begin                                  |  BEGIN
  h := a[n];                           |    h := a[n];
  for i := n - 1 downto 0 do           |    FOR i := n - 1 TO 0 BY -1 DO
    h := h * x + a[i];                 |      h := h * x + a[i];
                                       |    END;
  horner := h                          |    RETURN h;
end; {horner}                          |  END horner;
```

2.4.4   Bisektion

Bisektion ist eine iterative Methode zum Lösen von Gleichungen der Form f(x) = 0 . Die Funktion f: R → R sei stetig im Intervall [a,b] und f(a) * f(b) < 0 . Angefangen mit [a,b] wird das "Unsicherheitsintervall", in dem sich eine Lösung der Gleichung (eine Nullstelle der Funktion) befinden muss, durch fortgesetzte Halbierung verkleinert.

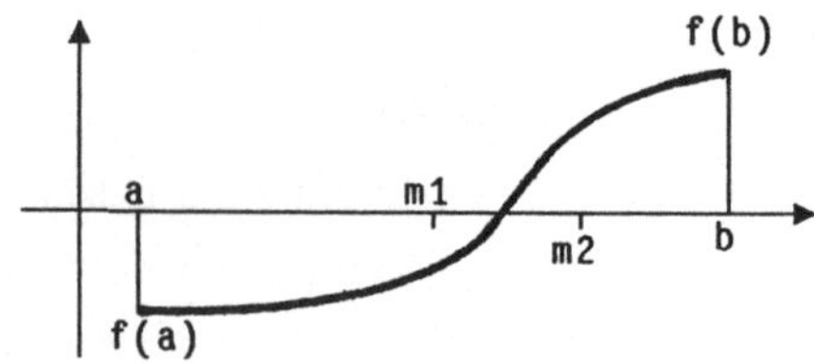

```
function bisect(function f: real;      |  TYPE Function = PROCEDURE(REAL): REAL;
                a, b: real): real;     |  PROCEDURE bisect(f: Function;
const epsilon = 1E-6;                  |                   a, b: REAL): REAL;
var m, y: real;                        |  CONST epsilon = 1E-6;
    faneg: boolean;                    |  VAR m, y: REAL;
                                       |      faneg: BOOLEAN;
                       {f(a) negativ}  |
begin                                  |  BEGIN
  faneg := f(a) < 0.0;                 |    faneg := f(a) < 0.0;
  repeat                               |    REPEAT
    m := (a + b) / 2.0;                |      m := (a + b) / 2.0;
    y := f(m);                         |      y := f(m);
    if (y < 0.0) = faneg then          |      IF (y < 0.0) = faneg THEN
      a := m                           |        a := m;
    else                               |      ELSE
      b := m                           |        b := m;
                                       |      END;
  until abs(a - b) < epsilon;          |    UNTIL ABS(a - b) < epsilon;
  bisect := m                          |    RETURN m;
end; {bisect}                          |  END bisect;
```

Eine konvergente Folge x_1, x_2, ... mit limes x *konvergiert linear,* falls es eine Konstante c und einen Index i_0 gibt derart, dass für alle $i > i_0$ gilt:

$$|x_{i+1} - x| \leq c * |x_i - x| .$$

Man bezeichnet einen Algorithmus als linear konvergent, wenn die Folge der von ihm konstruierten Näherungswerte linear konvergiert. Bei einem linear konvergenten Algorithmus bringt jeder Iterationsschritt eine konstante Zahl von zusätzlichen signifikanten Stellen. Bisektion halbiert bei jedem Schleifendurchlauf das Unsicherheitsintervall, d. h. sie ist linear konvergent mit $c = 0.5$, und sie liefert 1 zusätzliches Bit Genauigkeit.

Falls für den Fehler gilt: $|x_{i+1} - x| \leq c * |x_i - x|^2$, so spricht man von *quadratischer Konvergenz.*

2.4.5   Newton's Methode zur Berechnung der Quadratwurzel

Als Beispiel für einen quadratisch konvergenten Algorithmus betrachten wir Newton's Methode zur Lösung von Gleichungen der Form $f(x) = 0$. Die Funktion $f(x)$ sei stetig und differenzierbar. Aus einer Näherung x_i erhält man eine Näherung x_{i+1}, indem man $f(x)$ in der Umgebung von x_i durch die Tangente im Punkt $(x_i, f(x_i))$ approximiert und den Schnittpunkt dieser Tangente mit der x-Achse berechnet. Also gilt:

$$x_{i+1} = x_i - f(x_i) / f'(x_i).$$

Newton's Methode braucht nicht zu konvergieren (Aufgabe: konstruiere Gegenbeispiele), aber wenn sie konvergiert, dann konvergiert sie quadratisch, also sehr schnell, da jeder Iterationsschritt die Anzahl signifikanter Stellen verdoppelt.

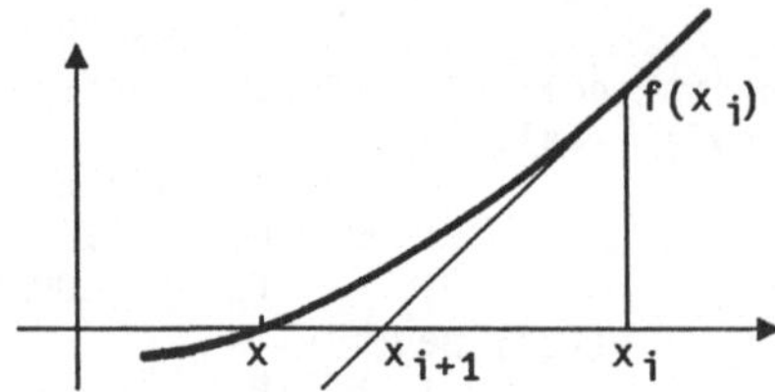

Um die Quadratwurzel $x = \mathtt{sqrt(a)}$ zu berechnen, betrachten wir die Funktion $f(x) = x^2 - a$ und lösen die Gleichung $x^2 - a = 0$. Mit $f'(x) = 2 * x$ ergibt sich die Iterationsformel:

$$x_{i+1} = x_i - (x_i^2 - a) / (2 * x_i) = (x_i + a/x_i) / 2.$$

Um die quadratische Konvergenz dieser Methode zu zeigen, betrachten wir die Fehlerfortpflanzung des relativen Fehlers $R_i = (x_i - x)/x$.

$$
\begin{aligned}
x_{i+1} &= 1/2 * (x_i + a/x_i) = (x_i^2 + x^2) / 2*x_i \\
&= 2*x*x_i + (x_i^2 - 2*x*x_i + x^2) / 2*x_i \\
&= x + (x_i - x)^2 / 2*x_i
\end{aligned}
$$

Damit ergibt sich für den relativen Fehler $R_i = (x_i - x) / x$:

$$
\begin{aligned}
(x_{i+1} - x) / x &= (x_i - x)^2 / (2*x_i * x) \\
&= (x_i - x)^2 / (2*x_i * (x^2 / x))
\end{aligned}
$$

oder

$$R_{i+1} = R_i^2 / 2*(1 + R_i)$$

Sobald der Fehler R_i klein ist, $R_i \ll 1$, ist $1 + R_i \sim 1$, und man erhält: $R_{i+1} \sim 0.5 * R_i^2$. Newton's Methode konvergiert also quadratisch, sobald der Näherungswert x_i nahe genug bei der gesuchten Lösung liegt. Bei einer schlechten ersten Näherung, $R_i \gg 1$, ist $1 + R_i \sim R_i$, und man erhält: $R_{i+1} \sim 0.5 * R_i$, d. h. die Berechnung läuft anfänglich mit scheinbar linearer Konvergenz, bis $R_i \ll 1$ und sich die echte quadratische Konvergenz einstellt.

Um von Anfang an in den quadratisch konvergenten Bereich zu gelangen, sucht man eine gute Näherung x_0. Nehmen wir normalisierte binäre Gleitkommazahlen an, d. h. a hat die Form: $a = m * 2^e$ mit $0.5 \leq m < 1$. Dann erhalten wir eine recht gute Abschätzung der Quadratwurzel von a durch:

$$
x_0 = \begin{cases} \mathtt{const} * 2^{e/2} & \text{falls e gerade} \\ \mathtt{const} * 2^{(e+1)/2} & \text{falls e ungerade.} \end{cases}
$$

Um diese Anfangsnäherung konstruieren zu können, muss das System separaten Lese- und Schreibzugriff auf Mantisse und Exponent zur Verfügung stellen, z. B. in Form von Prozeduren wie:

```
procedure Mantisse(z: real): integer;
procedure Exponent(z: real): integer;
procedure Buildreal(mant, exp: integer): real.
```

Dies ist heute leider nicht üblich, so dass eine gute Anfangsnäherung oft durch Hintertüren konstruiert werden muss. Falls aber x_0 durch Exponentenhalbierung konstruiert werden kann, dann erhalten wir für die relativen Fehler ungefähr:

$$R_1 \quad <\sim \quad 2^{-1}$$

$$R_2 \quad <\sim \quad 2^{-3}$$

$$R_3 \quad <\sim \quad 2^{-7}$$

$$R_4 \quad <\sim \quad 2^{-15}$$

$$R_5 \quad <\sim \quad 2^{-31}$$

$$R_6 \quad <\sim \quad 2^{-63}$$

d. h. 4 bis 5 Iterationen liefern die genaue Quadratwurzel auf einem Kleincomputer und 6 auf einem "number cruncher" mit Wortlänge 60 oder 64 Bits.

2.5   Zufallszahlen

"Zufällig" heisst im Volksmund oft "unvorhersehbar". "Zufallszahlen" sind im technisch/wissenschaftlichen Rechnen nützlich, vor allem bei Simulationen und bei der Erzeugung von Testdaten. Dabei benötigen wir aber nicht die "Unvorhersehbarkeit" dieser Zahlen, sondern nur, dass sie gewisse statistische Eigenschaften aufweisen. Man will diese Zahlen schnell und mit kleinem Speicheraufwand erzeugen können, und sie sollen reproduzierbar sein, damit man einen verunglückten Testlauf nochmals unter den gleichen Bedingungen durchführen kann.

Zufallszahlen werden durch einfache Formeln erzeugt, oft von der Form *linearer Kongruenzmethoden*:

$$r_{i+1} = (a * r_i + c) \bmod m$$

mit einem ganzzahligen Startwert r_0 und mit ganzzahligen Konstanten a (Multiplikator), c (Inkrement) und m (Modulus), die *sorgfältig zu konstruieren sind!* Betrachten wir als abschreckendes Beispiel eine Formel, welche wiederholt Zufallstage aus dem Monat Februar auswählen soll, bei der aber allerlei schief geht:

$$r_0 = 0, \quad r_{i+1} = (2 * r_i + 1) \bmod 28 \ .$$

Sie erzeugt die Folge: 0, 1, 3, 7, 15, 3, 7, 15, 3, ...

Da $0 \leq r_i < m$, erzeugt jeder Generator der obigen Form eine Folge, die nach einem Anfangsstück (im Beispiel 0, 1) periodisch wird, mit einer Periode der Länge $\leq m$ (im Beispiel Periode 3, 7, 15 der Länge 3). Man will gewöhnlich eine lange Periode, im Idealfall der Länge m, was z. B. durch folgende Bedingungen erreicht werden kann:

Der Modulus m wird als Primzahl gewählt, (a-1) ist ein Vielfaches von m, und m ist kein Teiler von c. Also z. B:

$$r_0 = 0, \quad r_{i+1} = (8 * r_i + 1) \bmod 7 \ ,$$

welche eine Folge mit Periodenlänge 7 erzeugt: 0, 1, 2, 3, 4, 5, 6, 0, ...
Sollen wir diese als Folge von Zufallszahlen akzeptieren, und falls nein, warum nicht? Wäre die Folge 4, 1, 6, 2, 3, 0, 5 vorzuziehen?

Bei jeder Anwendung von Zufallszahlen muss man sich überlegen, auf welche statistischen Eigenschaften man Wert legt. Dazu gehören gewöhnlich die folgenden:

- Keine Periodizität. Um 100 Zufallswochentage zu erzeugen, wählt man keinen Generator mit Modulus 7, der höchstens eine Periodenlänge 7 erzeugen kann, sondern einen mit Periode wesentlich länger als 100.

- Eine gewünschte Verteilung, meistens die Gleichverteilung. Teilt man den Wertebereich [0 .. m-1] in k gleich grosse Intervalle I_1, I_2, ... , I_k ein, so sollen ungefähr gleich viele Zufallszahlen in jedes Intervall fallen, und zwar nicht nur am Ende der Periode (dies wäre trivialerweise der Fall bei einem Generator mit maximaler Periode m), sondern auch für jeden Anfangsteil der Folge.

Viele zusätzliche Eigenschaften werden durch Tests mit Namen wie *run test* (die Länge von monoton wachsenden und monoton fallenden Teilfolgen sollen mit richtiger Häufigkeiten auftreten), *Lückentest* (wieviele aufeinanderfolgende Zahlen ausserhalb eines Testintervalls fallen), *Permutationstest* (unter den Teilfolgen mit t Elementen sollen die t! möglichen Anordnungen nach Grösse gleich oft auftreten) untersucht.

Als Schlussfolgerung dieser Einführung genüge das Prinzip:

Ein Zufallszahlengenerator darf nicht "zufällig" gewählt werden!

Man nimmt ihn am besten aus einem Buch, in dem auch seine Eigenschaften beschrieben sind. Oder man studiert die Theorie der Zufallszahlengeneratoren, z. B. aus Knuth, The Art of Computer Programming, Vol. 2, Addison-Wesley, 1969.

Den folgenden einfachen Zufallszahlengenerator und einige seiner Eigenschaften kann man leicht im Kopf behalten:

$$r_0 = 1, \quad r_k = 125 * r_{k-1} \bmod 8192.$$

1) $8192 = 2^{13}$, also ist der Rest mod 8192 durch die 13 wenig signifikanten Bits dargestellt.
2) $125 = 128 - 3 = (1111101)$ in Basis 2
3) Die Arithmetik ist mit 16-Bit Integers ohne Überlaufgefahr und ohne Rücksicht auf die Darstellung negativer Zahlen problemlos.
4) Genau die Zahlen r_k im Bereich $0 \leq r_k < 8192$ mit $r_k \bmod 4 = 1$ werden erzeugt, d. h. die Periodenlänge ist $2^{11} = 2048$.

Seine statistischen Eigenschaften sind beschrieben in:
J. B. Kruskal, "An extremely portable random number generator", Comm. ACM, Vol 12, 1969, 93-94.

2.6   Rechnen mit geometrischen Objekten

Mit der Benutzung von Graphikbildschirmen gewinnt das Rechnen mit geometrischen Objekten zunehmend an Bedeutung. Man braucht Algorithmen, die Bilder von 2- und 3-dimensionalen geometrischen Konfigurationen effizient erzeugen, z. B. so, dass nur die sichtbaren Teile der Objekte gezeichnet werden.

Wir betrachten ein einfaches aber wichtiges Problem der Computergraphik: *Clipping*. Von n Geradensegmenten in der Ebene zeichne man nur die Teile, die innerhalb eines rechteckigen Fensters liegen. Das Fenster sei durch seine vier Eckpunkte mit den Koordinaten `links`, `rechts`, `oben`, `unten` gegeben, die Geradensegmente durch ihre Endpunkte (x1,y1) und (x2,y2). Die Lage eines Punktes im Verhältnis zum Fenster wird durch 4 Boolesche Variablen beschrieben: `ll` (links vom linken Rand), `rr` (rechts vom rechten Rand), `bb` (unterhalb des unteren Randes), `tt` (oberhalb des oberen Randes). Ein Punkt im Fenster hat also den Code `ll = rr = bb = tt = false`, abgekürzt als `[0000]`.

1 0 0 1 [ll,tt]	0 0 0 1 [tt]	0 1 0 1 [rr,tt]
1 0 0 0 [ll]	0 0 0 0 [ ]	0 1 0 0 [rr]
1 0 1 0 [ll,bb]	0 0 1 0 [bb]	0 1 1 0 [rr,bb]

```
VAR links, rechts, oben, unten: REAL;
PROCEDURE Clip(x1, x2, y1, y2: REAL);
TYPE WCode = SET OF (ll, rr, bb, tt);
VAR c, c1, c2: WCode;
    x, y: REAL;
    aussen: BOOLEAN;
PROCEDURE ClassifyPoint(x, y: REAL; VAR c: WCode);
BEGIN
  c := {};
  IF    x < links  THEN  c := {ll};
  ELSIF x > rechts THEN  c := {rr};       END;
  IF    y < unten  THEN  c := c + {bb};
  ELSIF y > oben   THEN  c := c + {tt};   END;
END ClassifyPoint;
```

```
BEGIN (* Clip *)
  ClassifyPoint(x1, y1, c1);  ClassifyPoint(x2, y2, c2);
  aussen := FALSE;
  WHILE (c1 <> {}) OR (c2 <> {}) DO
    IF (c1 * c2) <> {} THEN
      (* Gerade liegt vollständig ausserhalb des Fensters *)
      c1 := {};  c2 := {};  aussen := TRUE;
    ELSE
      c := c1;
      IF c = {} THEN  c := c2;  END;
      IF ll IN c THEN
        (* Gerade schneidet links *)
        y := y1 + (y2 - y1) * (links - x1) / (x2 - x1);   x := links;
      ELSIF rr IN c THEN
        (* Gerade schneidet rechts *)
        y := y1 + (y2 - y1) * (rechts - x1) / (x2 - x1);  x := rechts;
      ELSIF bb IN c THEN
        (* Gerade schneidet unten *)
        x := x1 + (x2 - x1) * (unten - y1) / (y2 - y1);   y := unten;
      ELSIF tt IN c THEN
        (* Gerade schneidet oben *)
        x := x1 + (x2 - x1) * (oben - y1) / (y2 - y1);    y := oben;
      END;
      IF c = c1 THEN  x1 := x;  y1 := y;  ClassifyPoint(x, y, c1);
                ELSE  x2 := x;  y2 := y;  ClassifyPoint(x, y, c2);  END;
    END; (* IF *)
  END; (* WHILE *)
  IF NOT aussen THEN  ShowLine(x1, x2, y1, y2);  END;
END Clip;
```

2.7   Berechenbarkeit und Komplexität

"Algorithmus" und "berechenbar" sind zunächst intuitive Begriffe. Um zu zeigen, wie ein konkretes Resultat zu berechnen ist, genügt fast immer eine informelle Erklärung. Ganz anders verhält es sich, wenn man zeigen will, dass ein erwünschtes Resultat *nicht berechenbar* ist. Es taucht sofort die Frage auf: *berechenbar unter Zuhilfenahme welcher Mittel?* Denn mit Hilfe eines Orakels, das die Antwort auf alle Fragen kennt, wäre ja alles berechenbar.

Die Frage *"Was ist algorithmisch berechenbar und was nicht?"* wurde in den Dreissigerjahren von E. Post, A. Turing, A. Church und anderen Logikern intensiv untersucht. Verschiedene formale Berechnungsmodelle wurden definiert (z. B. Turing Maschinen, Produktionensysteme, Theorie der rekursiven Funktionen), die alle versuchen, den intuitiven Begriff "Rechnen durch Anwenden effektiver Regeln" streng zu fassen. Die verschiedenen formalen Modelle erwiesen sich alle als gleich mächtig, was die Hypothese (Church's Thesis) stärkt, dass der intuitive Begriff richtig formalisiert wurde. Schon mit einfachen Mitteln ist es möglich, Beispiele von nicht-berechenbaren Funktionen oder unentscheidbaren Fragen zu geben.

In den Sechzigerjahren wurde eine Theorie entwickelt, die den Bereich des Berechenbaren in Komplexitätsklassen einteilt, wobei Komplexität den Zeit- und Speicherbedarf von Rechnungen misst.

Wir zeigen aus beiden Themenkreisen einfache Beispiele mit überraschendem Ergebnis.

2.7.1   "Fast nichts ist berechenbar"

Nehmen wir als Berechnungsmodell eine beliebige Programmiersprache, mit der zusätzlichen Fiktion, dass sie auf einem Computer mit unendlichem Speicher und unendlicher Lebensdauer implementiert sei. Trotzdem kommen wir zur Schlussfolgerung: "Fast nichts ist berechenbar". Dies folgt einfach aus der Beobachtung, dass es weniger Programme gibt als Aufgaben, deren Lösung zu berechnen ist.

Eine Programmiersprache L ist über einem endlichen Alphabet $A = \{a_1, \ldots, a_k\}$ von k Zeichen definiert. Die Menge der Programme in L ist eine Teilmenge der Menge A^* aller Zeichenketten über A. A^* und damit auch L sind abzählbar:

1) man generiert alle Zeichenketten in A^* in der Reihenfolge zunehmender Länge und bei gleicher Länge in lexikographischer Reihenfolge;
2) man streiche alle Zeichenketten, die nach den Syntaxregeln von L kein Programm darstellen;
3) man numeriere die überlebenden Zeichenketten in der ursprünglichen Reihenfolge.

Unter allen Programmen in L betrachten wir nur diejenigen, welche eine (partielle) Funktion von natürlichen Zahlen in natürliche Zahlen berechnen, was am Prozedurkopf zu erkennen ist, z. B.:

```
function f(x: nat):nat;
```

Davon gibt es abzählbar viele.

Fast alle Funktionen sind unberechenbar.

Es gibt aber überabzählbar viele Funktionen von natürlichen Zahlen in natürliche Zahlen, wie mit dem Cantorschen Diagonalisierungsverfahren bewiesen wird (Georg Cantor 1845-1918).

Der Beweis erfolgt durch Widerspruch zur Annahme, es gäbe nur abzählbar viele Funktionen $f: N \to N$, $N = \{1, 2, \ldots\}$. Wir könnten sie nach folgendem Schema aufzählen:

```
   |    1        2        3        4      . . . . . . . . . .
-----------------------------------------------------------
f₁ |  f₁(1)    f₁(2)    f₁(3)    f₁(4)    . . . . . . . . . .
f₂ |  f₂(1)    f₂(2)    f₂(3)    f₂(4)    . . . . . . . . . .
f₃ |  f₃(1)    f₃(2)    f₃(3)    f₃(4)    . . . . . . . . . .
 .
 .
```

Wir konstruieren eine Funktion $g : N \to N$, $g(i) = f_i(i) + 1$, deren Werte durch Abänderung der Diagonale (Addieren von 1) im obigen Schema entstehen. Also ist g verschieden von jedem f_i, zumindest für das Argument i: $g(i) \neq f_i(i)$. Daher war unsere Annahme, alle Funktionen $f: N \to N$ aufgezählt zu haben, falsch.

2.7.2   Das Halteproblem ist unentscheidbar

Es wäre interessant, möglicherweise sogar nützlich, wenn man voraussagen könnte, ob ein beliebiges Programm P, auf beliebige Daten D losgelassen, terminieren wird oder nicht, d. h. ob es in eine unendliche Schleife gerät. Falls diese Voraussage nach einem effektiven

Rezept geschieht, wie man beim Prüfen vorzugehen hat, so könnte man ein Programm H dafür schreiben. Unter vernünftigen Annahmen kann es aber kein solches Halteprogramm H geben.

Wir betrachten eine Programmiersprache L, die diejenigen Konstrukte enthält, die wir später brauchen werden: im wesentlichen rekursive Prozeduren und Prozedurparameter. Wir betrachten alle Prozeduren P in L, die keine Parameter haben (damit können wir die Datenabhängigkeit der Termination vermeiden), was wiederum am Prozedurkopf zu erkennen ist, z. B.: `procedure P; `.

Annahme: Es gibt ein Programm H in L, das als Argument eine beliebige parameterfreie Prozedur P in L nimmt und entscheidet, ob P hält oder unendlich lange läuft.

$$H(P) = \begin{cases} \mathtt{true}, \text{ falls } P \text{ hält} \\ \mathtt{false} \text{ sonst} \end{cases}$$

Betrachten wir das Verhalten der folgenden parameterfreien Prozedur X:

```
procedure X;
begin
  while H(X) do;
end; {X}
```

Beachte den Verweis von X auf sich selbst (self-reference); er entspricht der Diagonalisierung $f_i(i)$ im früheren Beispiel. Und beachte die unendliche Schleife `while H(X) do;` die eintritt, falls $H(X)$ den Wert `true` ergibt, also genau wenn X halten sollte; dieser Trick entspricht der Abänderung der Diagonale $g(i) = f_i(i) + 1$. Wir erhalten:

$$H(X) = \begin{cases} \mathtt{true}, \text{ falls } X \text{ hält (nach Definition von } H); \\ \mathtt{true}, \text{ falls } X \text{ nicht hält (nach Konstruktion von } X); \\ \\ \mathtt{false}, \text{ falls } X \text{ nicht hält (nach Definition von } H); \\ \mathtt{false}, \text{ falls } X \text{ hält (nach Konstruktion von } X); \end{cases}$$

Das Programm H verstrickt sich in einen Widerspruch, also war unsere Annahme seiner Existenz falsch.

2.7.3   Komplexität der Matrizenmultiplikation

Die Zeit, die ein Programm benötigt (gewöhnlich gemessen an der Anzahl ausgeführter Operationen), und der Speicherplatz, den es belegt, sind Kriterien für die Komplexität des vom Programm dargestellten Algorithmus und indirekt auch von der Aufgabe, die dieser Algorithmus löst. Bei gegebenem Algorithmus ist es gewöhnlich leicht abzuschätzen, wieviele Operationen im schlimmsten und im besten Fall ausgeführt werden; aber es kann sehr schwierig sein, die Operationen im Mittel über alle möglichen Eingabedaten zu zählen. Praktische Algorithmen sind oft von Zeitkomplexitäten der Ordnung $O(\log\ n)$, $O(n)$, $O(n*\log\ n)$, $O(n^2)$ und Speicherkomplexitäten der Ordnung $O(n)$, wobei n ein Mass für die Länge des Inputs ist.

Unter der *Komplexität eines Problems* versteht man die *minimale Komplexität eines Algorithmus, der diese Aufgabe löst.* Es ist fast immer schwierig, die Komplexität eines Problems zu bestimmen, da man ja *alle* möglichen Algorithmen, auch die noch unbekannten, in Betracht ziehen muss. Dabei treten oft überraschende Ergebnisse auf, welche "offensichtliche Ansichten" widerlegen.

Wir haben in 2.1.1 bei der Berechnung der transitiven Hülle die Multiplikation zweier n*n Matrizen durch ein Programm mit drei verschachtelten Schleifen angetroffen, die je n-mal durchlaufen werden, und daher stillschweigend die "offensichtliche Annahme" gemacht, Matrizenmultiplikation benötige $\Theta(n^3)$ Elementaroperationen, insbesondere Multiplikationen. Dem ist aber nicht so, wie Beispiel 2 zeigt. Der springende Punkt wird zuerst am einfacheren Beispiel 1 gezeigt: Linearkombinationen von i Produkten von Summen können mehr als i Produkte einfacher Terme erzeugen.

Beispiel 1: Multiplikation zweier komplexer Zahlen

Seien x = x' + ix" und y = y' + iy" zwei komplexe Zahlen.
Die Multiplikation (x' + ix") * (y' + iy") = z' + iz" ist wie folgt definiert:

$$z' = x' * y' - x" * y"$$
$$z" = x' * y" + x" * y'$$

Um zwei komplexe Zahlen zu multiplizieren, benötigt man also scheinbar 4 Multiplikationen und 2 Additionen (bzw. Subtraktionen) reeller Zahlen. Es geht aber auch anders, indem wir Multiplikationen für Additionen tauschen können. Wir berechnen zuerst 3 Hilfsgrössen mit je einer Multiplikation und danach z durch Additionen und Subtraktionen:

$$p_1 = (x' + x") * (y' + y")$$
$$p_2 = x' * y'$$
$$p_3 = x" * y"$$
$$z' = p_2 - p_3$$
$$z" = p_1 - p_2 - p_3$$

Auf diese Art benötigt man nur noch 3 Multiplikationen, dafür aber 5 Additionen (bzw. Subtraktionen) reeller Zahlen. Dies ist in der Praxis kein besonders günstiger Tausch. In der Theorie aber doch, denn eine Addition verlangt einen Aufwand, der linear wächst in der Anzahl der Ziffern, während eine Multiplikation nach Schulverfahren einen quadratischen Aufwand verlangt.

Beispiel 2: Strassen's Matrizenmultiplikation

Die konventionelle Matrizenmultiplikation benötigt für n*n Matrizen n^3 skalare Multiplikationen, im Falle von 2*2 Matrizen also 8, $n^2 * (n-1)$ Additionen, im Falle n = 2 also 4. Strassen hat 1969 gezeigt, dass 7 skalare Multiplikationen genügen, wobei man sich aber 18 Additionen / Subtraktionen einhandelt.

$$\begin{bmatrix} x_1 & x_2 \\ x_3 & x_4 \end{bmatrix} * \begin{bmatrix} y_1 & y_2 \\ y_3 & y_4 \end{bmatrix} = \begin{bmatrix} z_1 & z_2 \\ z_3 & z_4 \end{bmatrix}$$

Wir führen nun 7 Hilfsgrössen ein:

$$p_1 = (x_1 + x_4) * (y_1 + y_4)$$
$$p_2 = (x_3 + x_4) * y_1$$
$$p_3 = x_1 * (y_2 - y_4)$$
$$p_4 = x_4 * (-y_1 + y_3)$$
$$p_5 = (x_1 + x_2) * y_4$$
$$p_6 = (-x_1 + x_3) * (y_1 + y_2)$$
$$p_7 = (x_2 - x_3) * (y_3 + y_4)$$

Damit ergibt sich die Matrix z aus:

$$z_1 = p_1 + p_4 - p_5 + p_7$$
$$z_2 = p_3 + p_5$$
$$z_3 = p_2 + p_4$$
$$z_4 = p_1 + p_3 - p_2 + p_6$$

Diese Berechnung gilt, ohne Kommutativität der Multiplikation vorauszusetzen. Wir können diese Berechnungsart also nach dem Prinzip des *divide et impera* auch auf $n*n$ Matrizen anwenden, wobei wir uns der Einfachheit halber auf Zweierpotenzen $n = 2^k$ einschränken. Eine $n*n$ Matrix wird in 4 Quadranten zerlegt, also in vier $n/2 * n/2$ Matrizen, wie im folgenden Bild gezeigt. Die Multiplikation zweier $n*n$ Matrizen A und B verlangt mit Strassen's Methode 7 (nicht 8) Multiplikationen von $n/2 * n/2$ Matrizen und 18 Additionen/Subtraktionen solcher Matrizen. Bei grossem n fallen die 18 Additionen/Subtraktionen nicht ins Gewicht *(warum?)*, wir haben also wirklich eine Multiplikation gespart.

$$R_{11} = A_{11} * B_{11} + A_{12} * B_{21}$$

$$R = \begin{bmatrix} R_{11} & R_{12} \\ R_{21} & R_{22} \end{bmatrix} = \begin{bmatrix} A_{11} & A_{12} \\ A_{21} & A_{22} \end{bmatrix} * \begin{bmatrix} B_{11} & B_{12} \\ B_{21} & B_{22} \end{bmatrix}$$

Jede $n/2 * n/2$ Matrix wird rekursiv wieder in vier $n/4 * n/4$ Matrizen zerlegt, bis man nach $\log_2 n$ Zerlegungsschritten zu $1 * 1$ Matrizen gelangt, bei denen eine Matrizenmultiplikation gleich einer skalaren Multiplikation ist.

$T(n)$ sei die Anzahl verwendeter arithmetischer Operationen für die Multiplikation zweier $n*n$ Matrizen nach dieser Methode.

$$T(n) = 7*T(n/2) + 18*(n/2)^2 \text{ für } n > 1$$

Vernachlässigen wir den quadratischen Term, so erhalten wir:

$$T(n) = 7*T(n/2) = 7*7*T(n/4) = 7*7*7*\ldots*7$$
$$= 7^{\log_2 n} = n^{\log_2 7} \sim n^{2.81}$$

$$T(n) \in \Theta(n^{2.81})$$

3   Datenstrukturen

Datenstrukturen als systematisches Fachgebiet sind eine Kreation der Informatik. Beim Rechnen von Hand konzentriert man sich auf den Algorithmus, und der menschliche Rechner organisiert die Daten, indem er sie an einem geeigneten Ort in seinem Blickfeld ablegt. Beim Programmieren ist es oft umgekehrt. *Man legt zuerst die Organisation der Daten streng fest, und daraus folgt die Struktur des gewünschten Algorithmus.*

Wir studieren *allgemein nützliche Datenstrukturen samt ihren zugehörigen Abfrage- und Verwaltungsalgorithmen* und entwickeln Begriffe und Methoden, die den Überblick über dieses umfangreiche Gebiet erleichtern. Dazu gehören eine Einteilung bekannter Datenstrukturen in drei Haupttypen (*implizite Strukturen, Listenstrukturen und Adressberechnungsmethoden*) und eine *grobe Performanzaussage durch Analyse des asymptotischen Zeit- und Speicheraufwandes.*

Die mathematische Formulierung dieser Leistungsaussagen darf nicht darüber hinweg täuschen, dass sie nur unter bestimmten Voraussetzungen gelten. Zum Beispiel wird oft angenommen, dass die zu verarbeitenden Elemente im Zentralspeicher Platz haben - wenn Plattenspeicherzugriffe erfolgen, sind asymptotische Ausdrücke wenig relevant.

Die folgende Tabelle ist ein Beispiel für eine Klassifizierung von Datenstrukturen und eine grobe Leistungsbewertung. Sie gibt den asymptotischen Zeitaufwand für einige der wichtigsten Tabellenoperationen in Abhängigkeit der Anzahl n der darin vorhandenen Elemente. Nach Studium dieses Kapitels (und allenfalls des Anhanges 4.3 über Asymptotik, dessen Kenntnis im ganzen Kapitel vorausgesetzt wird) sollte der Leser imstande sein, sie zu erklären.

Übersicht über die Leistungsfähigkeit von Standarddatenstrukturen

	geordnetes Array	lineare Liste	balancierter Baum	Hashtabelle
`find`	$O(\log n)$	$O(n)$	$O(\log n)$	$O(1)$ (*)
`next`	$O(1)$	$O(1)$	$O(\log n)$	$O(n)$
`insert`	$O(n)$	$O(n)$	$O(\log n)$	$O(1)$ (*)
`delete`	$O(n)$	$O(n)$	$O(\log n)$	$O(1)$ (*) (**)

`next` ergibt zu jedem Element das nächste in Bezug auf die Ordnung auf dem Schlüsselwertebereich; `insert` und `delete` schliessen `find` mit ein;
(*) im Durchschnitt, aber nicht im schlimmsten Fall;
(**) `delete` kann die Leistungsfähigkeit der Hashtabelle vermindern.

Die zu speichernden Elemente stammen aus einem Wertebereich, auf dem eine Ordnung "$\leq$" definiert ist; die Elemente müssen oft bezüglich dieser Ordnung verarbeitet werden. Aus diesem Grund gehört zum Studium der Datenstrukturen traditionsgemäss auch das *Sortieren,* ein Themenkreis, der mit der Verwaltung von Datenmengen eng verknüpft ist. Anhand des Sortierproblems treiben wir die im Kapitel 2 eingeführte Komplexitätsanalyse von Algorithmen weiter, um die Werkzeuge zur quantitativen Bewertung von Datenverwaltungsalgorithmen bereitzustellen.

Bücher über Datenstrukturen behandeln aus historischen Gründen vor allem das Sortieren und Listenstrukturen. Wir setzen andere Schwerpunkte: abstrakte Datentypen, implizite Datenstrukturen und Adressberechnung.

3.1   Sortieren

Sei M eine Menge von n Elementen x_1, x_2, ... , x_n aus einem Wertebereich X, auf dem eine totale Ordnung "$\leq$" definiert ist. Sortieren heisst, eine Anordnung x_{i_1}, x_{i_2}, ... , x_{i_n} zu erzeugen, so dass $x_{i_k} \leq x_{i_{k+1}}$ für alle k mit $1 \leq k \leq n-1$ gilt. M ist gewöhnlich in einer Datenstruktur vorgegeben und wird durch diese implizite geordnet, aber nicht in der gewünschten $\leq$ Ordnung. Bei den typischen Sortierproblemen liegt M in einem Array oder einem sequentiellen File (Magnetband) vor, und das Resultat muss in derselben Struktur erzeugt werden. Sortieren ist daher ein Permutationsproblem. Bei einem Array bezeichnen wir die Elemente durch ihre Stellung in der Struktur, z. B. durch a[i] im Array a oder durch die Position eines Zeigers in einem sequentiellen File. Die Zugriffsmöglichkeiten der Datenstruktur bestimmen die möglichen Sortieralgorithmen. Auf einem Array sind alle seriellen (im Gegensatz zu parallelen) Sortieralgorithmen ausführbar, auf einem sequentiellen File nur wenige.

Eine häufig verwendete Grundoperation vieler Sortieralgorithmen ist der Austausch zweier Arrayelemente. Wir bezeichnen diesen Austauschoperator mit ":=:" und verwenden diese Notation als Abkürzung auch in unseren Programmen.

3.1.1   Wie schwierig ist Sortieren?

Die meisten Sortieralgorithmen sind Verfeinerungen des folgenden Grundgedankens: Solange es Paare (i, j) mit $1 \leq i < j \leq n$ und a[i] > a[j] gibt, vertausche die Elemente in a[i] und in a[j].

Man verwendet zwei Arten von Operationen:
- Sammeln von Information über die Ordnung der gegebenen Elemente;
- Ordnen der Elemente, indem z. B. Elemente miteinander vertauscht werden.

Ein effizienter Algorithmus sollte beide Arten von Operationen sparsam einsetzen.

Geschieht das *Sammeln von Information* nur durch zweiwertige Fragen (z. B. Vergleich zweier Elemente auf $\leq$ oder $>$), so sind im allgemeinen mindestens $n*\log_2 n$ zweiwertige Fragen zu stellen (siehe 3.1.4). Neben dem Sammeln von Rangordnungsinformation müssen die Elemente umgeordnet werden. Um an ihre richtige Position zu gelangen, bewegen sich die Elemente im Durchschnitt über eine Distanz von ungefähr $n/3$ Positionen (siehe Anhang 4.6). Je nach den Zugriffsmöglichkeiten des Speichermediums kann ein Element in einem einzigen Schritt der durchschnittlichen Distanz $n/3$ oder in durchschnittlich $n/3$ Schritten der Distanz 1 an sein Ziel gebracht werden. Wird das Ordnen der Elemente nur durch Austauschoperationen benachbarter Elemente vorgenommen, so ist die Anzahl der vorzunehmenden Austauschoperationen im Durchschnitt von der Grössenordnung n^2. Kurze Schritte genügen also nicht, um etwa einen effizienten Sortieralgorithmus mit $O(n*\log n)$ Operationen zu erhalten.

Wie beurteilt man die Leistungsfähigkeit eines Sortieralgorithmus?

Die von einem Sortieralgorithmus aufgewendete Arbeit, also das Sammeln von Information und das Ordnen der Elemente, wird in Abhängigkeit der Anzahl n der zu sortierenden Elemente angegeben. Unter allen Eingabedaten der Länge n, also unter allen n! möglichen Permutationen der n Elemente, wird es mehr oder weniger günstige Konfigurationen geben. Daher betrachtet man das Verhalten eines Algorithmus im besten und im schlimmsten Fall und im Durchschnitt, d. h. im Mittel über alle Permutationen. Von grossem Interesse ist das asymptotische Verhalten eines Algorithmus, d. h. wie stark wächst der Arbeitsaufwand, der von einem Algorithmus geleistet wird, in Abhängigkeit von n. Dieses asymptotische Verhalten wird durch die $O(\ )$ und $\Omega(\ )$ Notation beschrieben (siehe 4.2 und 4.3).

3.1.2   Einige Typen von Sortieralgorithmen

Sortieren durch Einfügen (Insertion Sort)

Im i-ten Schritt wird das i-te Element in die Folge der ersten (i-1) Elemente, die bereits sortiert sind, an der richtigen Stelle eingefügt:

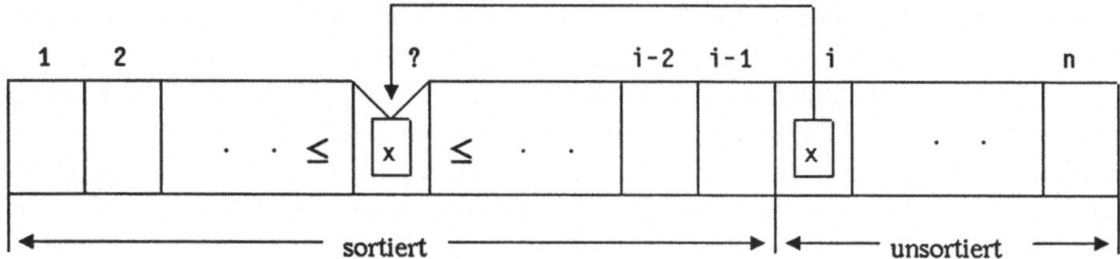

Sortieren durch Auswahl (Selection Sort)

Im i-ten Schritt wird unter den n-i+1 noch nicht sortierten Elementen das kleinste ausgewählt und an die i-te Stelle gebracht:

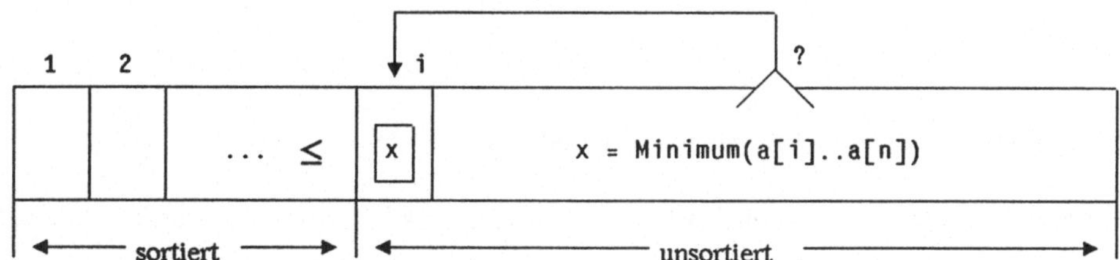

Sortieren durch Mischen (Merge Sort)

Diese Sortiermethode wird vorwiegend bei Speichermedien verwendet, die nur sequentiellen Zugriff auf die Daten erlauben, z. B. bei Magnetbändern. Wir erklären den Grundgedanken an einem Beispiel. Das folgende Bild zeigt einen Prozessor (linker Kasten), der zwei Bänder liest und deren Inhalt neu geordnet auf zwei weitere Bänder schreibt (Mitte des Bildes). Im zweiten Schritt liest derselbe Prozessor (rechter Kasten) die Ausgabebänder des ersten Schrittes, und schreibt deren Inhalt neu geordnet auf zwei Bänder (rechts im Bild), von denen eines leer ist und das andere die sortierte Folge von Elementen enthält. Jeder dieser Merge-Schritte erhöht die Ordnung auf den Bändern in dem Sinne, dass es weniger, längere "Läufe" (Englisch: runs) gibt. Ein Lauf ist eine geordnete Teilfolge, in der aufeinanderfolgende Elemente aufsteigende Werte besitzen, im Bild als Dreieck gezeichnet (kleine Werte links, grosse Werte rechts). In der Ausgangslage besteht jedes Band aus zwei Läufen. Im ersten Merge-Schritt liest der

Prozessor die Läufe 1 und 3 auf den beiden Eingangsbändern und vermischt sie zu einem einzigen Lauf 1&3 auf dem oberen Band. Danach werden Läufe 2 und 4 vermischt zum Lauf 2&4 auf dem anderen Band. Der zweite Merge-Schritt mischt die Läufe 1&3 und 2&4 zum einzigen Lauf 1&2&3&4.

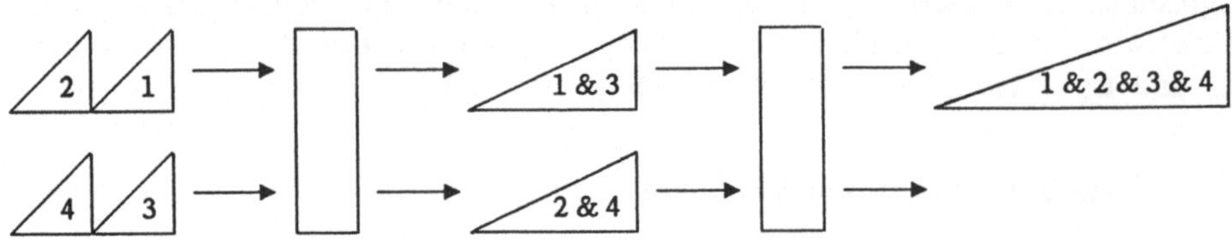

Mergesort mit vier Bändern
Die Dreiecke stellen bereits sortierte Teilfolgen von Elementen dar.

Sortieren durch Verteilen (Distribution Sort)

Sortieren durch Verteilen beruht nicht auf dem Vergleich von Elementen, sondern auf deren Darstellung als Werte in einem Zahlensystem. Sind die zu sortierenden Elemente zum Beispiel ganze Zahlen in Dezimaldarstellung mit höchstens 3 Ziffern, so können die Elemente auf zehn Behälter verteilt werden, wobei jeder Behälter einer Hunderterklasse zugeordnet ist. Wir haben damit ein grosses Sortierproblem durch zehn Sortierprobleme ersetzt, die im Mittel zehnmal kleiner sind. Nachdem jeder Behälter einzeln sortiert worden ist, werden sie der Reihe nach "geleert", um die Elemente in der gewünschten Ordnung zu erhalten. Kartenspieler verwenden eine ähnliche Methode, wenn sie die Karten nach den vier Farben an verschiedene Positionen in die Hand legen und jede Farbe einzeln sortieren.

Von jedem dieser Typen gibt es Dutzende von verschiedenen Algorithmen, die sich in den Details stark unterscheiden können. Wir betrachten es als wichtiger, die Grundbegriffe zu kennen, auf denen die meisten Sortieralgorithmen bauen, als viele einzelne Algorithmen.

3.1.3   Einfache Sortieralgorithmen mit Zeitaufwand $O(n^2)$

Wer ohne Vorkenntnisse einen Sortieralgorithmus entwirft, wird gewöhnlich auf einen Algorithmus mit Zeitaufwand $O(n^2)$ stossen.

Im folgenden enthalte
```
    VAR a: ARRAY [1..n] OF elt;
```
die Elemente, die sortiert werden und nach Abschluss des Sortierprozesses in aufsteigender Reihenfolge in diesem Array stehen sollen. Weiterhin nehmen wir an, dass die Vergleichsoperatoren direkt auf Werte vom Elementtyp `elt` angewendet werden können.

v_{best} , v_{mittel} , $v_{schlimm}$ bzw. t_{best} , t_{mittel} , $t_{schlimm}$ bezeichnen die Anzahl der benötigten Vergleichs- bzw. Austauschoperationen im günstigsten, durchschnittlichen, schlimmsten Fall.

Beispiel: Insertion Sort

$-\infty$ ist eine Konstante, die kleiner ist als alle vorkommenden Schlüsselwerte. Wenn man einen solchen Wert finden kann, ist er oft als "sentinel" (Marke) nützlich.

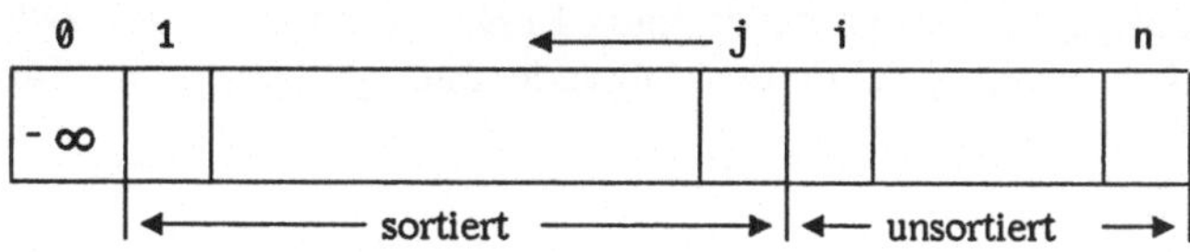

```
a[0] := -∞;
FOR i := 2 TO n DO
  j := i;
  WHILE a[j] < a[j - 1] DO  a[j] :=: a[j - 1];  DEC(j);  END;
END;
```

$$v_{best} = n-1$$

$$v_{mittel} = inv_{mittel} + (n-1) = n*(n-1)/4+(n-1) = (n^2+3n-4)/4$$

$$v_{schlimm} = (n^2+n-2)/2$$

$$t_{best} = 0$$

$$t_{mittel} = inv_{mittel} = (n^2-n)/4$$

$$t_{schlimm} = (n^2-n)/2$$

inv_{mittel} bezeichnet die mittlere Anzahl Inversionen einer Permutation (siehe 4.6). Dieser einfache Insertion Sort Algorithmus ist im besten Fall ein $\Theta(n)$, im Durchschnitt und im schlimmsten Fall ein $\Theta(n^2)$ Algorithmus. Wenn man im bereits sortierten Teil binär nach der Stelle sucht, wo das neue Element eingefügt werden muss, so verbessert dies trotzdem nichts, da die Elemente noch verschoben werden müssen.

Beispiel: Selection Sort

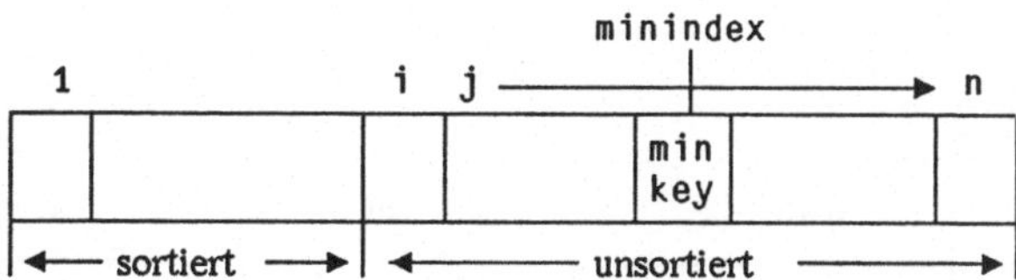

```
FOR i := 1 TO n - 1 DO
  minindex := i;  minkey := a[i];
  FOR j := i + 1 TO n DO
    IF a[j] < minkey THEN  minkey := a[j];  minindex := j;  END;
  END;
  a[i] :=: a[minindex];
END;
```

$$v_{best} = v_{mittel} = v_{schlimm} = (n^2-n)/2$$

$$t_{best} = t_{mittel} = t_{schlimm} = n-1$$

Selection Sort ist in jedem Fall ein $\Theta(n^2)$ Algorithmus.

3.1.4   Eine untere Schranke $\Omega(n*\log\ n)$

Für die Klasse derjenigen Sortierverfahren, die ihre Information über die Anordnung der Elemente nur aus zweiwertigen Fragen (Antwort "ja" oder "nein") beziehen, existiert eine untere Schranke für den zu leistenden Mindestaufwand, die nicht unterschritten werden kann. Eine häufige Art einer zweiwertigen Frage ist ein Vergleich zwischen zwei Elementen von der Art $x \leq y$, aber der folgende Satz gilt allgemein für beliebige zweiwertige Fragen.

Satz:
Jeder Sortieralgorithmus, der die Information über die Anordnung der Elemente nur aus zweiwertigen Fragen und nichts anderem bezieht, benötigt im Durchschnitt (d. h. im Mittel über alle $n!$ Permutationen) und somit auch im schlimmsten Fall mindestens $n*\log_2 n - (n-1)/\ln\ 2$ Vergleiche, d. h. jeder solche Sortieralgorithmus ist im Mittel über alle $n!$ Permutationen von der Ordnung $\Omega(n*\log\ n)$.

Beweis:
Jeder Sortieralgorithmus, der die Information über die Anordnung der Elemente nur aus zweiwertigen Fragen und nichts anderem bezieht, kann durch einen binären Entscheidungsbaum dargestellt werden, in dem jeder Knoten eine zweiwertige Frage darstellt und jedes Blatt ein Ergebnis des Entscheidungsprozesses festhält. Der Entscheidungsbaum muss jede der $n!$ Permutationen von jeder anderen unterscheiden, also gibt es für jede Permutation mindestens ein Blatt.

Beispiel: Der folgende Entscheidungsbaum sammelt die notwendige Information, um mittels Vergleichen zwischen zwei Elementen drei Elemente x, y und z zu sortieren.

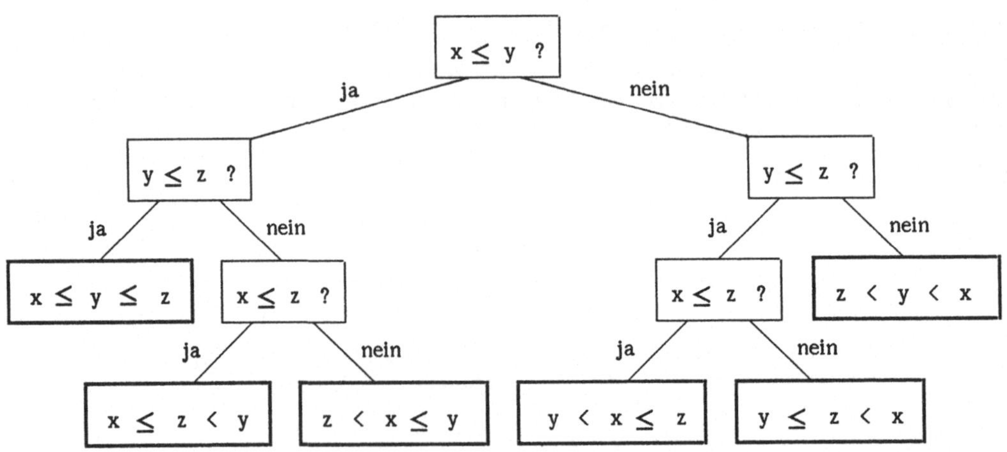

Die durchschnittliche Anzahl zweiwertiger Fragen, die ein gegebener Sortieralgorithmus benötigt, ist gleich dem durchschnittlichen Niveau der den $n!$ Permutationen zugeordneten Blätter. Wählt man von den Blättern eines binären Baumes k beliebig aus, so beträgt deren durchschnittliches Niveau mindestens $\log_2 k$ (siehe 4.7). Also beträgt das durchschnittliche Niveau der den $n!$ Permutationen zugeordneten externen Knoten mindestens $\log_2 n!$. Da $\log_2 n! \geq n*\log_2 n - (n-1)/\ln\ 2$ gilt, folgt, dass jeder Sortieralgorithmus im Durchschnitt mindestens $n*\log_2 n - (n-1)/\ln\ 2$ Vergleiche benötigt, d. h. $\Omega(n*\log\ n)$ ist.

3.1.5   Quicksort

Quicksort (C. A. R. Hoare 1962) ist ein Sortieralgorithmus, der auf dem Prinzip des divide et impera (divide and conquer) beruht. Das zu sortierende Array wird in zwei Teile geteilt, die kleinen Elemente und die grossen Elemente; diese werden separat sortiert. Die Effizienz von Quicksort hängt wesentlich davon ab, dass die zwei Teile ungefähr gleich gross sind.

Nehmen wir an, wir würden den Median m der Elemente $x_1, x_2, \dots, x_n$ kennen, d. h. die Hälfte der Elemente ist kleiner und die andere Hälfte der Elemente ist grösser als der Median. Dann wird zuerst in einer Teilungsphase die Folge bezüglich m in zwei disjunkte Hälften geteilt, so dass die linke Hälfte nur aus Elementen x_i besteht, für die $x_i \leq m$ ist, und die rechte Hälfte nur Elemente x_j enthält, für die $m \leq x_j$ gilt. Die beiden Hälften werden in einer zweiten Phase einzeln sortiert. Das Zusammenfügen der Lösungen erübrigt sich.

Wie finden wir den Median? Man kann den Median von n Elementen mit Zeitaufwand $O(n)$ finden, so dass vom theoretischen Gesichtspunkt aus gesehen die exakte Halbierung immer erreicht werden könnte und somit Quicksort auch im schlimmsten Fall ein $O(n*\log n)$ Algorithmus wäre. In der Praxis lohnt es sich aber nicht, diesen Aufwand für das Auffinden des Medians zu treiben. Deshalb sprechen wir von einem *vermuteten Median*, den man *billiger* erhält, zum Beispiel mit einer der folgenden Möglichkeiten. Man wählt als vermuteten Median

- ein Arrayelement in fester Position, z. B. a[1]. Diese Methode ist fragwürdig, falls die zu sortierenden Elemente bereits teilweise vorsortiert sind.
- ein Arrayelement in zufälliger Position. Diese Methode liefert gute Resultate.
- den Median aus drei oder fünf Arrayelementen.
- den Mittelwert zwischen dem kleinsten und dem grössten Element. Dieser vermutete Median verlangt beim ersten Mal einen eigenen Durchlauf, danach kann er für jedes Teilintervall einfach mitgeführt werden.

m sei der vermutete Median. Die Teilungsphase wird durch gleichzeitiges Durchlaufen des Arrays a von links nach rechts und von rechts nach links realisiert. Wird bei dem Durchlauf von links nach rechts ein Element a[i] angetroffen, für das a[i] $\geq m$ ist, so hält dieser Prozess und wartet, bis beim Durchlauf von rechts nach links ein Element a[j] mit a[j] $\leq m$ angetroffen wird. Dann werden a[i] und a[j] vertauscht, und die Durchlaufprozesse werden fortgesetzt. Wenn sich die beiden Durchlaufprozesse treffen, d. h. wenn j < i wird, ist die Teilungsphase abgeschlossen. Jetzt wird der Quicksort Algorithmus rekursiv für a[1..j] und a[i..n] aufgerufen.

Beispiel für eine Teilungsphase (vermuteter Median: 16)

```
25   23    3    16    4     7    29    6
 i                                     j
 6   23    3    16    4     7    29   25
      i                i
 6    7    3    16    4    23    29   25
            i     j
 6    7    3     4   16    23    29   25
                 j    i
```

Die rekursive Prozedur `rqs` zeigt eine Möglichkeit für die Implementation von Quicksort. Die Funktionsprozedur `guessmedian` berechne einen vermuteten Median, wobei dieser Wert zwischen dem kleinsten und dem grössten vorkommenden Element liegen muss, da sonst nicht geteilt werden kann. Falls als vermuteter Median ein Arrayelement verwendet wird, so sollte die Prozedur `rqs` so abgeändert werden, dass nach Abschluss der Teilungsphase dieses Element in seiner endgültigen Position zwischen dem linken und rechten Teil des Arrays steht, für die Quicksort rekursiv aufgerufen wird.

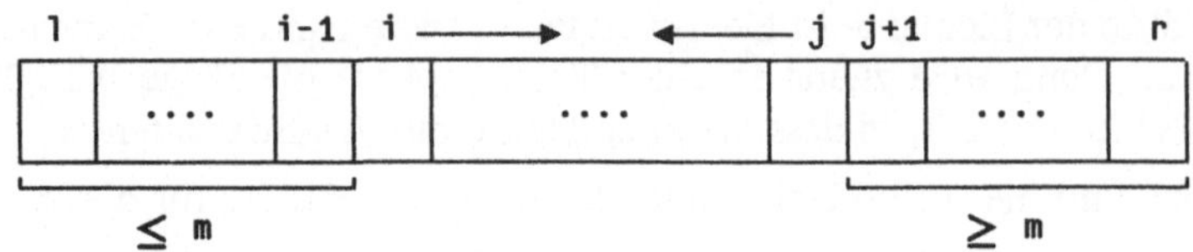

```
PROCEDURE rqs(1, r: [1..n]);
(* sortiert a[1], ... , a[r] *)
VAR i, j: [1..n];
  PROCEDURE partition;
  VAR m: elt;
  BEGIN (* partition *)
    m := guessmedian(1, r);
    (* min(a[1], ... , a[r]) <= m <= max(a[1], ... , a[r])}
    i := 1;  j := r;
    REPEAT
      (* a[1], ... , a[i-1] <= m <= a[j+1], ... , a[r] *)
      WHILE a[i] < m DO  INC(i);  END;
      (* a[1], ... , a[i-1] <= m <= a[i] *)
      WHILE m < a[j] DO  DEC(j);  END;
      (* a[j] <= m <= a[j+1], ..., a[r] *)
      IF i <= j THEN
        a[i] :=: a[j];  (* Austauschoperator *)
        (* i <= j ==> a[i] <= m <= a[j] *)
        INC(i);  DEC(j);
        (* a[1], ... , a[i-1] <= m <= a[j+1], ... , a[r] *)
      ELSE
        (* i > j ==> i = j+1 ==> exit *)
      END;
    UNTIL i > j;
  END partition;
BEGIN (* rqs *)
  (* teile die Tabelle *)
  partition;
  (* sortiere die Teiltabellen rekursiv *)
  IF 1 < j THEN  rqs(1, j);  END;
  IF i < r THEN  rqs(i, r);  END;
END rqs;
```

Der initiale Aufruf dieser rekursiven Prozedur für das ganze Array lautet `rqs(1, n)`, wobei n > 1. Dies garantiert, dass für jeden rekursiven Aufruf 1 < r ist.

Eine iterative Implementation des Quicksort Algorithmus zeigt die folgende Prozedur `iqs`, welche das ganze Array `a[1..n]` sortiert. Die Grenzen der jeweils zu sortierenden Teilarrays werden auf einem Stack verwaltet.

```
PROCEDURE iqs;
CONST stacklength = ... ;
TYPE stackelement = RECORD
                      l, r: [1..n]
                    END;
VAR i, j, l, r, s: [1..n];
    stack: ARRAY [1..stacklength] OF stackelement;
  PROCEDURE partition;
   (* wie bei rqs *)
  END partition;
BEGIN (* iqs *)
  s := 1;   stack[1].l := 1;   stack[1].r := n;
  REPEAT
    l := stack[s].l;   r := stack[s].r;   DEC(s);
    REPEAT
      partition;
      IF j - l < r - i THEN
        IF i < r THEN  INC(s);   stack[s].l := i;   stack[s].r := r;   END;
        r := j;
      ELSE
        IF l < j THEN  INC(s);   stack[s].l := l;   stack[s].r := j;   END;
        l := i;
      END;
    UNTIL l >= r;
  UNTIL s = 0;
END iqs;
```

Nach der Teilungsphase sortiert iqs zunächst die kleinere Hälfte und verschiebt die
Abarbeitung der grösseren Hälfte durch eine Eintragung in stack auf später; daher
kann stacklength auf $\log_2 n$ beschränkt werden. Kleine Teilarrays sollten nicht durch
Quicksort, sondern durch einfache Algorithmen wie z. B. Insertion Sort sortiert werden,
da diese Algorithmen für kleine zu sortierende Mengen effizienter arbeiten als Quicksort.
Weitere Optimierungsmöglichkeiten findet man in [Sed 78].

3.1.6   Analyse von Quicksort in drei Fällen: "günstig", "typisch", "schlimm"

Betrachten wir einen Quicksort Algorithmus, der den vermuteten Median nicht unter den
zu sortierenden Elementen wählt, und daher das Array in zwei Teile teilt, die zusammen
alle Elemente enthalten. Die rekursive Gleichung

$$q(n) = q(k) + q(n-k) + a*n + b \quad (*)$$

beschreibt die zu leistende Arbeit q(n) bei der Sortierung von n Elementen, falls sich
die Teilung nach dem k-ten Element ergibt. Nach der Teilungsphase wird Quicksort
rekursiv für ein Teilarray der Länge k und ein Teilarray der Länge n-k aufgerufen.
Die Terme q(k) und q(n-k) entsprechen der zu leistenden Arbeit für diese beiden
rekursiven Aufrufe. Der Term a*n erfasst die Kosten für die Teilungsphase an sich,
während die Konstante b die Kosten für den einmaligen Aufruf von Quicksort für das
Array angibt. Übliche Quicksort Algorithmen teilen das Array in drei Teile: links,
vermuteter Median, rechts, und verhalten sich etwas günstiger als die obige Gleichung
beschreibt, nämlich

$$q(n) = q(k) + q(n-k-1) + a*n + b .$$

Wir verwenden die Gleichung (*); sie approximiert die zweite genügend gut und hat
daher dieselbe asymptotische Lösung.

Der günstigste und der schlimmste Fall von Quicksort sind leicht zu analysieren. Das Mittel über alle Permutationen ist hingegen schwer zu bestimmen. Wir ersetzen das Mittel über alle Permutationen deshalb durch ein anderes Mittel und nennen dies den *typischen Fall.*

Das *günstigste Verhalten* von Quicksort ergibt sich, wenn in jeder Teilungsphase der vermutete Median den zu verarbeitenden Teilarray exakt halbiert. Der Einfachheit halber nehmen wir für die folgende Rechnung an, dass n eine Potenz von zwei ist; dann lässt sich (*) wie folgt schreiben:

$$q(n) = 2*q(n/2) + a*n + b .$$

Setzt man in diese Gleichung

$$q(n/2) = 2*q(n/4) + a*n/2 + b$$

ein, so erhält man

$$q(n) = 2*(2*q(n/4) + a*n/2 + b) + a*n + b = 4*q(n/4) + 2*a*n + 3*b .$$

Setzt man diesen Einsetzungsprozess fort, so erhält man schliesslich

$$q(n) = n*q(1) + a*n*\log_2 n + (n-1)*b = a*n*\log_2 n + O(n) .$$

Da q(1) konstant ist, folgt, dass die im günstigsten Fall von Quicksort zu leistende Arbeit $\Theta(n*\log n)$ ist.

Das *schlimmste Verhalten* von Quicksort ergibt sich, wenn nach Abschluss der Teilungsphase immer das eine der beiden Teilarrays aus nur einem Element besteht. In diesem Fall schreibt sich Gleichung (*) wie folgt:

$$q(n) = q(n-1) + q(1) + a*n + b .$$

Setzt man in diese Gleichung

$$q(n-1) = q(n-2) + q(1) + a*(n-1) + b$$

ein, so erhält man

$$q(n) = q(n-2) + 2*q(1) + a*n + a*(n-1) + 2*b .$$

Eine Fortsetzung dieses Einsetzungsprozesses führt schliesslich zu

$$q(n) = n*q(1) + a*(n^2+n-2)/2 + (n-1)*b .$$

Somit ist im schlimmsten Fall die von Quicksort zu leistende Arbeit $\Theta(n^2)$.

Für die Betrachtung des *typischen Verhaltens* von Quicksort nehmen wir an: für alle k, $1 \leq k \leq n-1$, besteht die gleiche Wahrscheinlichkeit $1/(n-1)$, dass das Array a in der Teilungsphase in zwei Teilarrays a[1..k] und a[k+1..n] aufgeteilt wird. Dann ergibt sich die im Durchschnitt von Quicksort zu leistende Arbeit q(n) zu

$$q(n) = (1/(n-1)) \sum_{k=1}^{n-1} (q(k)+q(n-k)) + a*n+b = (2/(n-1)) \sum_{k=1}^{n-1} q(k) + a*n+b .$$

Wie in Anhang 4.5 gezeigt wird, hat diese rekursive Gleichung die Lösung

$$q(n) = (\ln 4)*a*n*\log_2 n + g(n) \text{ mit } g(n) \in O(n) .$$

Da ln 4 ~ 1.386 ist, folgt, dass das asymptotische Verhalten von Quicksort im typischen Fall nur um etwa 40% schlechter ist als im günstigsten Fall.

Eine ausführliche Betrachtung des Quicksort Algorithmus findet man in [Sed 77].

3.1.7   Sortieren durch Mischen

Die bisher vorgestellten *internen Sortieralgorithmen* basieren auf der Annahme, dass auf jedes der zu sortierenden Elemente zu jeder Zeit direkt und schnell zugegriffen werden kann. Diese Annahme ist nicht erfüllt, wenn die zu sortierenden Elemente nicht in den Hauptspeicher der Rechenanlage passen, sondern auf einem Sekundärspeicher, z. B. einem Magnetband oder einem Plattenspeicher, abgelegt sind. In diesem Fall werden die zu sortierenden Elemente als sequentielles File beschrieben; dabei bezeichne $f(i)$ das i-te Element ($1 \leq i \leq n$), das in einem File f gespeichert ist. Im Gegensatz zu einem im Hauptspeicher befindlichen Array kann bei einem File zu jedem Zeitpunkt nur auf genau ein Element direkt zugegriffen werden. Dies ist eine sehr starke Einschränkung, die andere Sortieralgorithmen bedingt, nämlich solche, die ihre Operationen - im Gegensatz zu Quicksort zum Beispiel - nicht global, sondern nur lokal auf der Menge der zu sortierenden Daten ausführen. Diese Sortieralgorithmen werden *externe Sortieralgorithmen* genannt. Im folgenden beschreiben wir einen externen Sortieralgorithmus, der auf dem Prinzip des Sortierens durch Mischen (Merge Sort) beruht.

Um den zur Verfügung stehenden Hauptspeicher gut auszunutzen, werden bei diesem Algorithmus zunächst initiale *Läufe* (runs) erzeugt; ein *Lauf* ist eine bereits sortierte Teilsequenz von im File f gespeicherten Elementen $f(i)$, $f(i+1)$, ... , $f(j)$, d. h. es gilt $f(k) \leq f(k+1)$ für alle k mit $i \leq k \leq j-1$. Der im Hauptspeicher zur Verfügung stehende Puffer habe eine Kapazität von m Elementen. Dann werden zur Erzeugung des 1-ten initialen Laufes die m Elemente $f(1*m+1)$, $f(1*m+2)$, ... , $f(1*m+m)$ (beim letzten Lauf eventuell weniger) in den Hauptspeicher eingelesen, dort mit einem internen Sortieralgorithmus (z. B. Quicksort) sortiert und in sortierter Form wieder auf das File geschrieben, d. h. für alle k mit $1*m+1 \leq k < 1*m+m$ gilt nach der Ausgabe des 1-ten Laufes $f(k) \leq f(k+1)$. Neben dem File f, das die initialen Läufe enthält, seien noch zwei weitere Files g und h verfügbar. In einer ersten Phase wird zunächst die Hälfte der erzeugten initialen Läufe auf g und die andere Hälfte auf h kopiert. Nach Abschluss dieser Kopierphase beginnt die Mischphase, in der jeweils ein Lauf von File g und ein Lauf von File h zu einem neuen Lauf auf File f vermischt werden. Nach Abschluss dieser Mischphase hat sich die Anzahl der nun auf File f befindlichen Läufe halbiert. In einer neuen Kopierphase werden diese Läufe wiederum auf g und h verteilt, und eine neue Mischphase wird durchgeführt. Nach jedem Ablauf einer Kopier- und Mischphase hat sich die Anzahl der Läufe halbiert. Dieser Prozess wird so lange wiederholt, bis nur noch ein einziger Lauf existiert, der dann zugleich die sortierte Folge der Elemente darstellt:

Dieser Algorithmus lässt sich verbessern. Zum Beispiel kann man erreichen, dass trotz der Pufferkapazität von m Elementen initiale Läufe erzeugt werden, die eine durchschnittliche Länge von $2*m$ Elementen haben. Weiterhin kann man den Fall betrachten, dass neben dem Eingabefile f mehr als zwei sequentielle Files zur Verfügung stehen. Näheres hierzu findet man unter dem Begriff *externes Sortieren* in der Literatur.

3.1.8   Kann man in linearer Zeit sortieren?

Die untere Schranke $\Omega(n*\log\ n)$ wurde für diejenigen Sortieralgorithmen hergeleitet, die die Information über die Anordnung der Elemente nur aus zweiwertigen Fragen und nichts anderem beziehen. In anderen Modellen braucht diese untere Schranke nicht zu gelten.

Beispiel 1: Sortieren von Permutationen der ganzen Zahlen von 1 bis n.

Wenn man weiss, dass die zu sortierenden Elemente eine Permutation der ganzen Zahlen 1 bis n sind, so kann man trivialerweise in Zeit $\Theta(n)$ sortieren, indem man das Element i im Arrayelement mit dem Index i speichert.

Beispiel 2: Sortieren von Elementen aus einem endlichem Wertebereich.

Stammen die Elemente aus einem endlichen Wertebereich W = [1..w], so können wir immer noch in Zeit $\Theta(n)$ *unter Zulassung von Lücken* sortieren:

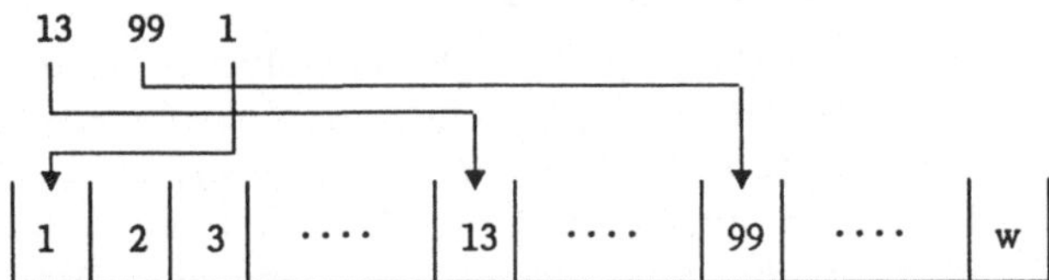

Die Lücken können in Zeit $\Theta(w)$ wieder geschlossen werden.

Stehen diese beiden Beispiele im Widerspruch zur $\Omega(n*\log\ n)$ Schranke, die wir früher hergeleitet haben? Nein, denn in diesen Beispielen geschieht das Sammeln von Information nicht durch zweiwertige Fragen, sondern

- mittels n-wertiger Fragen in Beispiel 1;
- mittels w-wertiger Fragen in Beispiel 2.

Eine k-wertige Frage ist äquivalent zu $\log_2 k$ zweiwertigen Fragen, womit wir wieder einen (theoretischen) Aufwand $\Theta(n*\log\ n)$ bzw. $\Theta(n*\log\ w)$ finden.

Eine ausführlichere Darstellung von Sortierverfahren, die in linearer Zeit sortieren, findet man unter dem Begriff Bucket Sort (auch Distribution Sort, Radix Sort) in der Literatur.

3.1.9   Praktische Aspekte des Sortierens

Datensätze statt Elemente

Bisher haben wir vom Sortieren von Elementen aus einer total geordneten Menge gesprochen. In der Praxis sind diese zu ordnenden Elemente nur die Schlüssel (keys) von Datensätzen (records), die oft wesentlich grössere Zusatzdaten enthalten, z. B. deklariert durch:

```
TYPE recordtype = Record
             key: keytype;   (* total geordnet *)
             data: ... ;     (* beliebiger Typ *)
          END;
```

Über den Datentyp keytype setzen wir nur voraus, dass ihm eine totale Ordnung zu Grunde liegt. Die in obigen Algorithmen benutzten Vergleichsoperatoren müssen daher im allgemeinen durch spezielle Prozeduren realisiert werden, z. B. beim Vergleichen von

Zeichenketten (strings), auf denen eine lexikographische Ordnung gegeben ist.

Bei langen Datensätzen stellen die in obigen Algorithmen vorkommenden Austausch-operationen kostspielige Kopieroperationen dar. Diese können umgangen werden, indem man nur die Schlüssel und einen Zeiger auf die zugehörigen Datensätze bewegt.

Sortgeneratoren

Sortgeneratoren sind Programme, die auf Grund bestimmter Parameter (z. B. die Anzahl der zu sortierenden Elemente, die zur Verfügung stehenden Betriebsmittel, die Schlüsseltypen oder die Länge der Datensätze) aus einer Anzahl von zur Verfügung stehenden Sortieralgorithmen einen geeigneten auswählen.

Teilweise vorhandene Ordnung

Die von uns vorgestellten Algorithmen berücksichtigen nicht, ob die zu sortierenden Elemente schon teilweise geordnet sind. Dies kommt in Anwendungen oft vor, z. B. wenn ein bereits sortiertes *Masterfile* mit einem unsortierten *Transactionfile* verschmolzen werden muss. Es gibt Algorithmen, die bereits teilweise vorhandene Ordnungen nutzen; deren Zeitaufwand variiert gleichmässig zwischen n für fast sortierte Files und n*log n für zufällig geordnete Files.

3.2   Abstrakte Datentypen

3.2.1   Begriffe: was und warum?

Die von einem Programm zu bearbeitenden Daten müssen durch eine Datenstruktur dargestellt werden, die die Daten organisiert, die Beziehungen zwischen den einzelnen Datenelementen widerspiegelt und die auf den Daten auszuführenden Operationen ermöglicht. Eine Datenstruktur wird aus den elementaren Datenstrukturen, die von einer Programmiersprache bereitgestellt werden, z. B. records oder arrays, aufgebaut.

In Programmiersprachen können Operationen oder Algorithmen, die durch eine Folge von Anweisungen gegeben sind, in einer Prozedur isoliert und somit leicht ausgetauscht oder geändert werden, ohne dass andere Programmteile betroffen sind. Andere Programmteile wissen nicht, wie bestimmte Operationen realisiert sind, sie kennen nur den Aufruf der entsprechenden Prozedur. In ähnlicher Weise versucht man, die Organisation der Daten zu isolieren, so dass Änderungen an der Datenstruktur vorgenommen werden können ohne Änderungen ganzer Programme.

Ein *(abstrakter) Datentyp* legt den zugrunde liegenden Wertebereich und die Semantik der auf den Datenelementen auszuführenden Operationen fest. Ein abstrakter Datentyp sagt nichts über seine Realisation durch eine bestimmte Datenstruktur in einem Programm aus. Wird die Implementation eines Datentyps durch eine bestimmte Datenstruktur in einem Programmteil isoliert, so kann diese Implementation später leicht geändert oder gegen eine andere ausgetauscht werden, ohne dass andere Programmteile, die nur die Definition des Datentyps verwenden, geändert werden müssen.

In diesem Kapitel werden wir einige Datentypen definieren und zeigen, wie sie formal beschrieben werden. Vorteil einer formalen Beschreibungsweise ist, dass die auf den Daten ausführbaren Operationen, nicht aber die Eigenschaften der Datenelemente festgelegt werden. Als Nachteil einer solchen formalen Beschreibungsweise muss bemerkt werden, dass sie nicht immer intuitiv ist und häufig die Festlegung unwichtiger Details erzwingt.

Im folgenden bezeichne X den Wertebereich, dem die Elemente entstammen, die in einer entsprechenden Datenstruktur gespeichert werden sollen. Q sei die Menge der Zustände, in denen sich ein zu diesem Datentyp gehöriges Datenobjekt befinden kann.

In den folgenden Datentypen geben wir jeweils eine formale Definition und ein zugehöriges Modula-2 Definitionsmodul an. Man könnte die Definitionen eineindeutig in Modula übersetzen, aber wir sind bewusst einer praxisnahen Richtlinie gefolgt: In einem ausführbaren Programm soll man sich überlegen, welche Grössen als Parameter variabel gelassen werden, und welche als Konstanten ins Programm fest eingebaut werden. Der Zustandsraum eines Datenobjekts hängt stark von der bei der Implementation gewählten Datenstruktur ab; z. B. wird ein push auf einem Array ganz anders programmiert als ein push auf einer Liste. Wir betrachten es daher als sinnvoll, den Zustandsraum Q im zugehörigen Implementationsmodul zu verbergen.

3.2.2   Stack

Auf einem *Stack* (last-in-first-out queue, lifo queue, Stapel) sind folgende Operationen definiert:
- Initialisierung des leeren Stacks (init).
- Abfragen, ob der Stack leer ist (empty).
- Einfügen eines neuen Elementes (push).
- Abfragen des Elementes, das als letztes in den Stack eingefügt wurde (top).
- Löschen des Elementes, das als letztes in den Stack eingefügt wurde (pop).

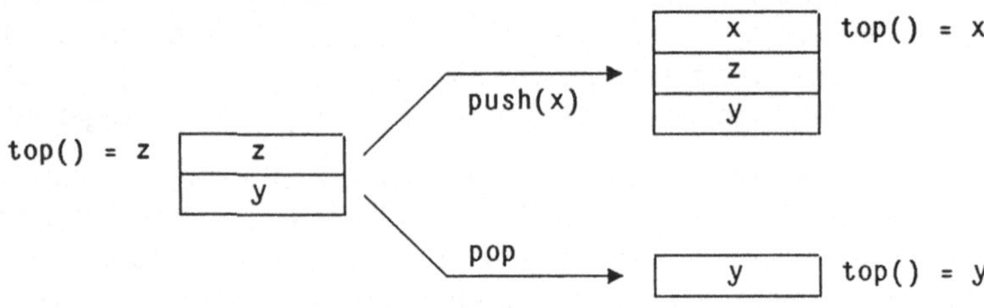

Diese Operationen werden in Modula-2 durch das folgende DEFINITION MODULE beschrieben:

```
DEFINITION MODULE stack;
TYPE elt = ... ;
PROCEDURE init;
PROCEDURE empty(): BOOLEAN;
PROCEDURE push(x: elt);
PROCEDURE top(): elt;
PROCEDURE pop;
END stack.
```

Was ist wesentlich für die Definition des Stack? Die Beschaffenheit der im Stack speicherbaren Elemente spielt keine Rolle. Die Semantik (Wirkung) der Operationen wird durch Axiome definiert.

Die im Stack speicherbaren Elemente entstammen einer Menge X. Q sei die Menge der Zustände, in denen sich der Stack befinden kann. $q_0 \in Q$ bezeichnet den leeren Stack.

Funktionen:
```
init: Q → Q;
empty: Q → {true, false};
push: Q X X → Q;
top: Q - {q_0} → X;
pop: Q - {q_0} → Q.
```

Axiome:
```
empty(q_0) = true;
∀q ∈ Q, ∀x ∈ X:
   init(q) = q_0;
   empty(push(q,x)) = false;
   top(push(q,x)) = x;
   pop(push(q,x)) = q;
   not empty(q) ⟹ push(pop(q),top(q)) = q.
```

3.2.3   Fifo queue

Auf einer *fifo queue* (first-in-first-out queue, Warteschlange) sind die folgenden Operationen festgelegt:

- Initialisierung der leeren fifo queue (`init`).
- Abfragen, ob die fifo queue leer ist (`empty`).
- Einfügen eines neuen Elementes an das Ende der fifo queue (`enqueue`).
- Abfragen des Elementes, das am längsten in der fifo queue verweilt (`front`).
- Löschen des Elementes, das am längsten in der fifo queue verweilt (`dequeue`).

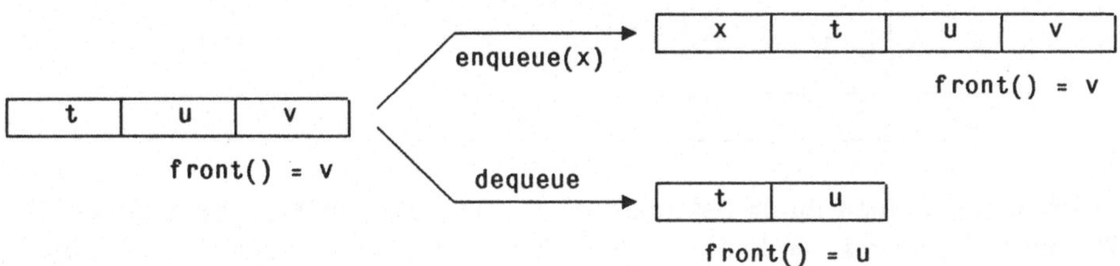


```
DEFINITION MODULE fifoqueue;
TYPE elt = ... ;
PROCEDURE init;
PROCEDURE empty(): BOOLEAN;
PROCEDURE enqueue(x: elt);
PROCEDURE front(): elt;
PROCEDURE dequeue;
END fifoqueue.
```

$q_0 \in Q$ bezeichnet die leere fifo queue.

Funktionen:
```
init: Q → Q;
empty: Q → {true, false};
enqueue: Q X X → Q;
front: Q - {q_0} → X;
dequeue: Q - {q_0} → Q.
```

Axiome:

```
empty(q₀) = true;
∀q ∈ Q, ∀x ∈ X:
   init(q) = q₀;
   empty(enqueue(q,x)) = false;
   empty(q) ⇒ front(enqueue(q,x)) = x;
   empty(q) ⇒ dequeue(enqueue(q,x)) = q;
   not empty(q) ⇒ front(enqueue(q,x)) = front(q);
   not empty(q) ⇒ dequeue(enqueue(q,x)) = enqueue(dequeue(q),x).
```

3.2.4   Priority queue

In einer *priority queue* (Warteschlange mit Priorität) ist jedem Element eine Priorität zugeordnet. In den folgenden Beispielen ist diese Priorität durch eine ganze Zahl gegeben, wobei eine kleine Zahl hohe Priorität bedeutet. Auf einer priority queue sind folgende Operationen definiert:

- Initialisierung der leeren priority queue (init).
- Abfragen, ob die priority queue leer ist (`empty`).
- Einfügen eines neuen Elementes (`insert`).
- Abfragen des Elementes mit der höchsten Priorität (`min`).
- Löschen des Elementes mit der höchsten Priorität (`delete`).

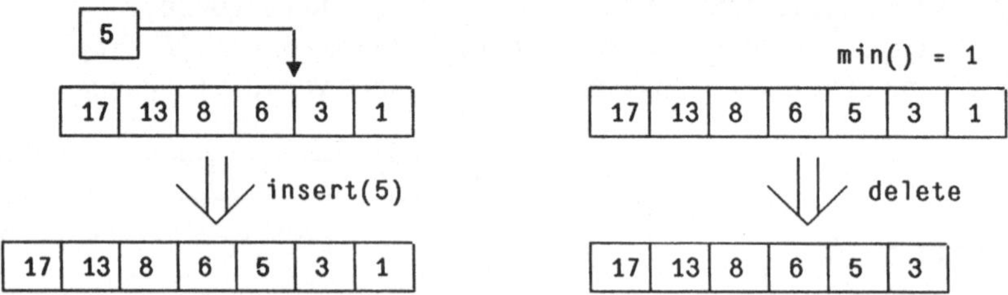

Diese Operationen werden durch das folgende `DEFINITION MODULE` beschrieben. Die Priorität eines Elementes wird durch den Elementtyp `elt` vom Typ `CARDINAL` angegeben:

```
DEFINITION MODULE priorityqueue;
TYPE elt = CARDINAL;
PROCEDURE init;
PROCEDURE empty(): BOOLEAN;
PROCEDURE insert(x: elt);
PROCEDURE min(): elt;
PROCEDURE delete;
END priorityqueue.
```

Die Beschaffenheit der Elemente an sich spielt keine Rolle, wichtig ist nur die Definition der den Elementen zugeordneten Priorität, d. h. welches von zwei gegebenen Elementen hat die höhere Priorität. Daher nehmen wir an, dass auf dem Wertebereich X eine totale Ordnung ≤ definiert ist:

$\leq$ ist reflexiv, d. h. $\forall x \in X: x \leq x$.

$\leq$ ist antisymmetrisch, d. h. $x \leq y \wedge y \leq x \Rightarrow x = y$.

$\leq$ ist transitiv, d. h. $x \leq y \wedge y \leq z \Rightarrow x \leq z$.

$q_0 \in Q$ bezeichnet die leere priority queue.

Funktionen:
```
init: Q → Q;
empty: Q → {true, false};
insert: Q X X → Q;
min: Q - {q₀} → X;
delete: Q - {q₀} → Q.
```

Axiome:
```
empty(q₀) = true;
∀q ∈ Q, ∀x ∈ X:
    init(q) = q₀;
    empty(insert(q,x)) = false;
    empty(q) ⟹ min(insert(q,x)) = x;
    empty(q) ⟹ delete(insert(q,x)) = q;
    not empty(q) ⟹ if x ≤ min(q) then min(insert(q,x)) = x
                                  else min(insert(q,x)) = min(q);
    not empty(q) ⟹ if x ≤ min(q) then delete(insert(q,x)) = q
                                  else delete(insert(q,x)) =
insert(delete(q),x).
```

3.2.5   Dictionary

Der abstrakte Datentyp *dictionary* (Tabelle) stellt die folgenden Operationen zur Verfügung:
- Initialisierung des leeren dictionary (`init`).
- Einfügen eines neuen Elementes in das dictionary (`insert`).
- Abfragen, ob ein vorgegebenes Element im dictionary enthalten ist (`member`).
- Löschen eines vorgegebenen Elementes im dictionary, falls es vorhanden ist (`delete`).

```
DEFINITION MODULE dictionary;
TYPE elt =  ... ;
PROCEDURE init;
PROCEDURE insert (x: elt);
PROCEDURE member (x: elt): BOOLEAN;
PROCEDURE delete (x: elt);
END dictionary.
```

Die `delete` Operation ist auf jedem Zustand definiert; soll ein nicht vorhandenes Element gelöscht werden, so bleibt der Zustand unverändert. Daher müssen wir keinen ausgezeichneten Zustand $q_0 \in Q$ für das leere dictionary einführen.

Funktionen:
```
init: Q → Q;
insert: Q X X → Q;
member: Q X X → {true, false};
delete: Q X X → Q.
```

Axiome:

```
∀q ∈ Q, ∀x,y ∈ X:
  member(init(q),x) = false;
  x ≠ y ⟹ member(q,x) = member(insert(q,y),x) = member(delete(q,y),x);
  member(insert(q,x),x) = true;
  member(delete(q,x),x) = false;
  insert(insert(q,y),x) = insert(insert(q,x),y);
  delete(delete(q,y),x) = delete(delete(q,x),y);
  x ≠ y ⟹ insert(delete(q, y), x) = delete(insert(q,x),y);
  member(q,x) ⟹ insert(delete(q,x),x) = q;
  member(q,x) ⟹ insert(q,x) = q;
  not member(q,x) ⟹ delete(insert(q,x),x) = q;
  not member(q,x) ⟹ delete(q,x) = q.
```

3.3   Implizite Datenstrukturen

3.3.1   Was ist eine implizite Datenstruktur?

Die Kunst beim Entwurf einer Datenstruktur besteht unter anderem darin, die zwischen den einzelnen Elementen bestehenden strukturellen Beziehungen effizient darzustellen. Bei vielen Datenstrukturen werden solche Beziehungen *explizit* angegeben, z. B. wird durch Zeiger in einer Listenstruktur auf Vorgänger oder Nachfolger verwiesen. In *impliziten Datenstrukturen* sind diese Beziehungen *implizit* durch Formeln oder Deklarationen im Programm gegeben; bei der Speicherung der Daten in einem "Datenspeicher" wird für diese Beziehungen kein zusätzlicher Speicherplatz benötigt. Das bekannteste Beispiel ist das Array. Betrachtet man den Speicherbereich, in dem ein Array abgelegt ist, so kann man ohne die Information, dass die in diesem Bereich gespeicherten Werte zu einem Array eines gegebenen Typs gehören, aus diesen Werten keine Beziehungen zwischen diesen Werten herleiten.

3.3.2   Arrayspeicherung

Ein zweidimensionales Array, deklariert durch

```
VAR a: ARRAY [1..m],[1..n] OF elt;
```

stellt man sich bildlich so vor:

$$
\begin{matrix}
a_{11} & a_{12} & \cdots & a_{1n} \\
a_{21} & a_{22} & \cdots & a_{2n} \\
\cdot & \cdot & \cdots & \cdot \\
a_{m1} & a_{m2} & \cdots & a_{mn}
\end{matrix}
$$

Die Elemente des Array seien vom Typ `elt`; zu ihrer Speicherung sei eine Speicherzelle nötig. Die Elemente des Array seien zeilenweise (oder spaltenweise, wie in FORTRAN), beginnend an einer Basisadresse `b`, in aufeinanderfolgenden Speichereinheiten abgelegt:

Adresse

a_{11}	b
a_{12}	b + 1
a_{13}	b + 2
.	...
a_{1n}	b + n - 1
a_{21}	b + n
a_{22}	b + n + 1
.	...
a_{2n}	b + 2 * n - 1
a_{31}	b + 2 * n
a_{32}	b + 2 * n + 1
.	...
a_{mn}	b + m * n - 1

Das Element a[i,j] wird in der Speicherzelle mit der Adresse

$$\alpha(i,j) = b + n * (i - 1) + j - 1$$

gespeichert.

Verallgemeinert man dies auf ein k-dimensionales Array

```
VAR a: ARRAY [1..m_1],[1..m_2], ... ,[1..m_k] OF elt;
```

so errechnet sich die Adresse $\alpha(i_1,i_2,...,i_k)$, unter der das Element a[$i_1,i_2,...,i_k$] gespeichert ist, nach folgender Formel:

$$\alpha(i_1,i_2, \dots ,i_k) = b + (i_1 - 1) * m_2 * m_3 * \dots * m_k$$
$$+ (i_2 - 1) * m_3 * \dots * m_k$$
$$+ \dots$$
$$+ (i_{k-1} - 1) * m_k + i_k - 1.$$

In numerischen Anwendungen treten häufig Bandmatrizen auf. Eine n*n Matrix M heisst *Bandmatrix der Breite 2*b+1* (b = 0, 1, ...), falls M(i,j) = 0 für alle i und j mit |i - j| > b, d. h. höchstens in der Haupt- und in den b oberen und b unteren Nebendiagonalen sind von null verschiedene Elemente vorhanden. Falls n gross und b klein ist, sollte für die Speicherung von M an Stelle eines n*n Array nur ein zweidimensionales n*(2*b+1) Array verwendet werden. Dies erreicht man, indem man von jeder Zeile i das Diagonalenelement M(i,i) sowie die b links von diesem Diagonalenelement liegenden Elemente

M(i,i-b), M(i,i-b+1), ... , M(i,i-1)

und die b rechts von diesem Diagonalenelement liegenden Elemente

M(i,i+1), M(i,i+2), ... , M(i,i+b)

abspeichert. Dazu müssen die ersten b Zeilen nach links und die letzten b Zeilen nach rechts ergänzt werden:

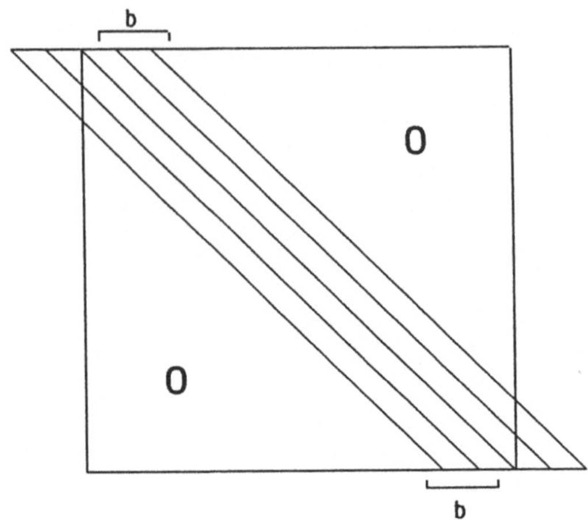


```
    VAR a: ARRAY [1..n],[-b..b] OF elt;
```

Diese n*(2*b+1) Elemente werden in a so abgespeichert, dass a[i,j] das Element M[i,i+j] enthält (1 $\leq$ i $\leq$ n, -b $\leq$ j $\leq$ b), wobei links oben und rechts unten einige Zellen unbenutzt bleiben. Man könnte diese Bandmatrix auch in einem Array der Länge n*(2*b+1) - b*(b+1) abspeichern. In diesem Falle wird die Funktion zur Berechnung der Indizes der Matrixelemente M(i,j) jedoch so viel komplizierter als obige Funktion, dass die Einsparung von b*(b+1) Elementen diesen zusätzlichen Aufwand im allgemeinen nicht rechtfertigt.

In numerischen Anwendungen treten häufig *dünn besetzte* Matrizen auf, die nur wenige von null verschiedene Elemente enthalten. Im Falle einer dünn besetzten Matrix lohnt es sich oft, als Datenstruktur zur Speicherung der Matrix nicht ein zweidimensionales Array, sondern eine Liste zu wählen, deren Elemente den von null verschiedenen Matrixelementen entsprechen. Jedes solche Listenelement enthält neben dem Index (i,j) eines von null verschiedenen Matrixelementes den Wert dieses Elementes. Dieses ist jedoch keine implizite Datenstruktur, da in den Daten selbst die notwendige Information mitgespeichert ist, die die Beziehungen zwischen den Matrixelementen angibt.

3.3.3   Implementation der fifo queue durch einen zirkulären Puffer

Datenstrukturen, deren Verhalten durch die fifo queue beschrieben wird, werden häufig in Situationen benötigt, in denen zwei Prozesse in folgender Weise miteinander kommunizieren. Der eine Prozess, *producer*, erzeugt Daten, die vom anderen Prozess, *consumer*, weiterverarbeitet werden. Da die Prozesse oft mit veränderlichen Geschwindigkeiten arbeiten, übergibt der producer die von ihm erzeugten Daten in einen Puffer, aus dem der consumer sie dann bei Bedarf zur Weiterverarbeitung entnimmt. Sei z. B. der producer ein Tastaturtreiber (keyboard driver), der consumer ein Editor. Der producer übergibt eingegebene Zeichen in den Puffer, der consumer liest diese Zeichen aus dem Puffer und interpretiert sie, z. B. als Steuerzeichen oder einzufügenden Text.

Der *zirkuläre Puffer* ist ein Array b, das als Ring aufgefasst wird, in dem die erste Zelle b[0] auf die letzte Zelle b[m-1] folgt. Die in dem Puffer gespeicherten Elemente liegen in aufeinanderfolgenden Zellen zwischen zwei Zeigern in und out: in zeigt auf die Position, in die das nächste Element eingefügt wird, während out auf die Position des nächsten aus dem zirkulären Puffer zu entfernenden Elementes zeigt. Im folgenden Diagramm wird ein neues Element in den zirkulären Puffer eingefügt, indem man in im Gegenuhrzeigersinn um eine Position weiterbewegt und das neue Element an der durch in bezeichneten Position abspeichert. Wird das an der Position out gespeicherte Element aus dem zirkulären Puffer entfernt, so wird out im Gegenuhrzeigersinn um eine Position weiterbewegt.

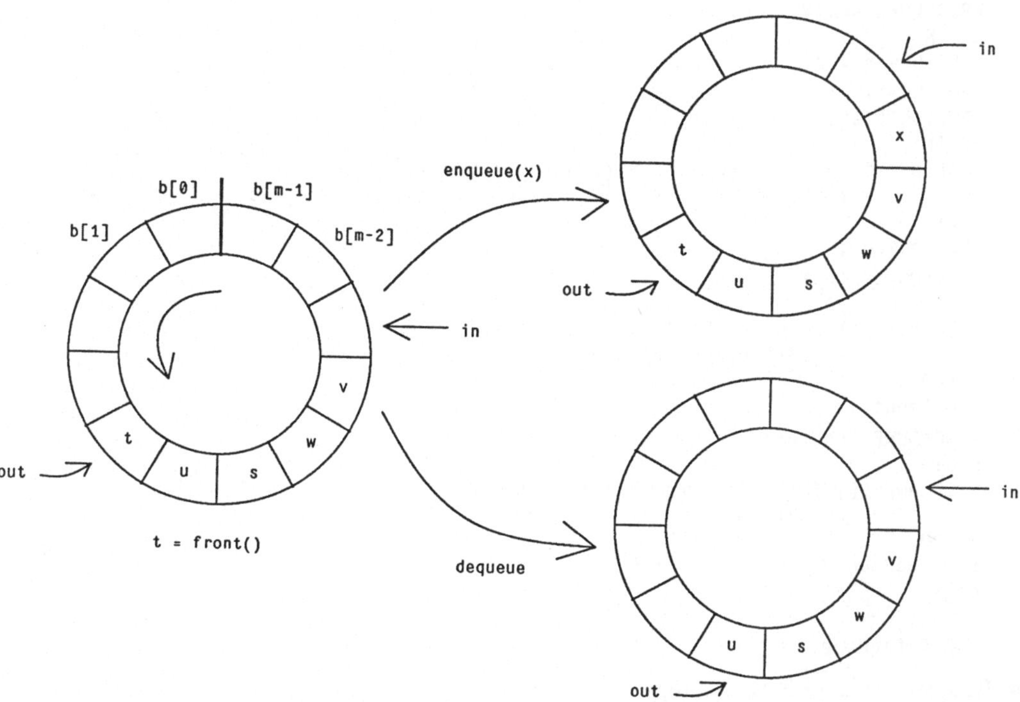

Das Einfügen in einen vollen Puffer und das Löschen aus einem leeren Puffer müssen verhindert werden. Reichen die Zeiger in und out allein aus, um festzustellen, ob der zirkuläre Puffer leer oder voll ist? Die folgende Realisation einer fifo queue durch einen zirkulären Puffer benutzt eine zusätzliche Variable n, die zu jedem Zeitpunkt die Anzahl der im zirkulären Puffer befindlichen Elemente angibt. Das zugehörige DEFINITION MODULE wurde bei den abstrakten Datentypen vorgegeben.

```
IMPLEMENTATION MODULE fifoqueue;
(* Die Länge der fifo queue ist durch die
   Länge des zirkulären Puffers beschränkt *)
CONST m = ... ; (* Länge des zirkulären Puffers *)
TYPE adr = [0..m-1];
VAR b: ARRAY adr OF elt;
    in, out: adr;
    n: [0..m];
PROCEDURE init;
BEGIN
  in := 0;  out := 0;  n := 0;
END init;
PROCEDURE empty(): BOOLEAN;
BEGIN
  RETURN n = 0;
END empty;
PROCEDURE enqueue(x: elt);
BEGIN
  IF n = m THEN  (* Fehler: fifo queue ist voll *)
          ELSE  b[in] := x;  in := (in + 1) MOD m;  INC(n);
  END;
END enqueue;
PROCEDURE front(): elt;
BEGIN
  IF empty() THEN  (* Fehler: fifo queue ist leer *)
           ELSE  RETURN b[out];
  END;
END front;
PROCEDURE dequeue;
BEGIN
  IF empty() THEN  (* Fehler: fifo queue ist leer *)
           ELSE  out := (out + 1) MOD m;  DEC(n);
  END;
END dequeue;
BEGIN
  init;
END fifoqueue.
```

Im Beispiel der zwei Prozesse fügt der producer nur Elemente in den zirkulären Puffer
ein, d. h. er benutzt nur die Prozedur enqueue, während der consumer nur Elemente
entnimmt; d. h. die Prozeduren front und dequeue benutzt. Der Zustand des
zirkulären Puffers wird durch die Variablen in, out und n beschrieben. in wird nur
von enqueue und somit nur vom producer, out nur von dequeue und somit nur vom
consumer verändert, während n von beiden Prozessen verändert wird:

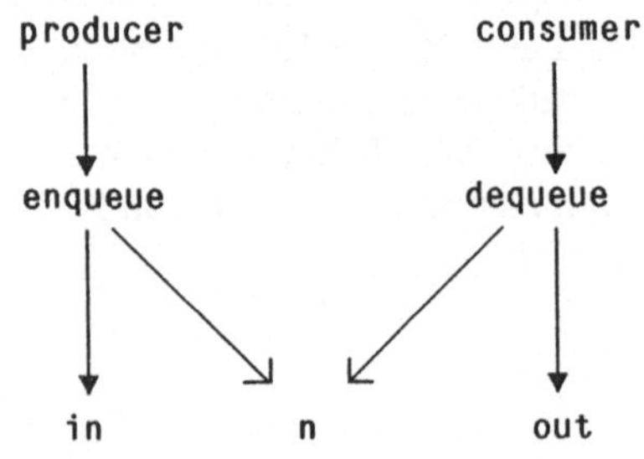

n ist eine sogenannte *gemeinsame Variable* der beiden Prozesse. Die Synchronisation des Zugriffs auf gemeinsame Variable verlangt zusätzlichen Aufwand; gemeinsame Variable sollen nur eingeführt werden, falls notwendig. Der Kunstgriff, den Puffer nicht bis zur letzten Stelle zu füllen, sondern mindestens eine Zelle frei zu lassen, macht n überflüssig. Der zirkuläre Puffer ist in diesem Falle genau dann leer, wenn in = out gilt, und er ist genau dann voll, wenn (in + 1) MOD m = out gilt. Dann lässt sich die beschränkte fifo queue wie folgt implementieren (die Operationen front und dequeue sind im Gegensatz zu obiger Implementation in einer Operation zusammengefasst; dann kann allerdings das erste Element nicht mehr abgefragt werden, ohne es zu löschen):

```
PROCEDURE init;
BEGIN
  in := 0;  out := 0;
END init;
PROCEDURE empty(): BOOLEAN;
BEGIN
  RETURN in = out;
END empty;
PROCEDURE enqueue(x: elt);
BEGIN
  IF (in + 1) MOD m = out THEN  (* Fehler: fifo queue ist voll *)
                          ELSE  b[in] := x;  in := (in + 1) MOD m;
  END;
END enqueue;
PROCEDURE dequeue(VAR x: elt);
BEGIN
  IF empty() THEN  (* Fehler: fifo queue ist leer *)
             ELSE  x := b[out];  out := (out + 1) MOD m;
  END;
END dequeue;
```

3.3.4   Implementation der priority queue durch einen heap

Der Datentyp *priority queue* kann mit einem zirkulären Puffer realisiert werden, indem die zu speichernden Elemente zwischen den beiden Zeigern in und out nach der Priorität geordnet abgelegt werden, wobei out auf das Element mit der höchsten Priorität zeigt.

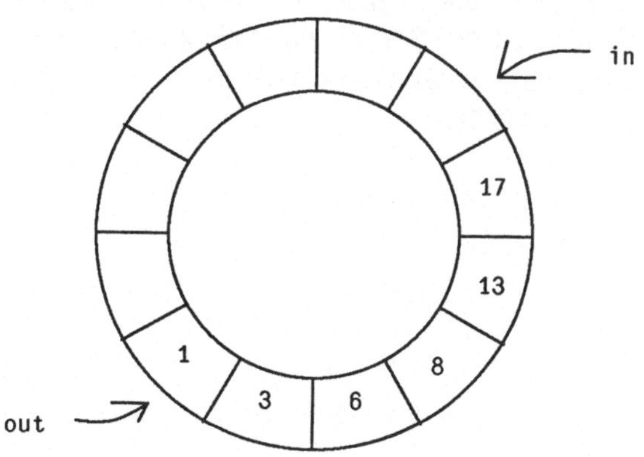

Die Operationen min und delete lassen sich dann mit Zeitaufwand O(1) durchführen, da out direkt auf das Element mit der höchsten Priorität zeigt. Zum Durchführen der insert Operation muss man jedoch zuerst die Position finden, die der Priorität des einzufügenden Elementes entspricht; dies erfordert einen Zeitaufwand O(log n). Das anschliessende Verschieben von bereits im zirkulären Puffer befindlichen Elementen und das Einfügen des gegebenen Elementes erfordert O(n) Zeitaufwand, so dass die insert Operation insgesamt einen Zeitaufwand O(n) benötigt.

Denselben hohen Zeitaufwand für die Operation insert muss man leisten, wenn man die priority queue durch eine lineare Liste (siehe 4.1) realisiert, in der die Elemente nach der Priorität geordnet gespeichert sind (die Zahlen geben wie oben die Prioritäten der Elemente an):

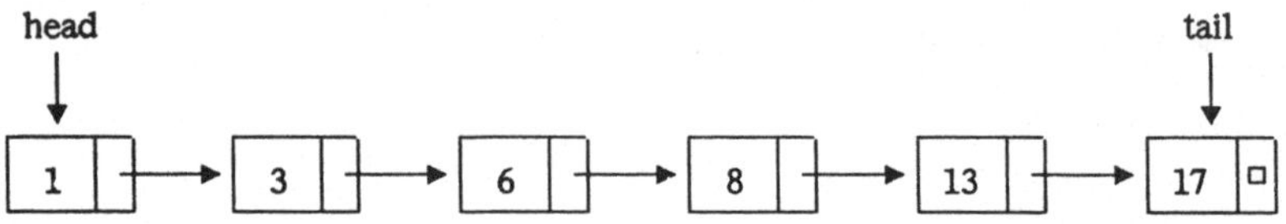

Das Auffinden der Position, die der Priorität des einzufügenden Elementes entspricht, erfordert den Zeitaufwand O(n); das Einfügen selbst erfordert jedoch nur den Zeitaufwand O(1). Die Operationen min und delete können auch bei der linearen Liste mit Zeitaufwand O(1) durchgeführt werden.

Eine elegante Datenstruktur für die Implementation einer priority queue ist die Datenstruktur *heap*. Der heap erlaubt die Durchführung der Operationen min, delete und insert mit dem asymptotischen Zeitaufwand O(log n).

Ein *heap* ist ein binärer Baum, der
- eine strukturelle Bedingung erfüllt,
- eine inhaltliche Bedingung erfüllt,
- auf bestimmte Weise in einem Array abgespeichert ist.

Struktur: ein *fast vollständiger* binärer Baum (siehe mathematischer Anhang), d. h. horizontal abgeschnitten und auf der tiefsten Stufe sind die Knoten soweit links wie möglich.

Inhalt: das einem Knoten zugeordnete Element ist *kleiner oder gleich*, d. h. besitzt eine höhere oder gleiche Priorität, als die den Söhnen zugeordneten Elemente.

Die Einbettung in ein Array wird später besprochen. Im folgenden Beispiel geben die Zahlen die Prioritäten der Elemente an:

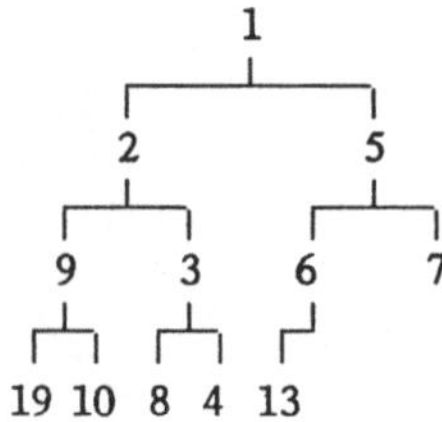

Die Operation min liest die Wurzel, da sich das *kleinste* Element (das Element mit der höchsten Priorität) gemäss Definition immer dort befindet. Doch was geschieht, wenn dieses kleinste Element, in unserem Beispiel die "1", mit der delete Operation entfernt wird? Wie reorganisiert man den Baum, damit die strukturelle und die inhaltliche Bedingung wieder erfüllt sind? Die strukturelle Bedingung erzwingt die Entfernung des am weitesten rechts liegenden Knotens auf der untersten Stufe. Sein Wert, in unserem Beispiel die "13", muss erhalten bleiben und wird zunächst an die Wurzel des Baumes gesetzt. Die inhaltliche Bedingung ist dadurch gestört, wird aber wiederhergestellt, indem man dieses Element "13" entsprechend seinem "Gewicht" im Baum nach unten *sinken* lässt. Falls es zu schwer ist, um die inhaltliche Bedingung zu erfüllen, wird es mit dem leichteren der beiden Söhne vertauscht; in unserem Beispiel wird also die "13" mit der "2" vertauscht. Diesen *Sinkprozess* setzt man solange fort, bis das Element entweder auf der untersten Stufe des Baumes ankommt oder an einen Knoten gelangt, an dem es nicht schwerer ist als die den Söhnen dieses Knotens zugeordneten Elemente.

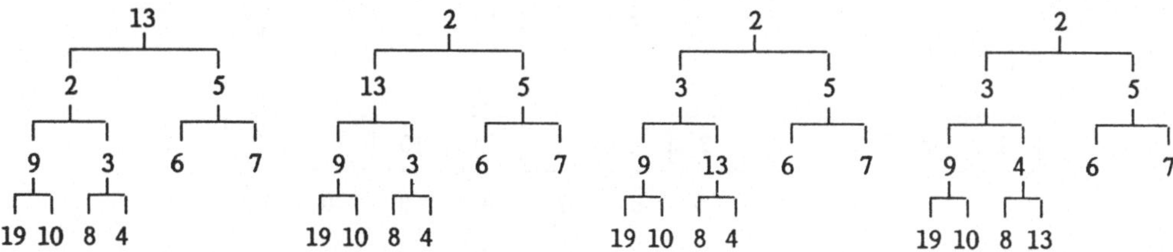

Entsprechende Fragen wie bei der Operation delete stellen sich auch bei der Operation insert. Die strukturelle Bedingung erzwingt die Erzeugung eines neuen Knotens, der sich so weit links wie möglich auf der untersten Stufe des Baumes befindet. Das neue Element, in unserem Beispiel die "0", wird zunächst in diesen Knoten eingefügt. Um die inhaltliche Bedingung zu erfüllen, lässt man dieses neue Element entsprechend seinem *Gewicht* aufsteigen. Man vergleicht es mit dem seinem Vater zugeordneten Element. Ist es *leichter* als dieses Element, so werden die beiden Elemente miteinander vertauscht; in unserem Beispiel wird also die "0" mit der "6" vertauscht. Diesen *Aufstiegsprozess* setzt man solange fort, bis das Element entweder an der Wurzel des Baumes ankommt oder an einen Knoten gelangt, an dem es nicht leichter ist als das seinem Vater zugeordnete Element.

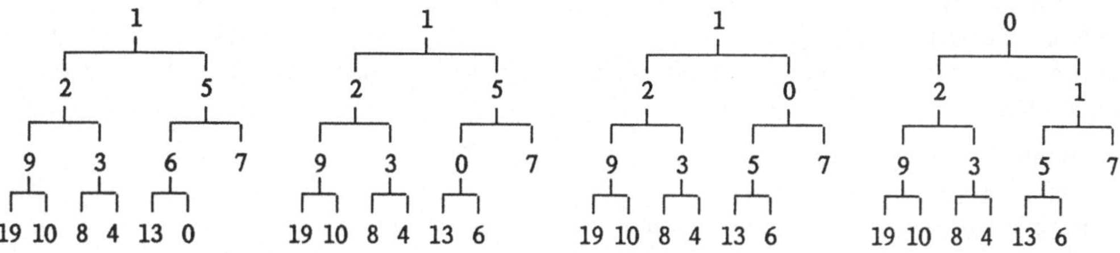

Die Anzahl der bei diesem *Sinkprozess* oder *Aufstiegsprozess* erforderlichen Schritte ist höchstens gleich der Höhe des Baumes (Anhang 4.7). Da der Baum *fast vollständig* ist, beträgt seine Höhe $\lfloor \log_2 n \rfloor$. Somit beträgt der für die Operationen delete und insert zu leistende Zeitaufwand höchstens O(log n).

Der obige *fast vollständige* binäre Baum wird folgendermassen in ein Array eingebettet:

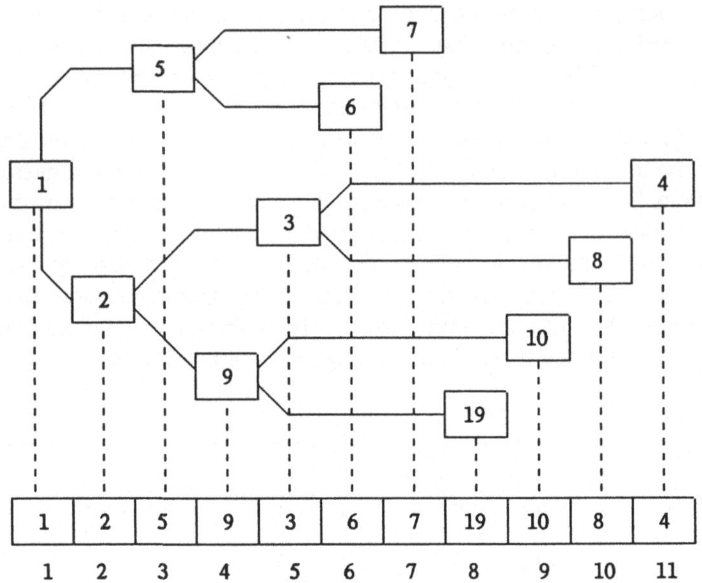

Der Knoten mit Index i hat Söhne mit Indizes 2∗i und 2∗i+1. Der Vater eines Knotens mit dem Index j entspricht dem Index j DIV 2. Entsprechend dürfen die im Array an den Indizes 2∗i und 2∗i+1 gespeicherten Elemente nicht kleiner sein als das am Index i gespeicherte Element. Diese Ordnung wird als "Heapordnung" bezeichnet.

Die Prozedur restore ist ein nützlicher Baustein zur Heapverwaltung. Sie stellt die inhaltliche Integrität eines heap wieder her, dessen Wurzel die inhaltliche Bedingung verletzt. Sie wird auf Teilbäume des gesamten heap angewendet, deren Knoten im Array a vom Index 1 bis höchstens zum Index r liegen und deren Baumstruktur durch dieselben Formeln 2∗i und 2∗i+1 definiert ist. Solche Teilbäume sind ihrerseits heaps, die nicht notwendigerweise kontinuierlich in a abgespeichert sind.

In der Prozedur restore nehmen wir an, dass der Elementtyp elt der Typ CARDINAL ist, so dass wir die Vergleichsoperatoren direkt auf die Elemente anwenden dürfen. Die folgende Prozedur verwendet ein "conditional AND", das von links nach rechts ausgewertet wird: in x AND y wird y nur ausgewertet, nachdem x sich als wahr erwiesen hat.

```
CONST m = ...; (* Länge des heap *)
VAR a: ARRAY [1..m] OF elt;
PROCEDURE restore (1, r: [1..m]);
VAR i, j: [1..m];
BEGIN
  i := 1;
  WHILE i <= (r DIV 2) DO
    IF (2*i < r) AND (a[2*i+1] < a[2*i]) THEN  j := 2 * i + 1;
                                        ELSE  j := 2*i;
    END;
    IF a[j] < a[i] THEN  a[i] :=: a[j];  i := j;
                   ELSE  i := r;
    END;
  END;
END restore;
```

Die einmalige Ausführung von restore benötigt den Zeitaufwand $O(\log(|r - 1|))$.

Aufbau eines heap

Soll aus n im Array a vorgegebenen Elementen ein heap erzeugt werden, so lässt sich dies auf folgende Weise effizient realisieren:

```
FOR i := n DIV 2 TO 1 BY -1 DO
  restore(i, n);
END;
```

Dieses Vorgehen ist effizienter als das Einfügen eines jeden einzelnen Elementes in einen bereits aufgebauten heap. Der Zeitaufwand zum Aufbau eines heaps aus n Elementen beträgt $O(n*\log n)$, da die Schleife n DIV 2 mal durchlaufen wird und $n-i \leq n$ ist. Durch eine sorgfältigere Analyse kann man sogar zeigen, dass der Zeitaufwand zum Aufbau eines heap nach obigem Verfahren nur $O(n)$ beträgt.

Realisation einer priority queue durch einen heap

Der Elementtyp elt sei vom Typ CARDINAL und gebe direkt die Priorität eines Elementes an. Eine priority queue mit den auf ihr definierten Operationen kann durch die Datenstruktur "heap" wie folgt realisiert werden:

```
IMPLEMENTATION MODULE priorityqueue;
(* Die Länge der priority queue ist durch die Länge des heap beschränkt *)
CONST m = ... ; (* Länge des heap *)
VAR a: ARRAY [1..m] OF elt;
    n: [0..m]; (* Anzahl der gespeicherten Elemente *)
PROCEDURE restore (l, r: [1..m]);
  ...
END restore;
PROCEDURE init;
BEGIN
  n := 0;
END init;
PROCEDURE empty(): BOOLEAN;
BEGIN
  RETURN n = 0;
END empty;
PROCEDURE insert (x: elt);
VAR i: [1..m];
BEGIN
  IF n = m THEN
    (* Fehler: priority queue ist voll *)
  ELSE
    INC(n);  a[n] := x;  i := n;
    WHILE (i > 1) AND (a[i] < a[i DIV 2]) DO
      a[i] :=: a[i DIV 2];  i := i DIV 2;
    END;
  END;
END insert;
PROCEDURE min(): elt;
BEGIN
  IF empty() THEN  (* Fehler: priority queue ist leer *)
             ELSE  RETURN a[1];
  END;
END min;
```

```
PROCEDURE delete;
BEGIN
  IF empty() THEN  (* Fehler: priority queue ist voll *)
            ELSE  a[1] := a[n];  DEC(n);  restore (1, n);
  END;
END delete;
BEGIN
  init;
END priorityqueue.
```

3.3.5   Heapsort

Die Datenstruktur *heap* kann auch zur Implementation eines Sortierverfahrens verwendet werden, das n Elemente sogar im schlimmsten Fall mit dem Zeitaufwand $O(n*\log n)$ sortiert. In der folgenden Prozedur `heapsort` wird angenommen, dass die zu sortierenden Elemente in dem Array `a` übergeben werden. Nach Aufruf der Prozedur enthält das Array `a` die Elemente in absteigender Reihenfolge.

```
PROCEDURE heapsort;
VAR i: [1..m];
BEGIN
  (* heap creation Phase: der heap wird aufgebaut *)
  FOR i := n DIV 2 TO 1 BY (-1) DO  restore (i, n);  END;
  (* sift-up Phase: Elemente werden nach Grösse
                  geordnet dem heap entnommen *)
  FOR i := n TO 2 BY (-1) DO  a[i] :=: a[1];  restore (1, i - 1);  END;
END heapsort;
```

Da sowohl in der heap creation Phase als auch in der sift-up Phase die Schleifen weniger als n mal durchlaufen werden und jeder Aufruf von `restore` einen Zeitaufwand von höchstens $O(\log n)$ benötigt, ist der von `heapsort` zu leistende Aufwand auch im schlimmsten Fall $O(n*\log n)$.

Eine ausführliche Darstellung über den heap findet man in [Ben].

3.4   Listenstrukturen

3.4.1   Zeigervariablen und Listen

Im Gegensatz zu den vorwiegend statischen impliziten Datenstrukturen sind Listenstrukturen *dynamisch*. Es ändern sich nicht nur die in einer Liste gespeicherten Daten, sondern die Struktur und Grösse einer Liste ändert sich während der Laufzeit eines Programmes. Der jeweils benötigte Speicherplatz wird dynamisch zugeteilt und ist über Zeigervariablen zugreifbar.

Eine *lineare Liste* ist eine durch Zeiger verkettete Folge von Zellen. Die erste Zelle ist der Kopf der Liste, die letzte ist der Schwanz. Abgesehen vom Schwanz zeigt jede Zelle auf die nachfolgende. Zugriff auf die Liste erhält man durch den Zeiger `head` auf den Kopf. Ist die Liste leer, so hat `head` den Wert `NIL`. Eine Zelle speichert ein Element x_i und einen Zeiger auf die Nachfolgerzelle.

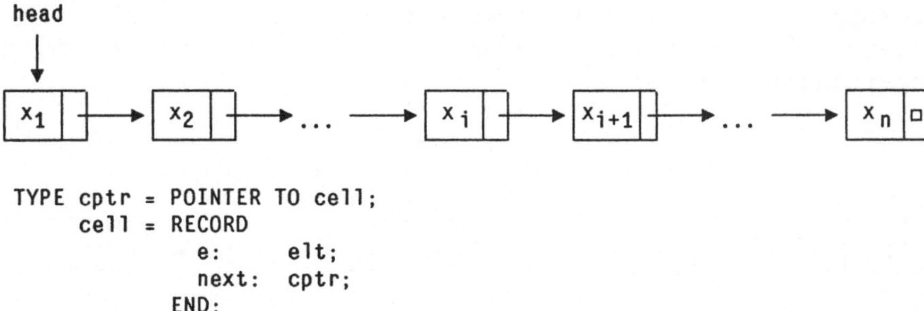

```
TYPE cptr = POINTER TO cell;
     cell = RECORD
               e:    elt;
               next: cptr;
            END;
```

Lokale Operationen wie das Einfügen oder Löschen einer Zelle an einer vorbestimmten Stelle, auf die man einen Zeiger p hat, sind effizient.

Einfügen eines Elementes y in einer neuen Zelle als Nachfolger einer bekannten Zelle:

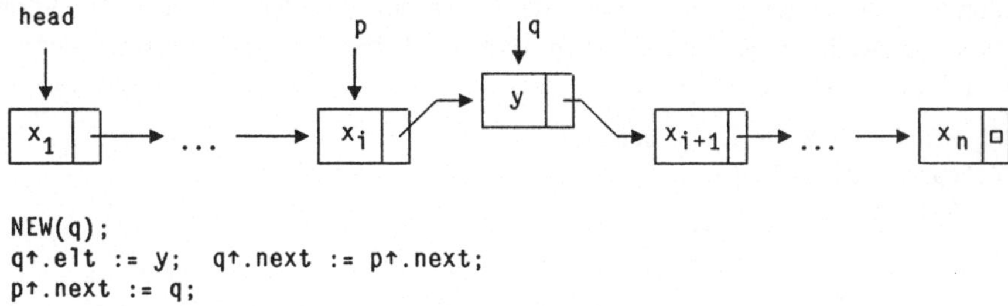

```
NEW(q);
q↑.elt := y;  q↑.next := p↑.next;
p↑.next := q;
```

Löschen einer Zelle als Nachfolger einer bekannten Zelle:

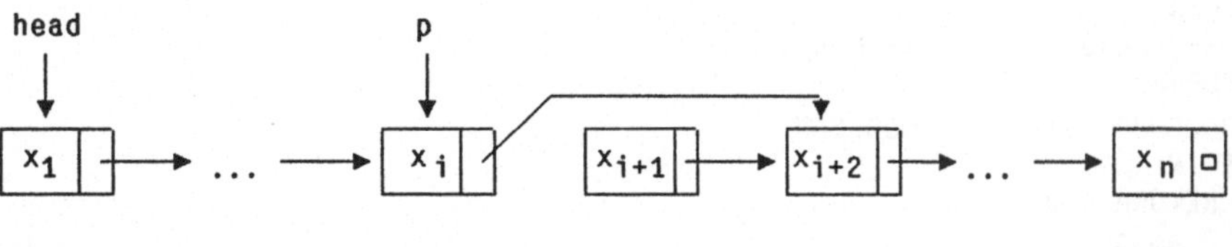

```
p↑.next := p↑.next↑.next;
```

Der Fall, dass am Kopf der Liste eingefügt oder gelöscht werden soll, ist gesondert zu betrachten.

Neben der einfach verketteten linearen Liste werden häufig zwei andere Varianten von linearen Listen verwendet, nämlich die zirkuläre Liste und die doppelt verkettete Liste. In beiden Varianten ist jede Zelle von jeder anderen aus erreichbar, ohne über die Eintrittszeiger zu gehen. Bei der zirkulären Liste verweist die letzte Zelle auf die erste, wodurch die Zellen Schwanz und Kopf durch eine einzige Eintrittszelle ersetzt werden:

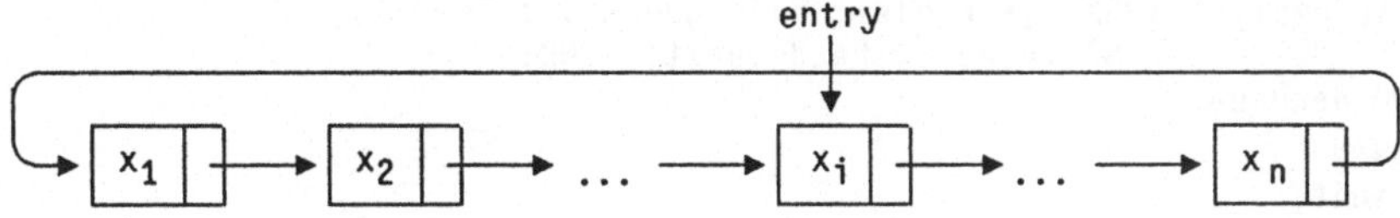

Bei der doppelt verketteten Liste enthält jede Zelle zwei Zeiger, einen auf den Nachfolger, einen anderen auf den Vorgänger. Somit kann die Liste in beiden Richtungen durchlaufen werden.

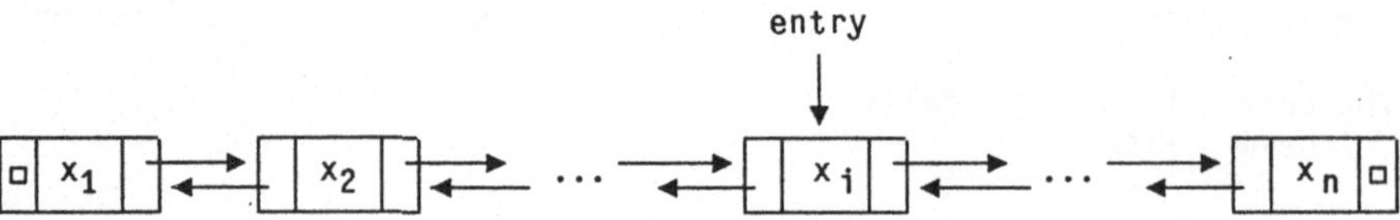

3.4.2   Implementation der fifo queue durch eine lineare Liste

In der folgenden Implementation des Datentyps *fifo queue* durch eine verkettete lineare Liste führen wir am Schwanz der Liste eine leere Zelle mit, genannt *sentinel*. Neben `head` verwenden wir noch einen Zeiger `tail`, der immer auf den Schwanz der Liste verweist. Die Liste ist genau dann leer, wenn `head` und `tail` beide auf das sentinel verweisen, d. h. wenn `head = tail`.

```
IMPLEMENTATION MODULE fifoqueue;
TYPE cptr = POINTER TO cell;
     cell = RECORD
              e:     elt;
              next:  cptr;
            END;
VAR head, tail: cptr;
PROCEDURE init;
BEGIN
  NEW(head);  tail := head;
END init;
PROCEDURE empty(): BOOLEAN;
BEGIN
  RETURN head = tail;
END empty;
PROCEDURE enqueue(x: elt);
BEGIN
  tail↑.e := x;  NEW(tail↑.next);  tail := tail↑.next;
END enqueue;
PROCEDURE front(): elt;
BEGIN
  IF empty() THEN  (* Fehler: fifo queue ist leer *)
            ELSE   RETURN head↑.e;  END;
END front;
PROCEDURE dequeue;
BEGIN
  IF empty() THEN  (* Fehler: fifo queue ist leer *)
            ELSE   head := head↑.next;  END;
END dequeue;
BEGIN
  init;
END fifoqueue.
```

3.4.3   Baumtraversierung

Ein binärer Baum kann durch eine Listenstruktur implementiert werden, in der jede Zelle neben einem zu speichernden Element einen Zeiger auf die Wurzel des linken und einen Zeiger auf die Wurzel des rechten Teilbaumes enthält. Hat ein Knoten keinen linken oder rechten Sohn, so erhält der entsprechende Zeiger den Wert NIL. Der Zeiger root verweist auf die Wurzel des Baumes.

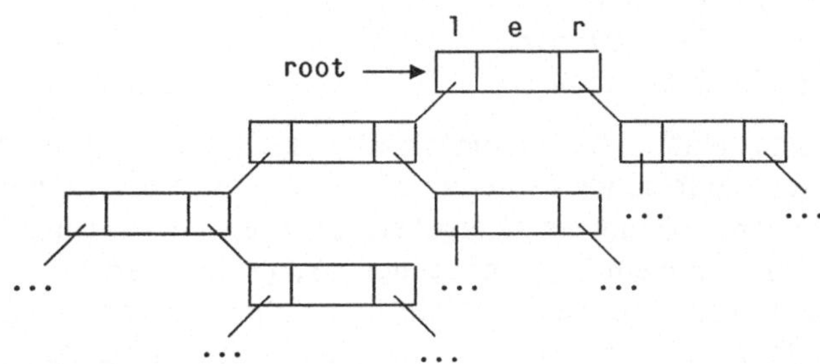

```
TYPE nptr = POINTER TO node;
     node = RECORD
                e: elt;
                l, r: nptr;
            END;
VAR root: nptr;
```

In Anwendungen muss man häufig alle Knoten eines binären Baumes durchlaufen und dabei auf jedem Knoten eine bestimmte Operation durchführen. Es gibt im wesentlichen drei Ordnungen, die die Reihenfolge festlegen, in der die einzelnen Knoten durchlaufen werden. Sie werden rekursiv definiert; im folgenden ist die Reihenfolge des Durchlaufens für eine Wurzel und ihre beiden Teilbäume angegeben:

preorder: Wurzel, linker Teilbaum, rechter Teilbaum;
inorder: linker Teilbaum, Wurzel, rechter Teilbaum;
postorder: linker Teilbaum, rechter Teilbaum, Wurzel.

Beispiel:

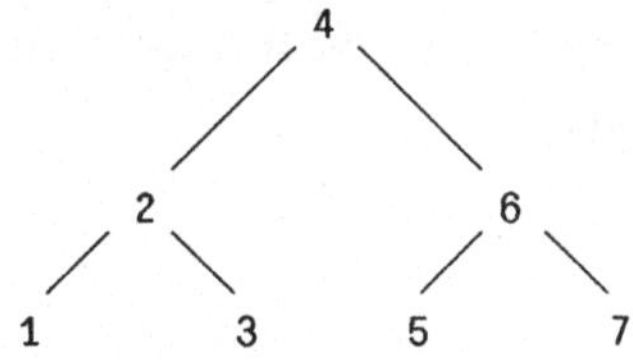

preorder: 4, 2, 1, 3, 6, 5, 7
inorder: 1, 2, 3, 4, 5, 6, 7
postorder: 1, 3, 2, 5, 7, 6, 4

Stellt man einen arithmetischen Ausdruck durch einen binären Baum dar, bei dem die Blätter den Operanden und die internen Knoten den Operatoren zugeteilt sind, so entspricht preorder der Präfix-, inorder der Infix- und postorder der Suffixnotation.

Beispiel:

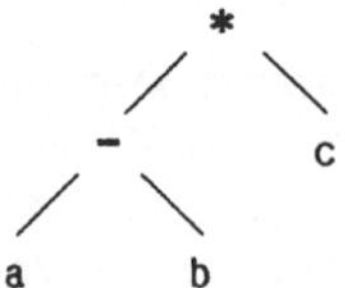

```
preorder (präfix):    * - a b c
inorder (infix):      (a - b) * c
postorder (suffix):   a b - c *
```

Das Traversieren eines binären Suchbaumes nach den Ordnungen preorder, inorder und postorder wird durch die folgende Prozedur `traverse` realisiert. In p wird die Wurzel des zu traversierenden Teilbaumes übergeben. Je nach gewünschter Traversierungsordnung ist einer der Kommentare (* preorder *), (* inorder *), (* postorder *) durch Operationen zu ersetzen, die die Daten im Knoten, auf den p zeigt, verarbeiten. Dies geschieht z. B. durch den Aufruf `visit(p);` einer Prozedur `visit`, die im einfachsten Falle den Knoteninhalt ausdruckt.

```
PROCEDURE traverse(p: nptr);
BEGIN
  IF p <> NIL THEN
    (* preorder *)
    traverse(p↑.1);
    (* inorder *)
    traverse(p↑.r);
    (* postorder *)
  END;
END traverse;
```

Die rekursiven Aufrufe in der Prozedur `traverse` bedingen den Aufbau eines Stacks, in dem Verweise auf die Knoten, zu denen man zurückkehren muss, verwaltet werden. Der *triple tree traversal* Algorithmus TTT erlaubt das Traversieren eines binären Baumes ohne zusätzlichen Speicherplatz, d. h. es wird weder ein Stack benötigt noch wird vorausgesetzt, dass ein Knoten neben den Zeigern auf seine beiden Söhne einen Zeiger auf seinen Vater enthält. Es wird vorausgesetzt, dass der 1 bzw. r Zeiger eines Knotens auf sich selbst verweist, wenn kein linker bzw. rechter Sohn existiert.

```
PROCEDURE TTT(root: nptr);
VAR o, p, q: nptr;
BEGIN
  o := NIL;  p := root;
  WHILE p <> NIL DO
    visit(p);
    q := p↑.1;
    (* rotiere Zeigerwerte *)
    p↑.1 := p↑.r;
    p↑.r := o;
    o := p;
    p := q;
  END;
END TTT;
```

In TTT bilden die Zeiger p ("present") und o ("old") eine zweizinkige Gabel. Sie stellt die Verbindung zwischen zwei benachbarten Knoten her, z. B. zwischen Vater und Sohn, wenn der Zeiger, der diese Lücke normalerweise überbrückt, umgelenkt wurde.

Die Korrektheit dieses Algorithmus wird durch vollständige Induktion über die Anzahl n
der Knoten im Baum bewiesen:

Induktionsbehauptung:

Wird Algorithmus TTT ausgeführt auf einem Baum, wobei p auf root und o auf
einen beliebigen Wert x ausserhalb des Baumes initialisiert ist, so wird der gesamte
Baum traversiert; jeder Knoten wird genau dreimal besucht, alle Zeiger im Baum haben
nach Abschluss von TTT ihre ursprünglichen Werte und p = x sowie o = root.

Induktionsverankerung:

Die Induktionsbehauptung ist wahr für n = 1, denn:
Führe TTT auf dem Baum aus, der aus genau einem Knoten (der Wurzel) besteht.

Induktionsschritt:

Gilt die Induktionsbehauptung für alle n, 0 < n ≤ k, so gilt sie auch für k+1, denn:
Sei T ein Baum mit k + 1 Knoten. T besteht aus einem Wurzelknoten und k Knoten,
die auf den linken und rechten Teilbaum der Wurzel verteilt sind. Da beide Teilbäume
aus ≤ k Knoten bestehen, gilt die Induktionsbehauptung für jeden der beiden
Teilbäume. Die folgende Figur gibt eine komprimierte Darstellung des Beweises des
Induktionsschrittes:

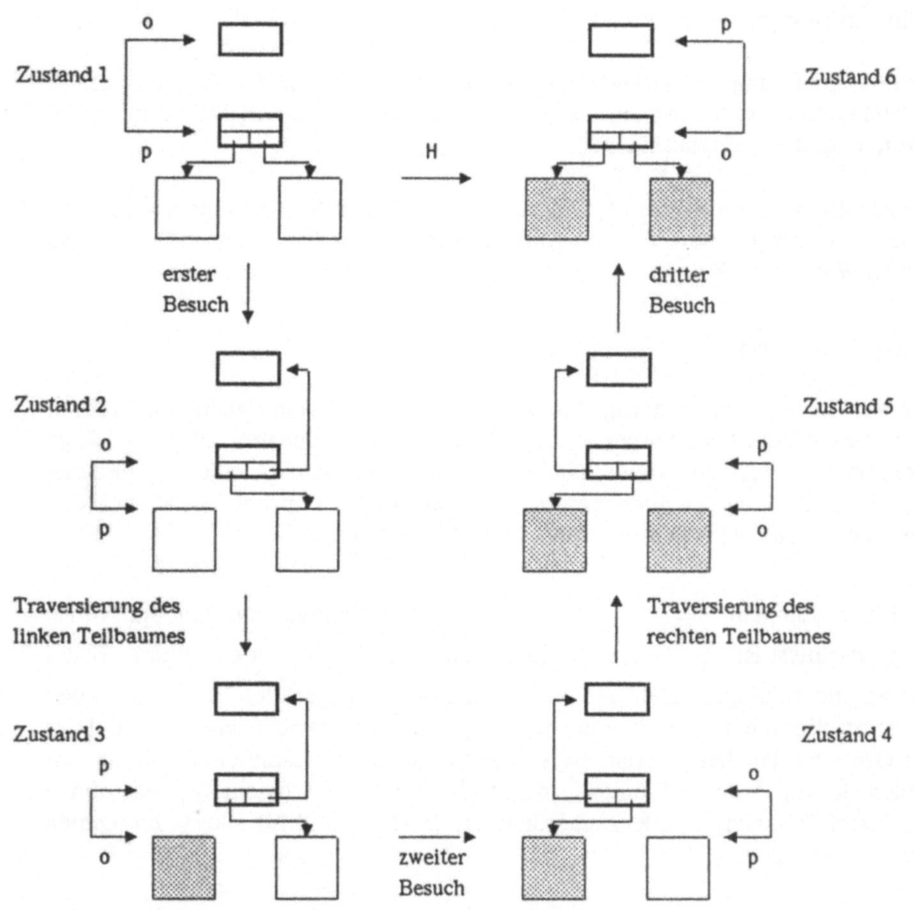

Betrachte den Baum mit k+1 Knoten (Anfangszustand 1). Die Wurzel ist als Knoten mit drei Feldern gezeichnet, der linke und rechte Teilbaum sind durch Kästchen angedeutet. Die Figur zeigt den typischen Fall, dass beide Teilbäume nicht leer sind. Ist einer der beiden Teilbäume leer, so verweist der entsprechende Zeiger auf die Wurzel selbst; dieser Fall kann ähnlich wie der Fall n = 1 behandelt werden. p ist auf die Wurzel des Baumes initialisiert, und o hat einen beliebigen Wert x .

Zu beweisen ist, dass TTT den Anfangszustand 1 in den Endzustand 6 überführt. Die zwei Teilbäume sind im Endzustand schraffiert gezeichnet, um anzudeuten, dass sie korrekt traversiert worden sind; p und o haben ihre Werte vertauscht. Um zu zeigen, dass TTT den Anfangszustand 1 in den Endzustand 6 korrekt überführt, betrachten wir die Zwischenzustände 2 bis 5.

$1 \rightarrow 2$:
Die WHILE-Schleife wird einmal ausgeführt, die Gabel wird nach unten bewegt, die Zeiger der Wurzel rotieren.

$2 \rightarrow 3$:
Die Induktionsbehauptung, angewandt auf den linken Teilbaum der Wurzel, besagt, dass dieser Teilbaum korrekt traversiert wird; die Gabel verlässt diesen Teilbaum, wobei die Werte von p und o vertauscht sind.

$3 \rightarrow 4$:
Die WHILE-Schleife wird ein zweites Mal an der Wurzel ausgeführt; die Gabel wird in den rechten Teilbaum bewegt, die Zeiger der Wurzel rotieren ein zweites Mal.

$4 \rightarrow 5$:
Die Induktionsbehauptung, angewandt auf den rechten Teilbaum der Wurzel, besagt, dass dieser Teilbaum korrekt traversiert wird; die Gabel verlässt diesen Teilbaum, wobei die Werte von p und o vertauscht sind.

$5 \rightarrow 6$:
Die WHILE-Schleife wird ein drittes Mal an der Wurzel ausgeführt; die Gabel wird nach oben bewegt, die Zeiger der Wurzel rotieren ein drittes Mal und erhalten ihre ursprünglichen Werte zurück.

3.4.4   Binäre Suchbäume

Der Vorteil von Listen besteht darin, dass sich lokale Operationen leicht durchführen lassen. Sucht man dagegen ein vorgegebenes Element in einer linearen Liste der Länge n , so erfordert dies im Mittel über alle n Elemente den Aufwand $O(n)$. Bäume erlauben die Durchführung der Suchoperation mit dem Aufwand proportional zur Höhe des Baumes, d. h. $O(\log n)$, falls der Baum nicht entartet ist.

Definition:

Gegeben seien n Elemente $x_1, \dots , x_n$ aus einem Wertebereich, auf dem eine totale Ordnung "$\leq$" definiert ist. Ein *binärer Suchbaum* für $x_1, \dots , x_n$ ist ein binärer Baum mit n Knoten und einer eineindeutigen Zuordnung der n gegebenen Elemente zu den n Knoten derart, dass die auf den Knoten gegebene Ordnung *inorder* (siehe 3.4.3) mit der natürlichen Ordnung der den Knoten zugeordneten Elemente zusammenfällt. Ist x das einem Knoten K zugeordnete Element, so gilt also für jedes Element y , das einem Knoten im linken Teilbaum von K zugeordnet ist, $y \leq x$, und für alle y im rechten Teilbaum von K gilt $x \leq y$.

Diese Definition lässt mehrfaches Auftreten desselben Wertes in verschiedenen Knoten zu: $x_i = x_j$ mit $i \neq j$. Oft wird zusätzlich verlangt, dass ein Wert höchstens einmal im Suchbaum auftreten darf. Wir haben diese Annahme in die folgende Prozedur insert eingebaut, die beim Versuch, einen bereits vorhandenen Wert einzufügen, den Baum nicht verändert und den Wert FALSE zurückgibt.

Ein binärer Suchbaum kann wie ein binärer Baum durch eine Listenstruktur implementiert werden. Die Suchoperation wird durch die folgende rekursive Prozedur member realisiert. In p wird die Wurzel des Teilbaumes übergeben, in dem nach x gesucht wird.

```
PROCEDURE member(x: elt; p: nptr): BOOLEAN;
(* Falls x im Teilbaum gespeichert ist,
   wird TRUE zurückgegeben, sonst FALSE. *)
BEGIN
   IF        p = NIL      THEN   RETURN FALSE;
   ELSIF     x < p↑.e     THEN   RETURN member(x, p↑.l);
   ELSIF     x > p↑.e     THEN   RETURN member(x, p↑.r);
   ELSE  (* x = p↑.e *)          RETURN TRUE;
   END;
END member;
```

Ein neues Element x wird durch die folgende rekursive Prozedur insert eingefügt. In p wird die Wurzel des Teilbaumes übergeben, in den x eingefügt werden soll.

```
PROCEDURE insert(x: elt; VAR p: nptr): BOOLEAN;
BEGIN
   IF        p = NIL      THEN   NEW(p);
                                 p↑.e := x;  p↑.l := NIL;  p↑.r := NIL;
                                 RETURN TRUE;
   ELSIF     x < p↑.e     THEN   RETURN insert(x, p↑.l);
   ELSIF     x > p↑.e     THEN   RETURN insert(x, p↑.r);
   ELSE  (* x = p↑.e *)          RETURN FALSE;
   END;
END insert;
```

Der initiale Aufruf dieser Prozedur zum Einfügen eines Elementes x lautet

```
insert(x, root);
```

Bei der Löschoperation wird zunächst wie bei der Suchoperation das zu löschende Element x sucht. Findet man x im Knoten K, so sind drei Fälle zu unterscheiden. Hat K keinen Sohn, so braucht man nur K zu entfernen. Hat K genau einen Sohn, so kann man K durch diesen ersetzen. Hat K dagegen zwei Söhne, so ersetzt man x im Knoten K entweder durch das grösste Element im linken oder durch das kleinste Element im rechten Teilbaum von K. Beide sind in Knoten gespeichert, die jeweils höchstens einen Sohn haben; daher kann der Knoten, dessen Element nach K transferiert wurde, wie im vorigen Fall entfernt werden:

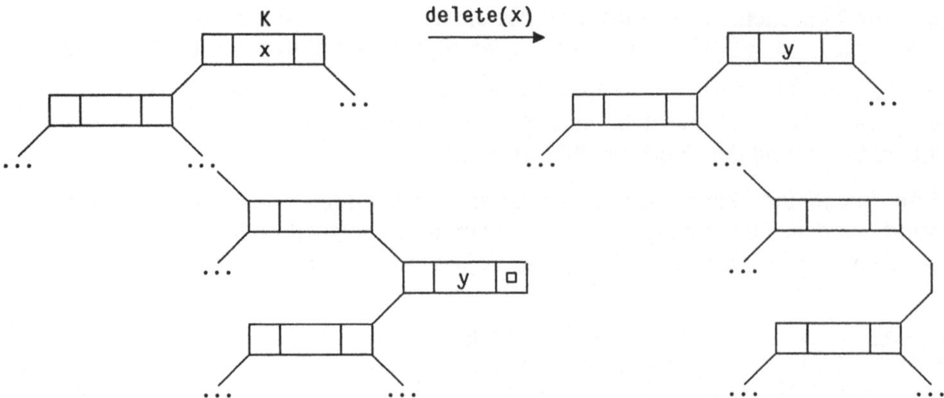

Elegante iterative Prozeduren für die Such-, Einfüge- und Löschoperation in einem binären Suchbaum erhält man, wenn man ein *sentinel* einführt. Knoten, denen der linke oder rechte Nachfolger fehlt, verweisen mit dem entsprechenden Zeiger nicht auf NIL, sondern auf das sentinel. Der sentinel Knoten enthält kein Element, sein linker Zeiger verweist auf die Wurzel des Baumes, sein rechter Zeiger auf das sentinel selbst. Einen expliziten Zeiger auf die Wurzel des Baumes gibt es nicht mehr. Der leere Baum wird durch das sentinel dargestellt.

leerer Baum:

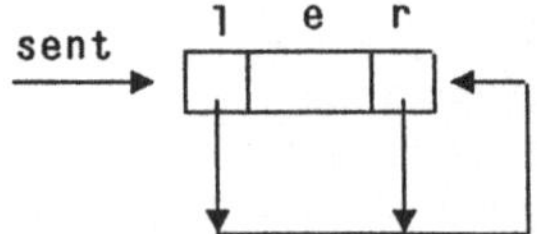

typischer Baum:

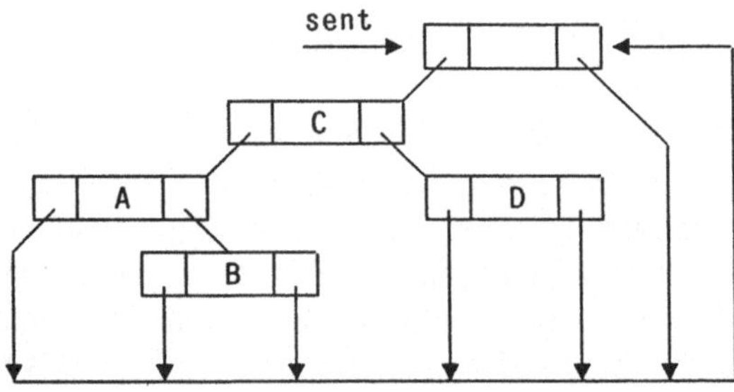

In der folgenden Implementation eines dictionary werden die Operationen auf dem Suchbaum unter Verwendung eines sentinel iterativ realisiert:

```
IMPLEMENTATION MODULE dictionary;
TYPE nptr = POINTER TO node;
     node = RECORD
                 e: elt;
                 l, r: nptr;
               END;
VAR sent: nptr;
PROCEDURE init;
BEGIN
  NEW(sent);
  WITH sent↑ DO  l := sent;  r := sent;  END;
END init;
PROCEDURE member(x: elt): BOOLEAN;
VAR p: nptr;
BEGIN
  sent↑.e := x;  (* initialisiere sentinel *)
  p := sent↑.l;
  WHILE x <> p↑.e DO
    IF      x < p↑.e    THEN  p := p↑.l;
    ELSE (* x > p↑.e *)        p := p↑.r;
    END;
  END;
  RETURN p <> sent;
END member;
PROCEDURE find(x: elt; VAR p, q: nptr);
(* Wird x gefunden, so verweist p auf den entsprechenden Knoten
   und q auf seinen Vater; sonst verweist p auf das sentinel und
   q auf den Knoten, als dessen Nachfolger x einzufügen ist. *)
BEGIN
  sent↑.e := x;  (* initialisiere sentinel *)
  p := sent↑.l;
  q := sent;
  WHILE x <> p↑.e DO
    q := p;
    IF      x < p↑.e    THEN  p := p↑.l;
    ELSE (* x > p↑.e *)        p := p↑.r;
    END;
  END;
END find;
PROCEDURE insert(x: elt);
VAR p, q: nptr;
BEGIN
  find(x, p, q);
  IF p = sent
    (* das sentinel ist gefunden worden, x ist noch nicht im Baum *)
  THEN
    NEW(p);
    WITH p↑ DO
      e := x;  l := sent;  r := sent;
    END;
    IF      x <= q↑.e    THEN  q↑.l := p;
    ELSE (* x > q↑.e *)         q↑.r := p;
    END;
  END;
END insert;
```

```
    PROCEDURE delete(x: elt);
    VAR p, q, s: nptr;
    BEGIN
      find(x, p, q);
      IF p <> sent THEN
        (* x gefunden *)
        IF (p↑.l <> sent) AND (p↑.r <> sent) THEN
          (* p hat linken und rechten Sohn *)
          (* suche grösstes Element im linken Teilbaum von p *)
          s := p↑.l;
          q := p;
          WHILE s↑.r <> sent DO
            q := s;
            s := s↑.r;
          END;
          p↑.e := s↑.e;
          IF      s↑.e < q↑.e    THEN  q↑.l := s↑.l;
          ELSE (* s↑.e > q↑.e *)        q↑.r := s↑.l;
          END;
        ELSE
          (* p hat höchstens einen Sohn *)
          IF p↑.l = sent THEN
            (* p hat einen rechten, jedoch keinen linken Sohn *)
            p := p↑.r;
          ELSIF p↑.r = sent THEN
            (* p hat einen linken, jedoch keinen rechten Sohn *)
            p := p↑.l;
          ELSE
            (* p hat keine Söhne *)
            p := sent;
          END;
          IF      x <= q↑.e    THEN  q↑.l := p;
          ELSE (* x >  q↑.e *)        q↑.r := p;
          END;
        END;
      ELSE
        (* x nicht gefunden *)
      END;
    END delete;
    BEGIN
      init;
    END dictionary.
```

Im günstigsten Fall haben alle Blätter eines binären Suchbaumes für n Elemente das Niveau $\lfloor \log_2 n \rfloor$ oder $\lfloor \log_2 n \rfloor - 1$ und der Suchbaum selbst somit die Höhe $\lfloor \log_2 n \rfloor$; daher lassen sich die Such-, Einfüge- und Löschoperation in einem solchen Suchbaum immer mit höchstens $O(\log n)$ Aufwand durchführen. Im schlimmsten Fall kann ein binärer Suchbaum ohne weitere vorsorgende Massnahmen zu einer linearen Liste entarten. Der bei der Durchführung dieser Operationen zu leistende Aufwand beträgt dann sowohl im Mittel über alle n Elemente als auch im schlimmsten Fall $O(n)$.

Wie gross ist der zu erwartende mittlere Aufwand für eine Suchoperation in einem "zufallsmässig erzeugten" binären Suchbaum? "Zufallsmässig erzeugt" heisst, dass jede Permutation der n zu speichernden Elemente die gleiche Wahrscheinlichkeit hat, als Eingabefolge gewählt zu werden; weiterhin wird vorausgesetzt, dass der Baum nur durch das Einfügen von Elementen entstanden ist. Somit hat jedes der n Elemente die gleiche Wahrscheinlichkeit, Wurzel des binären Suchbaumes zu sein.

Sei $w(n)$ die erwartete Weglänge eines zufallsmässig erzeugten binären Suchbaumes mit n Knoten. Dann gilt:

$$w(n) = (1/n) \sum_{k=1}^{n} (w(k-1) + w(n-k)) + n - 1 = (2/n) \sum_{k=1}^{n-1} w(k) + n - 1.$$

Wie im Anhang 4.5 gezeigt wird, hat diese rekursive Gleichung die Lösung

$$w(n) = (\ln 4)*n*\log_2 n + g(n) \text{ mit } g(n) \in O(n).$$

Da der zu erwartende mittlere Aufwand für eine Suchoperation in einem "zufallsmässig erzeugten" binären Suchbaum gleich $w(n)/n$ und $\ln 4 \sim 1.386$ ist, folgt, dass dieser Aufwand $O(\log n)$ ist und nur um etwa 40% von dem für den günstigsten Suchbaum zu leistenden Aufwand abweicht.

3.4.5   Balancierte Bäume

Die bei der Berechnung des mittleren Aufwandes für eine Suchoperation in einem "zufallsmässig erzeugten" binären Suchbaum gemachte Annahme, dass jedes der n Elemente die gleiche Wahrscheinlichkeit hat, Wurzel des binären Suchbaumes zu sein, ist in der Praxis meistens *nicht* gewährleistet. Um der Gefahr, dass ein binärer Suchbaum zu einer linearen Liste entartet, vorzubeugen, sucht man nach Klassen von Suchbäumen, die auch im schlimmsten Fall das Durchführen der Such-, Einfüge- und Löschoperation mit dem Aufwand $O(\log n)$ garantieren. Da der zu leistende Aufwand direkt von der Höhe des Suchbaumes abhängt, muss eine solche Klasse K von Suchbäumen die folgenden zwei Bedingungen erfüllen ($h(T)$ ist die Höhe eines Baumes T, n_T ist die Anzahl Knoten in T):

Ausgewogenheitsbedingung:
$\exists c > 0, \quad \forall T \in K: h(T) \leq c*\log_2 n_T$

Restrukturierungsbedingung:
Fällt ein Baum $T \in K$ nach einer Einfüge- oder Löschoperation aus der Klasse K heraus, so muss es möglich sein, T mit einem Aufwand $O(\log n_T)$ so zu restrukturieren, dass er wieder zu K gehört.

Die Klasse der fast vollständigen binären Suchbäume (siehe 4.7) erfüllt zwar die Ausgewogenheitsbedingung, doch beträgt der Aufwand zur Restrukturierung eines solchen Suchbaumes im schlimmsten Fall $O(n)$, so dass das Durchführen der Einfüge- und Löschoperation mit dem Aufwand $O(\log n)$ nicht garantiert werden kann. Die Klasse der AVL-Bäume (G. Adel'son-Vel'skii und E. Landis, 1962) sowie die Klasse der Mehrwegbäume, insbesondere B-Bäume, stellen Klassen von Suchbäumen dar, die beide Bedingungen erfüllen.

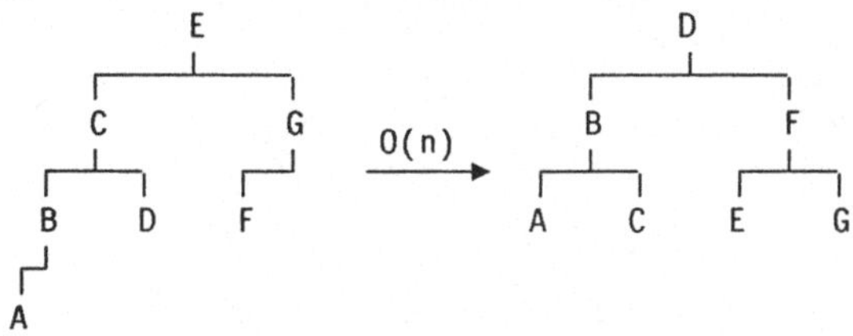

Restrukturierung: schlimmster Fall

3.4.6   AVL-Bäume

Definition:

Ein binärer Baum heisst *höhenbalanciert*, wenn sich für jeden Knoten des Baumes die Höhen seiner Teilbäume um höchstens 1 unterscheiden. Ein *AVL-Baum* ist ein höhenbalancierter binärer Suchbaum.

Die folgenden Bäume sind höhenbalanciert:

Der folgende Baum ist nicht höhenbalanciert, da die in der Definition gegebene Bedingung im Knoten * nicht erfüllt ist:

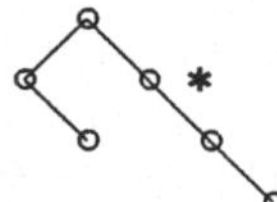

Im schlimmsten Fall beträgt die Höhe eines AVL-Baumes mit n Knoten etwa $1.44*\log_2 n$;   daher erfüllen AVL-Bäume die Ausgewogenheitsbedingung und garantieren somit, dass der im schlimmsten Fall bei einer Suchoperation zu leistende Aufwand O(log n) ist. Im folgenden wird gezeigt, dass AVL-Bäume auch die Restrukturierungsbedingung erfüllen und somit das Durchführen der Such-, Einfüge- und Löschoperation mit dem Aufwand O(log n) im schlimmsten Fall erlauben.

Jedem Knoten K eines AVL-Baumes wird eine der Balanceeigenschaften "/", "\" oder "-" zugeordnet. "/" ("\") bedeutet, dass die Höhe des linken (rechten) Teilbaumes von K um 1 grösser ist als die Höhe des rechten (linken) Teilbaumes; haben beide Teilbäume die gleiche Höhe, so hat K die Eigenschaft "-".

Wir definieren zwei lokale Baumtransformationen *Rotation* und *Doppelrotation*, die einen Baum in Teilbäume zerlegen und diese auf neue Art wieder zusammenfügen. Zu den folgenden Bildern wären noch deren spiegelbildliche Varianten zuzufügen.

Rotation:

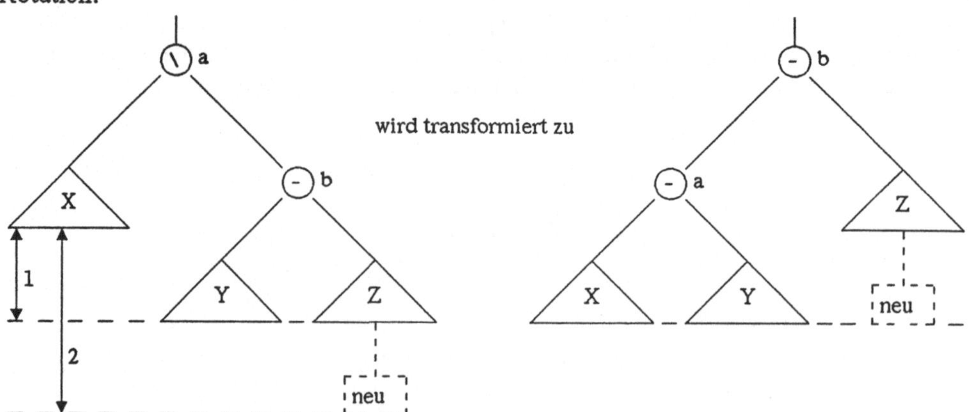

Doppelrotation:

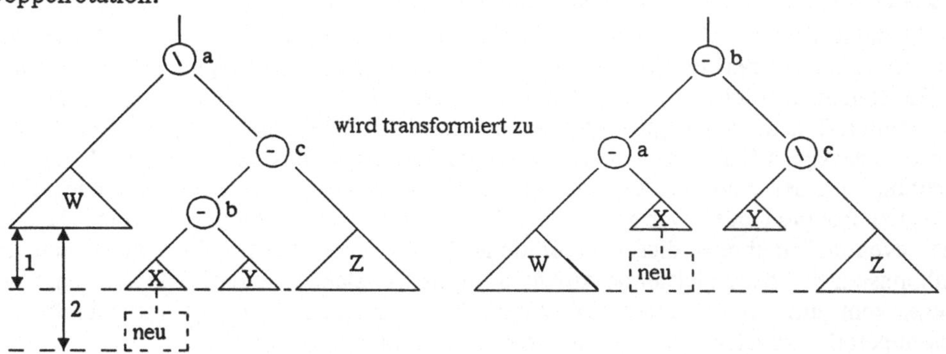

Diese Baumtransformationen werden als *Rebalancierungsoperationen* verwendet: In
sorgfältig gesteuerter Reihenfolge auf einen AVL-Baum angewendet, der nach Einfügen
und Löschen eines einzigen Knotens die Ausgewogenheitsbedingung verletzt, bringen sie
diesen wieder in die Klasse der AVL-Bäume zurück. Einfüge- und Löschalgorithmen
verwenden die Rebalancierungsoperationen Rotation und Doppelrotation wie folgt.

Einfügen

Ein neues Element wird zunächst wie beim binären Suchbaum eingefügt. Dann beginnt
man, von dem neu eingefügten Knoten ausgehend, zur Wurzel aufzusteigen. Für jeden
dabei angetroffenen Knoten wird eine der durch die folgenden Regeln festgelegten
Operationen durchgeführt. Diese Regeln hängen von der Balanceeigenschaft des Knotens
vor dem Einfügen des neuen Elementes und von der Richtung, aus der man den Knoten
betritt, ab.

Regel 1:

Hat der Knoten die Balanceeigenschaft "−" und wird er von seinem linken (rechten) Sohn
her betreten, so wird seine Balanceeigenschaft geändert zu "/" ("\"). Ist der Knoten
verschieden von der Wurzel des Baumes, so wird der Aufstieg *fortgesetzt.*

Regel 2:

Hat der Knoten die Balanceeigenschaft "/" ("\") und wird er von seinem rechten
(linken) Sohn her betreten, so wird seine Balanceeigenschaft geändert zu "−", und der
Aufstieg wird *abgebrochen.*

Regel 3:

Hat der Knoten die Balanceeigenschaft "/" ("\") und wird er von seinem linken
(rechten) Sohn her betreten, so wird eine Rotation durchgeführt, wenn auch sein Sohn
von links (rechts) betreten wurde; eine Doppelrotation wird durchgeführt, wenn sein
Sohn von rechts (links) betreten wurde. In beiden Fällen wird der Aufstieg *abgebrochen.*

Da nach einer erfolgten Rotation oder Doppelrotation der Aufstieg abgebrochen wird, ist
nach dem Einfügen eines Elementes höchstens eine dieser beiden Operationen
notwendig. Der im schlimmsten Fall zu leistende Aufwand für die Rebalancierung hängt
nur von der Länge des Weges vom neuen Knoten zur Wurzel des Baumes ab. Somit ist
der für die Einfügeoperation zu leistende Aufwand im schlimmsten Fall $O(\log n)$.

Löschen (eine ausführliche Darstellung findet man in der Literatur)

Ein Element wird zunächst wie beim binären Suchbaum entfernt. Dann beginnt man, von dem schliesslich entfernten Knoten ausgehend, zur Wurzel aufzusteigen. Für jeden dabei angetroffenen Knoten wird wie beim Einfügen eines neuen Elementes eine nach bestimmten Regeln festgelegte Operation durchgeführt. Die Regeln hängen wie oben von der Balanceeigenschaft des Knotens vor dem Entfernen des Elementes und von der Richtung, aus der man den Knoten betritt, ab. Im Gegensatz zu oben wird nach einer erfolgten Rotation oder Doppelrotation der Aufstieg nicht unbedingt abgebrochen, so dass eventuell mehrere dieser Operationen nötig sind. Doch hängt auch hier im schlimmsten Fall der zu leistende Aufwand für die Rebalancierung nur von der Länge des Weges vom entfernten Knoten zur Wurzel des Baumes ab. Somit ist auch der für die Löschoperation zu leistende Aufwand im schlimmsten Fall $O(\log n)$.

3.4.7   Mehrwegbäume

Definition:

Gegeben seien n Elemente $x_1, \ldots, x_n$ aus einem Wertebereich, auf dem eine totale Ordnung "$\leq$" definiert ist. Ein *Mehrwegbaum der Ordnung m* (auch *B-Baum der Ordnung m* genannt) ist ein geordneter Baum mit den folgenden Eigenschaften:

- alle Blätter haben das gleiche Niveau;
- die Wurzel hat k Söhne mit $2 \leq k \leq m$;
- alle anderen internen Knoten haben j Söhne mit $\lceil m/2 \rceil \leq j \leq m$.

Die Blätter sind fiktiv, sie enthalten keine Information. Ein Knoten mit k Söhnen enthält $k-1$ Elemente $x_1 \leq \ldots \leq x_{k-1}$; bezeichnet man die den k Söhnen entsprechenden Teilbäume mit $T_1, \ldots, T_k$, so sind alle Elemente, die in Knoten der Teilbäume $T_1, \ldots, T_i$ gespeichert sind, kleiner als x_i und alle Elemente, die Knoten in den Teilbäumen $T_{i+1}, \ldots, T_k$ zugeordnet sind, sind grösser als x_i.

Die obigen Bedingungen garantieren, dass die Ausgewogenheitsbedingung erfüllt ist; somit ist der für eine Suchoperation zu leistende Aufwand immer $O(\log n)$.

Das Einfügen eines Elementes x beginnt mit einer Suchoperation, mit der man den Knoten K bestimmt, in den x einzufügen ist. K hat nur Blätter als Söhne. Enthält K weniger als $m-1$ Elemente, so beschränkt sich der Vorgang des Einfügens auf K. Ist K bereits voll, so werden die in K gespeicherten Elemente und x gleichmässig auf K und einen neu zu erzeugenden Bruderknoten aufgeteilt, und das mittlere dieser Elemente wird zum Vater von K gebracht. Ist auch der Vater bereits voll, so wiederholt man diesen Teilungsvorgang rekursiv. In extremen Fällen kann sich dieser Teilungsprozess bis zur Wurzel des Baumes fortsetzen. Dies ist die einzige Möglichkeit, bei der die Höhe eines Mehrwegbaumes wachsen kann. Da die Höhe eines Mehrwegbaumes immer $O(\log n)$ ist, ist für die Einfügeoperation die Restrukturierungsbedingung erfüllt.

Beim Löschen eines Elementes x in einem Mehrwegbaum wird zunächst der Knoten bestimmt, in dem x sich befindet. Befindet sich das zu löschende Element x in einem Knoten, der nur Blätter als Söhne hat, so kann x einfach entfernt werden. Befindet sich x dagegen in einem Knoten, der interne Knoten als Söhne hat, und ist x Separator zwischen den beiden ihm zugeordneten Teilbäumen T_l und T_r, so wird x wie im

Falle des AVL-Baumes durch ein Element z ersetzt. z ist entweder das grösste Element in T_l oder das kleinste Element in T_r. Diese beiden Elemente sind in Knoten gespeichert, die nur noch Blätter als Nachfolger haben. Dann prüft man, ob der Knoten, in dem z gespeichert war, noch die obigen Bedingungen erfüllt, das heisst mindestens $\lceil m/2 \rceil - 1$ Elemente enthält. Ist dies nicht der Fall, so kann diese Bedingung entweder durch das Ausleihen eines Elementes von einem Bruderknoten oder durch das Zusammenlegen dieses Knotens mit einem Bruderknoten wiederhergestellt werden. Beim Zusammenlegen des Knotens mit einem Bruderknoten wird auch der Separator aus dem Vaterknoten entfernt und in den neu entstehenden Knoten gebracht, was wiederum einen Unterlauf des Vaterknotens bewirken kann. Wie der Überlauf von Knoten beim Einfügen von Elementen kann dieser Unterlauf sich rekursiv bis zur Wurzel fortsetzen. Dies ist die einzige Möglichkeit, bei der die Höhe eines Mehrwegbaumes abnehmen kann. Da die Höhe eines Mehrwegbaumes immer $O(\log n)$ ist, ist auch für die Löschoperation die Restrukturierungsbedingung erfüllt.

Als Beispiel einer Klasse von Mehrwegbäumen betrachten wir den Spezialfall $m = 3$, genannt "2-3 Bäume": jeder Knoten hat zwei oder drei Söhne. Beginnend mit einem vollgepackten Baum mit zwei Knotenstufen (Zustand 1) fügen wir den Wert I ein. Dieser bringt das rechte Blatt zum Spalten, wobei der Median H in den Vaterknoten hinaufgeschoben wird. Im Beispiel läuft dieser ebenfalls über, und der Median F erzeugt eine neue Wurzel (Zustand 2). Der Wert A kann aus diesem Baum entfernt werden, ohne dass eine Restrukturierung erforderlich wird (Zustand 3). Das Löschen von B bewirkt einen Unterlauf dieses Knotens, der durch das Ausleihen eines Elementes vom Bruderknoten behoben wird (D nimmt die Stelle von C und C die Stelle von B ein) (Zustand 4). Das Löschen von C bewirkt schliesslich ein Zusammenlegen der beiden ursprünglich C und E zugeordneten Knoten und einen Unterlauf des Vaterknotens. Dieser Unterlauf setzt sich zur Wurzel fort und bewirkt eine Reduktion der Höhe des Baumes (Zustand 5).

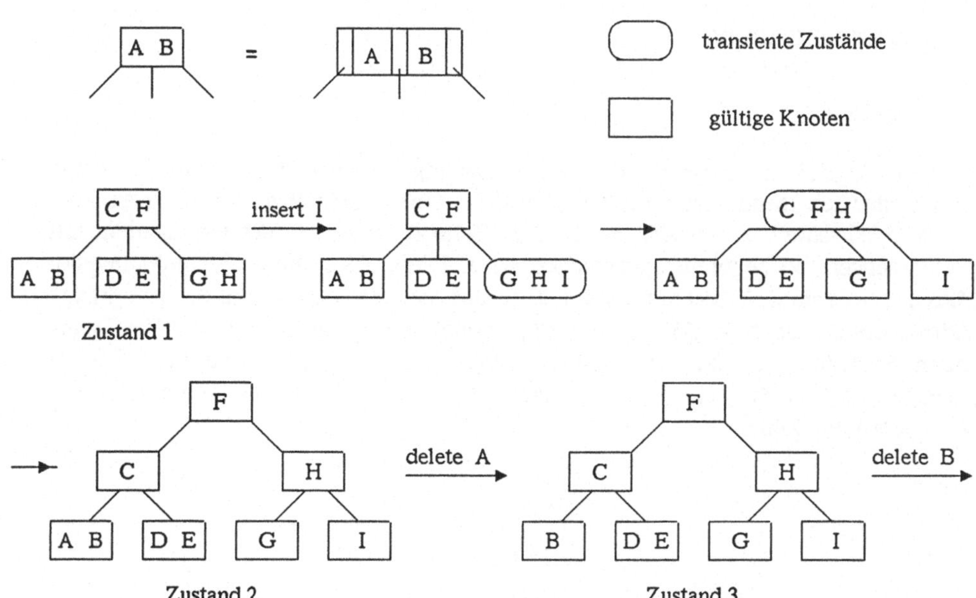

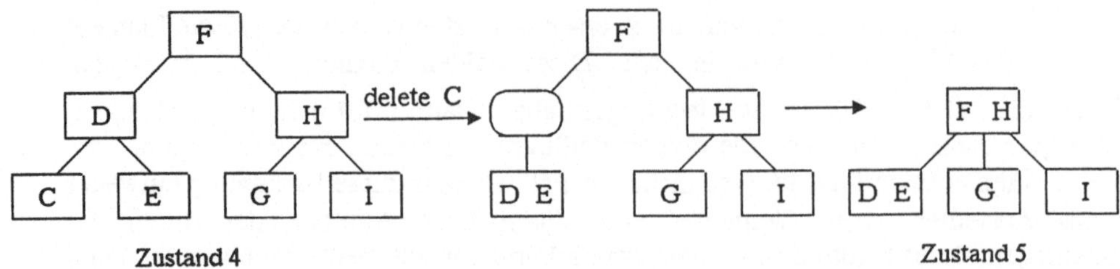

Zustand 4   Zustand 5

AVL-Bäume werden primär zur Speicherung von Daten im Hauptspeicher eines Rechners eingesetzt. Mehrwegbäume dagegen können zur Speicherung von Daten sowohl im Hauptspeicher als auch auf Sekundärspeichermedien, die direkten Zugriff auf einzelne physische Datenblöcke erlauben, verwendet werden. Im letzteren Fall stellt ein Knoten eines Mehrwegbaumes einen physischen Datenblock dar, der mit einem Zugriff gelesen oder geschrieben werden kann. Eine Zugriffsoperation auf den Sekundärspeicher ist sehr viel teurer als eine vergleichbare Zugriffsoperation auf einen Knoten eines Mehrwegbaumes bei der Speicherung von Daten im Hauptspeicher; daher sollte bei der Speicherung von Daten auf Sekundärspeicher die Höhe eines Mehrwegbaumes so gering wie möglich gehalten werden. Je grösser die Ordnung und damit die Anzahl der separierenden Elemente (Schlüssel) in den Knoten eines Mehrwegbaumes sind, desto geringer wird seine Höhe. Da die Knoten physischen Datenblöcken entsprechen und somit eine feste Grösse haben, kann man die maximal mögliche Anzahl von Elementen in den Knoten eines Mehrwegbaumes nur vergrössern, wenn man die Elemente verkleinert. Da die zu speichernden Datensätze meist sehr viel grösser als ihre identifizierenden Schlüssel sind, wird dies zum Beispiel erreicht, indem die internen Knoten des Baumes nur Schlüssel enthalten, während die Datensätze selbst in den bisher als fiktiv betrachteten Blättern des Baumes gespeichert sind. Die internen Knoten des Mehrwegbaumes dienen dann nur noch als Index, der den Weg zu dem Blatt zeigt, das einem vorgegebenen Schlüsselwert entspricht.

3.5   Adressberechnung

3.5.1   Begriffe

Unter dem Begriff *Adressberechnung* (auch hashing, hash coding, scatter storage techniques oder key-to-address transformations) fasst man die Suchverfahren zusammen, die einem *Schlüsselwert* x die *Adresse* a einer Zelle zuordnen, in der ein Element mit dem Schlüsselwert x bevorzugt gespeichert wird. Diese Zuordnung geschieht mit der *Hashfunktion* h vom *Schlüsselwertebereich* X in den *Adressbereich* A, d. h. a = h(x). Der Adressbereich sei A = {0, ... , m-1}, wobei m die Anzahl der zur Verfügung stehenden Speicherzellen ist. Die Speicherzellen selbst werden durch eine Tabelle t[0..m-1] (auch Hashtabelle genannt) dargestellt; t[a] bezeichne die einer Adresse a ∈ A zugeordnete Zelle.

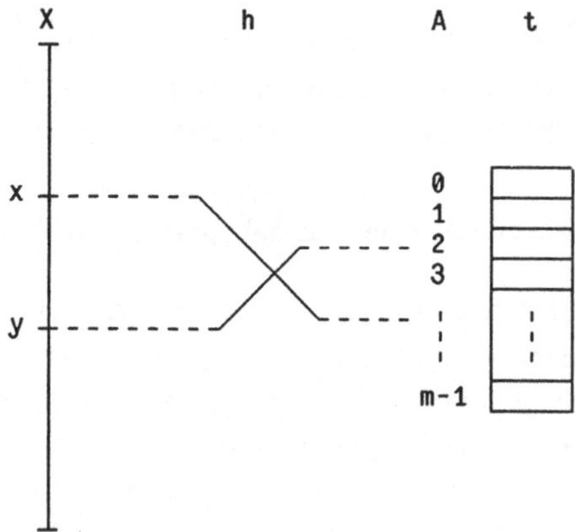

Jede der Zellen habe ein Fassungsvermögen von $b > 0$ Elementen (b steht für *bucket capacity*). Die Anzahl n der zu speichernden Elemente ist somit durch $m * b$ nach oben beschränkt. Bei Speicherung von Elementen auf Sekundärspeicher wird gewöhnlich ein Block (disk block) mit $b > 1$ als Zelle gewählt. Im Zentralspeicher wird oft die Zellengrösse der Elementgrösse angepasst, so dass $b = 1$. Wenn nichts anderes vermerkt wird, beschränken wir uns auf $b = 1$.

Der Schlüsselwertebereich ist normalerweise sehr viel grösser als die Anzahl n der zu speichernden Elemente und die Anzahl m der zur Verfügung stehenden Zellen t[a]. Im Beispiel einer Tabelle zur Speicherung von Namen könnte der Schlüsselwertebereich die Menge der Zeichenreihen der Länge 10 über dem Alphabet {"a", "b", "c", ... , "z"} sein, mit der Mächtigkeit 26^{10}. Die Funktion h, die den Schlüsselwertebereich auf den Adressbereich abbildet, muss daher im allgemeinen verschiedenen Schlüsselwerten gleiche Adressen zuordnen, d. h. sie ist nicht injektiv. Dies kann zu *Kollisionen* führen, wenn mehr als b Elemente in der gleichen Zelle gespeichert werden sollen. Zur Auflösung solcher Kollisionen gibt es verschiedene Verfahren. Nach Auflösung einer Kollision braucht ein Element sich jedoch nicht an der seinem Schlüsselwert entsprechenden Adresse befinden.

Allgemeine Adressberechnungsverfahren ermöglichen die Durchführung der für den abstrakten Datentyp *dictionary* definierten Operationen insert, delete und member mit einem durchschnittlichen Zeitaufwand, der nicht direkt von der Anzahl n der gespeicherten Elemente abhängt, sondern vom *Belegungsfaktor* $\lambda = n/(m*b)$.

Bevor wir den ganzen Problemkreis der Hashtabellen betrachten, illustrieren wir diese Begriffe an zwei einfachen Spezialfällen, welche Idealfälle verkörpern, die im allgemeinen nicht erreichbar sind.

3.5.2   Spezialfall: kleiner Schlüsselwertebereich

Ist die Anzahl der möglichen Schlüsselwerte kleiner oder gleich der Anzahl der zur Verfügung stehenden Speicherzellen, so kann X eineindeutig durch h auf A abgebildet werden. Das Problem der Kollisionen stellt sich also nicht.

Beispiel:

$X = \{$"a","b", ... ,"z"$\}$, $A = \{0, ... ,25\}$, $h(x) = \text{ord}(x) - \text{ord}(\text{"a"})$,

d. h.: $h("a") = 0$; $h("b") = 1$; $h("c") = 2$; ... ; $h("z") = 25$.

Wegen der Eineindeutigkeit muss ein Schlüsselwert nicht explizit gespeichert werden, sondern kann durch 1 Bit (vorhanden / nicht vorhanden) angezeigt werden.

3.5.3   Spezialfall: a priori bekannter Tabelleninhalt, perfekte Hashfunktion

Sind die zu speichernden Elemente und ihre Schlüsselwerte x_1, x_2, ... , x_n *a priori* bekannt, d. h. vor Wahl einer Hashfunktion h, so lässt sich gewöhnlich ein leicht zu berechnendes h finden, das jedem x_i eine verschiedene Adresse zuordnet. Für diesen Tabelleninhalt treten keine Kollisionen auf. Somit ist in diesem Fall nicht der Schlüsselwertebereich an sich von Bedeutung, sondern nur die Menge der wirklich vorkommenden Schlüsselwerte. Vereinfacht wird das Auffinden einer *perfekten Hashfunktion* h, wenn die Anzahl der zur Verfügung stehenden Speicherzellen grösser ist als die Anzahl der zu speichernden Elemente.

Beispiel:

Die zu speichernden Elemente haben die Schlüsselwerte 17, 20, 26, 46, 61. Ihre Darstellung im Binärsystem sieht wie folgt aus:

17	010001
20	010100
26	011010
46	101110
61	111101

Eine Betrachtung der Binärdarstellungen der Schlüsselwerte ergibt, dass die Schlüsselwerte durch drei aufeinanderfolgende Bits eindeutig identifiziert werden, z. B. durch die Bits, die in der Binärdarstellung ganzer Zahlen die Gewichte 2, 4, und 8 darstellen. Die Funktion $h(x) = (x \ \text{div} \ 2) \ \text{mod} \ 8$ extrahiert diese drei Bits. Stellt man acht Speicherzellen zur Verfügung, d. h. $A = \{0, 1, ... , 7\}$, so wird jedem der vorkommenden Schlüsselwerte seine eigene Adresse zugeordnet; somit ist h eine perfekte Hashfunktion für X:

X	h	A
17	$\rightarrow$	0
20	$\rightarrow$	2
26	$\rightarrow$	5
46	$\rightarrow$	7
61	$\rightarrow$	6

3.5.4   Der Normalfall der Hashtabelle

Im Gegensatz zu den obigen Spezialfällen trifft man in den meisten Anwendungen von Adressberechnung auf weniger günstige Voraussetzungen. Häufig ist der zu Grunde liegende Schlüsselwertebereich sehr viel grösser als der zur Verfügung stehende Adressbereich, und man hat nur wenig Information über die zu speichernden Elemente. A priori kann zum Beispiel eine obere Schranke für die Anzahl n der zu speichernden Elemente gegeben sein, bestimmte Schlüsselwerte können weniger wahrscheinlich sein als andere Schlüsselwerte, oder Schlüsselwerte mit bestimmten Eigenschaften können gehäuft auftreten. Auf Grund solcher Informationen bestimmt man dann die Länge m

der Hashtabelle und entwirft eine Hashfunktion h, die den Schlüsselwertebereich X in den Adressbereich $A = \{0, \dots, m-1\}$ abbildet.

Zusätzlich braucht man jedoch noch Methoden zur Behandlung von Kollisionen. Im folgenden werden drei Verfahren zur Auflösung von Kollisionen vorgestellt.

Bei der Auflösung von Kollisionen durch *Überlaufketten* (separate chaining) wird jeder Adresse $a \in A$ eine Liste zugeordnet, die alle Elemente enthält, deren Schlüsselwerte durch die Hashfunktion h auf die gleiche Adresse a abgebildet werden. Die der Adresse a entsprechende Zelle in der Hashtabelle t enthält einen Zeiger auf das erste Listenelement. Hat dieser Zeiger den Wert NIL, so ist die entsprechende Liste leer.

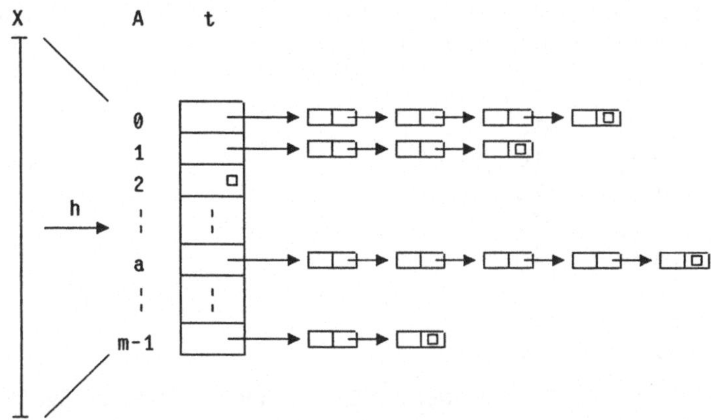

Einfüge-, Such- und Löschoperationen sind einfach durchzuführen. Sie können noch beschleunigt werden, indem die Elemente innerhalb der einzelnen Listen nach ihrem Schlüsselwert sortiert werden. Kollisionen können nicht auftreten, und die Anzahl m der zur Verfügung stehenden Zellen ist unabhängig von der Anzahl n der zu speichernden Elemente, das heisst ein Überlauf der Hashtabelle selbst kann nicht auftreten. Nachteil dieser Strategie ist jedoch, dass sie kein reines Adressberechnungsverfahren ist, da sie neben der Hashtabelle mit ihrem direkten Zugriff noch die Datenstruktur *dynamische Liste* mit den ihr eigenen Zugriffsmethoden verwendet. Ausserdem wird zusätzlicher Speicherplatz für die Zeiger benötigt, die die einzelnen Listenelemente miteinander verketten. Die Länge m der Hashtabelle hat einen starken Einfluss auf die Länge der einzelnen Listen und somit auf die Effizienz der auf den Listen durchzuführenden Operationen. Ist m klein, so werden die einzelnen Listen lang, und der Aufwand zum Durchsuchen der Listen steigt, während bei grossem m viele Listen leer sind und somit viele Zellen der Hashtabelle t nutzlos verschwendet werden. Dies führt zu der Idee, die einzelnen Listen in der Hashtabelle miteinander zu verschmelzen.

Bei der Auflösung von Kollisionen durch *verschmolzene Ketten* (coalesced chaining) kann jede Zelle $t[a]$ neben einem Element noch einen Zeiger auf eine andere Zelle enthalten, so dass bestimmte Zellen durch diese Zeiger miteinander zu Listen verbunden werden können. Diese Zeiger sind in der leeren Hashtabelle alle auf NIL gesetzt. Jede Zelle ist immer in einem der beiden Zustände $empty$ oder $occupied$; der Zustand wird durch ein besonderes Bit oder das gespeicherte Element angezeigt, wobei man im letzteren Fall dem Zustand $empty$ ein besonderes Element zuordnet. Soll ein Element mit dem Schlüsselwert x eingefügt werden, so sind zwei Fälle zu unterscheiden. Ist die

Zelle `t[h(x)]` leer, so wird das Element in diese Zelle eingefügt, der dieser Zelle zugeordnete Zeiger behält den Wert `NIL`. Ist die Zelle `t[h(x)]` dagegen besetzt, so durchsucht man die in `t[h(x)]` beginnende Liste, bis man das Element findet oder an die letzte Zelle `t[e]` der Liste gelangt. Verweist der einer Zelle `t[a]` zugeordnete Zeiger auf eine Zelle `t[b]`, so bedeutet dies, dass man den Nachfolger des in `t[a]` gespeicherten Listenelementes in `t[b]` findet. Findet man das Element nicht, so kann es in die Hashtabelle eingefügt werden. Dazu sucht man in der Hashtabelle eine leere Zelle `t[i]`. In diese wird dann das neue Element eingefügt, der Zeiger dieser Zelle behält den Wert `NIL`, während der Zeiger der Zelle `t[e]` den Wert `i` erhält. Findet man dagegen keine leere Zelle, so ist die Hashtabelle voll. Das Auffinden einer leeren Zelle kann auf verschiedene Arten geschehen; zum Beispiel kann man die Hashtabelle von einem der beiden Enden her sequentiell durchsuchen. Betrachten wir als Beispiel den Tabelleninhalt $\{8,10,13,23,30\}$ mit der Hashfunktion `h(x) = x mod 8`.

A	t	Zeiger
0	8	NIL
1	empty	NIL
2	10	NIL
3	empty	NIL
4	empty	NIL
5	13	NIL
6	30	NIL
7	23	NIL

Werden noch Elemente mit den Schlüsselwerten 22, 6 und 21 hinzugefügt, so ergibt sich folgende Tabelle:

A	t	Zeiger
0	8	NIL
1	22	3
2	10	NIL
3	6	NIL
4	21	NIL
5	13	4
6	30	1
7	23	NIL

Das Löschen ist kompliziert. Um ein Element `x` aus der Hashtabelle zu entfernen, sucht man es zunächst. Wird es in der Zelle `t[a]` gefunden, so ersetzt man es - falls möglich - durch ein nachfolgendes Element aus der bei `t[a]` beginnenden Liste. Dazu geht man sequentiell durch diese Liste, berechnet für jedes gefundene Element `y` in seiner Zelle `t[b]` seine Hashadresse `h(y)` und durchsucht die dieser Hashadresse zugeordnete Liste, bis man `y` findet. Durchläuft man dabei die Zelle `t[a]`, so kann `y` aus seiner ursprünglichen Zelle `t[b]` entfernt und in `t[a]` eingefügt werden; der `t[a]` zugeordnete Zeiger bleibt dabei zunächst unverändert. Jetzt wiederholt man denselben Prozess für die Zelle `t[b]`. Wird kein solches Element `y` gefunden, so darf man den Zustand von `t[a]` auf `empty` sowie den `t[a]` und einem eventuellen Vorgänger von `t[a]` zugeordneten Zeiger auf `NIL` setzen. Wird zum Beispiel aus der obigen Hashtabelle das Element mit dem Schlüsselwert 22 wieder entfernt, so ergibt sich folgende Tabelle:

```
A    t        Zeiger
0    8        NIL
1    6        NIL
2    10       NIL
3    empty    NIL
4    21       NIL
5    13       4
6    30       1
7    23       NIL
```

Bei der Auflösung von Kollisionen durch *offene Adressierung* (open addressing) verzichtet man ganz auf explizite Zeiger, indem man jedem Schlüsselwert x einen *Sondierungspfad* (probe sequence) von Adressen $\alpha_0 = h(x)$, α_1, α_2, ... zuweist. Falls x in der Tabelle vorkommt, dann ist es in einer Zelle auf diesem Pfad gespeichert, und alle vorhergehenden Zellen sind besetzt. x wird gesucht, indem die Zellen entlang des Pfades *sondiert* werden, bis x angetroffen wird oder man auf eine leere Zelle stösst. Die Tabelle wird immer mindestens eine leere Zelle enthalten; jeder Sondierungspfad enthält somit eine leere Zelle, durch die erfolgloses Suchen abgebrochen wird. Aus Effizienzgründen sollte jeder Sondierungspfad die ganze Tabelle erfassen.

Beispiel (*lineares Sondieren,* linear probing): $\alpha_0 = h(x)$, $\alpha_{i+1} = (\alpha_i + 1) \; \mathrm{MOD} \; m$.

Es tritt der unangenehme Effekt der *sekundären Häufung* auf. *Primäre Häufung* liegt vor, wenn in einer Hashtabelle viele Elemente mit derselben Hashadresse $\alpha_0 = h(x)$ gespeichert werden sollen. Sekundäre Häufung tritt auf, wenn viele Elemente (fast) denselben Sondierungspfad haben. Tritt primäre Häufung auf, so werden durch das lineare Sondieren viele aufeinanderfolgende Zellen mit Elementen belegt, und alle Elemente, deren Schlüsselwerte durch h auf eine dieser Zellen abgebildet werden, erzeugen einen Pfad, der alle diese besetzten Zellen umfasst. Dies bedingt lange Sondierungspfade und somit einen stark erhöhten Aufwand beim Suchen von Elementen.

Beispiel (*double hashing*): $\alpha_0 = h(x)$, $\delta = g(x)$, $\alpha_{i+1} = (\alpha_i + \delta) \; \mathrm{MOD} \; m$

g(x) ist eine weitere Hashfunktion, die den Schlüsselwertebereich X in die Menge $\{1,2, ... , m-1\}$ abbildet. Damit beim double hashing jeder Sondierungspfad alle Zellen der Hashtabelle erfasst, muss man voraussetzen, dass δ und m relativ prim zueinander sind; das ist trivialerweise der Fall, wenn m eine Primzahl ist. Die folgende Implementation einer Hashtabelle ist auf Effizienz zugeschnitten. Die Funktionen find und insert geben die letzte benutzte Adresse im Sondierungspfad zurück, damit das aufrufende Programm dort eingreifen kann. Auf dem Schlüsselwertebereich X vom Typ key seien die Vergleichsoperatoren definiert. Weiterhin nehmen wir an, dass X einen besonderen Wert empty enthält, der kein zu speicherndes Element bezeichnet (z. B. eine Kette von Leerzeichen in einer Bezeichnertabelle).

```
CONST m = ...; (* Länge der Hashtabelle; m muss eine Primzahl sein *)
TYPE key  = ...;
     adr  = [0 .. m - 1];
     step = [1 .. m - 1];
VAR t: ARRAY adr OF key;
    n: adr; (* Anzahl der in der Hashtabelle gespeicherten Elemente *)
```

```
PROCEDURE h(x: key): adr; (* Hashfunktion "home address" *)
...
END h;
PROCEDURE g(x: key): step; (* Hashfunktion "step" *)
...
END g;
PROCEDURE init;
VAR a: adr;
BEGIN
  n := 0;
  FOR a := 0 TO m - 1 DO  t[a] := empty;  END;
END init;
PROCEDURE find(x: key): adr;
VAR a: adr;
    d: step;
BEGIN
  a := h(x);  d := g(x);
  WHILE (t[a] <> x) AND (t[a] <> empty) DO  a := (a + d) MOD m;   END;
  RETURN a;
END find;
PROCEDURE insert(x: key): adr;
VAR a: adr;
    d: step;
BEGIN
  a := h(x);  d := g(x);
  WHILE t[a] <> empty DO
    IF t[a] = x THEN  RETURN a;  END;
    a := (a + d) MOD m;
  END;
  IF n = m - 1 THEN
    (* Fehlermeldung: Tabelle ist voll *)
  ELSE
    INC(n);  t[a] := x;
  END;
  RETURN a;
END insert;
```

Das Löschen von Elementen ist bei der offenen Adressierung ebenfalls problematisch. Sei α_i eine Adresse, die auf dem Sondierungspfad eines in der Hashtabelle gespeicherten Elementes x vorkommt. Wird nach dem Löschen des sich in $t[\alpha_i]$ befindlichen Elementes das Element x gesucht, so wird dieses nicht mehr gefunden, da sein Sondierungspfad jetzt bei der Adresse α_i abbricht. Dieses Problem kann umgangen werden, indem man den beiden Zuständen *empty* und *occupied*, in denen sich eine Zelle befinden kann, noch einen dritten Zustand *deleted* hinzufügt. Alle Zellen befinden sich zu Beginn im Zustand *empty*. Das folgende Diagramm legt die Zustandsübergänge einer Zelle bei den Operationen Einfügen und Löschen fest.

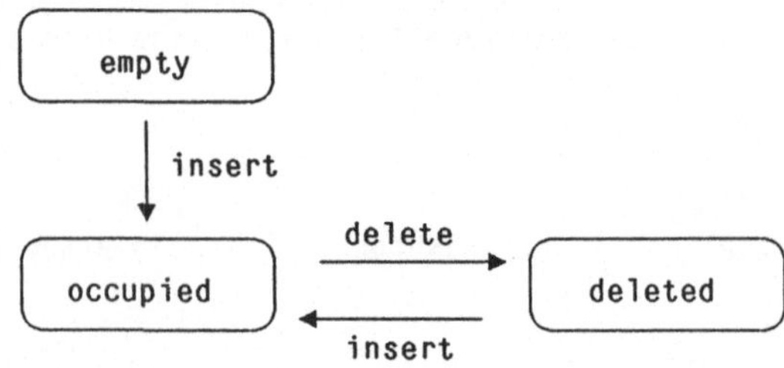

Ein Sondierungspfad wird nur abgebrochen, wenn man bei der Sondierung auf eine Zelle trifft, die sich im Zustand *empty* befindet. Diese Lösung hat den Nachteil, dass sich nach vielen Einfüge- und Löschoperationen kaum noch Zellen im Zustand *empty* befinden und somit lange Sondierungspfade erzeugt werden. In diesem Fall sollte eine Reorganisation der Hashtabelle vorgenommen werden.

Die Implementation einer Hashtabelle mit offener Adressierung und Löschen folgt. Die zu speichernden Elemente seien Datensätze, die ein Zustandsfeld `state` enthalten. Die Funktion `find` durchsucht die Hashtabelle `t` nach dem Element `x` und gibt die Adresse zurück, an der die Suche abgebrochen wird. Die Suche wird abgebrochen, wenn `x` gefunden oder eine Zelle im Zustand *empty* angetroffen wird.

```modula
(* m, key, adr, step, h, g sind wie oben deklariert *)
TYPE state = (empty, occupied, deleted);
     hashtableentry = RECORD
                        x: key;
                        s: state;
                      END;
VAR t: ARRAY adr OF hashtableentry;
    n: adr; (* Anzahl der in der Hashtabelle gespeicherten Elemente *)
PROCEDURE init;
VAR a: adr;
BEGIN
  n := 0;
  FOR a := 0 TO m - 1 DO  t[a].s := empty;  END;
END init;
PROCEDURE find(x: key): adr;
VAR a: adr;
    d: step;
BEGIN
  a := h(x);  d := g(x);
  WHILE (t[a].s <> empty) AND ((t[a].s <> occupied) OR (t[a].x <> x)) DO
    a := (a + d) MOD m;
  END;
  RETURN a;
END find;
PROCEDURE insert(x: key): adr;
VAR a: adr;
BEGIN
  a := find(x);
  IF t[a].s <> occupied THEN
    IF n = m - 1 THEN
      (* Fehlermeldung: Tabelle ist voll *)
    ELSE
      t[a].x := x;  t[a].s := occupied;  INC(n);
    END;
  END;
  RETURN a;
END insert;
PROCEDURE delete(x: key);
VAR a: adr;
BEGIN
  a := find(x);
  IF t[a].s = occupied THEN
    t[a].s := deleted;  DEC(n);
  END;
END delete;
```

Tritt bei einer Hashtabelle ein Überlauf auf, das heisst es sollen mehr als m-1 Elemente in der Hashtabelle gespeichert werden, so bleibt als einziger Ausweg meist nur eine Reorgansiation der Hashtabelle, indem man eine neue Hashtabelle mit grösserer Kapazität und einer anderen Hashfunktion h aufbaut.

3.5.5   Hashfunktionen und Randomisierung

Die Güte einer Hashfunktion h zeigt sich meist erst in der praktischen Anwendung, da theoretische Analysen im allgemeinen auf zu stark vereinfachenden Annahmen über die Menge der zu speichernden Elemente beruhen; zum Beispiel trifft die Annahme, dass die Schlüssel der zu speichernden Elemente gleichverteilt sind, in vielen Anwendungen nicht zu. Es lassen sich jedoch einige Hinweise geben, die man beim Entwurf einer Hashfunktion beachten sollte.

Eine Hashfunktion sollte schnell berechenbar sein. Sie sollte eine unbekannte Verteilung über dem Schlüsselwertebereich X in eine gleichförmige Verteilung über dem Adressbereich A abbilden. Oft bestehen Abhängigkeiten zwischen den Schlüsselwerten von zu speichernden Elementen; sind die Schlüsselwerte Zeichenreihen, so kommt es zum Beispiel häufig vor, dass die Schlüsselwerte vieler Elemente in den ersten Buchstaben übereinstimmen (Part1, Part2, Part3 oder K1, K2, K3, K4). Daher sollte die Hashfunktion h *randomisieren*, das heisst zwischen den Schlüsselwerten bestehende Regelmässigkeiten aufbrechen (hashing = zerhacken). Dies erreicht man, wenn in die Berechnung der Hashadresse der ganze Schlüsselwert einbezogen wird. Die binäre Darstellung eines Schlüsselwertes bestehe aus s Bits, die binäre Darstellung einer Adresse bestehe aus t Bits. Dann sollte jedes der t Bits einer Adresse von allen s Bits des Schlüsselwertes abhängen. Eine Klasse von Hashfunktionen, die diese Bedingung erfüllt, wird gebildet durch Funktionen der Form h(x) = x mod m, wobei der Schlüsselwert x als ganze Zahl interpretiert wird und m eine Primzahl ist. Wird eine Hashfunktion zur Speicherung von Elementen auf Sekundärspeichermedien verwendet, so sollte man bei einer Abwägung zwischen der Güte einer Hashfunktion und dem zu leistenden Aufwand bei ihrer Berechnung sich zu Gunsten der Güte entscheiden, da beim Suchen nach Elementen die Einsparung von Zugriffen auf den Sekundärspeicher sehr viel mehr Zeit einspart, als eine eventuell aufwendigere Berechnung der Hashadressen kostet.

3.5.6   Performanzanalyse

Die folgende Analyse der *offenen Adressierung* mit *double hashing* (ohne Löschen) nimmt an, dass *jede Adresse* α_i, *die auftritt, unabhängig von allen anderen vorkommenden Adressen aus einer Gleichverteilung über* A *gewählt wird.*

Unter diesen Annahmen kann man zeigen, dass der für die Suchoperationen in einer Hashtabelle mit dem Belegungsfaktor λ zu leistende Aufwand im Mittel $O(1)$, das heisst konstant, ist. Sei $U(\lambda)$ die durchschnittliche Anzahl von Zellen, die bei einer erfolglosen Suche nach einem Element sondiert werden und $S(\lambda)$ die entsprechende Anzahl bei einer erfolgreichen Suche. p_i bezeichne die Wahrscheinlichkeit, dass bei einer erfolglosen Suche genau i Zellen untersucht werden. q_i bezeichne die Wahrscheinlichkeit, dass bei einer erfolglosen Suche mindestens i Zellen untersucht werden, was der Fall ist, wenn wenigstens die ersten i - 1 untersuchten Zellen besetzt sind. Auf Grund der obigen Annahmen ist $q_i = \lambda^{i-1}$. Dann gilt:

$$U(\lambda) = \sum_{i=1}^{m} i * p_i = \sum_{i=1}^{m} \sum_{j=i}^{m} p_j = \sum_{i=1}^{m} q_i = \sum_{i=1}^{m} \lambda^{i-1} \approx (1 - \lambda)^{-1}$$

Die Anzahl der zu sondierenden Zellen bei einer erfolgreichen Suche nach einem Element ist gleich der Anzahl der zu sondierenden Zellen bei der erfolglosen Suche nach demselben Element, bevor dieses in die Hashtabelle eingefügt wird. Die durchschnittliche Anzahl untersuchter Zellen bei der Suche nach dem Element, das als i-tes in die Hashtabelle eingefügt wurde, beträgt somit $U((i-1)/m)$. $S(\lambda)$ errechnet sich jetzt als Mittelwert über $U(\mu)$, wobei μ von 0 bis λ in diskreten Schritten wächst. Eine gute Näherung von $S(\lambda)$ ergibt sich, wenn man μ stetig von 0 bis λ wachsen lässt:

$$S(\lambda) \approx \lambda^{-1} \int_0^{\lambda} U(\mu)\, d\mu = \lambda^{-1} \int_0^{\lambda} (1 - \mu)^{-1} \, d\mu = -\lambda^{-1} * \ln(1 - \lambda)$$

Die folgende Tabelle legt nahe, dass der Belegungsfaktor λ zwischen 0.5 und 0.9 liegen sollte, d. h. man sollte die Anzahl n der zu speichernden Elemente innerhalb eines Faktors 2 kennen. Liegt der Belegungsfaktor ausserhalb dieses Bereiches, so sollte man eine Reorganisation der Hashtabelle vornehmen (rehashing).

λ	0.25	0.5	0.75	0.9	0.95	0.99
$U(\lambda)$	1.3	2.0	4.0	10.0	20.0	100.0
$S(\lambda)$	1.2	1.4	1.8	2.6	3.2	4.7

3.5.7 Ausdehnbare Formen von Hashing

Im Gegensatz zu den gewöhnlichen Hashverfahren können *ausdehnbare Hashverfahren* den Adressbereich, in den die Hashfunktion die Schlüssel abbildet, dynamisch durch Änderung der Hashfunktion erweitern oder verkleinern. Die Hashfunktion wird dabei so abgeändert, dass nach einer dynamischen Erweiterung nur wenige Elemente in einer neuen Zelle abgespeichert werden müssen, d. h. die meisten Adressen bleiben nach dieser Erweiterung erhalten. Bei diesen Verfahren besteht also keine Notwendigkeit, die Grösse des Adressbereiches a priori zu bestimmen. Weiterhin haben diese Verfahren den Vorteil, dass sie das Löschen von Elementen ohne Abnahme ihrer Leistungsfähigkeit unterstützen. Die allen diesen Verfahren zu Grunde liegende Idee ist es, die Schlüssel in einen sehr grossen Adressbereich abzubilden, von dem jedoch zu jedem Zeitpunkt nur ein Teil aktiv ist.

Die existierenden ausdehnbaren Hashverfahren unterscheiden sich in der Art und Weise, wie sie von einem grossen "virtuellen Adressbereich" jeweils einen kleineren "aktiven Adressbereich" variabler Grösse darstellen und verwalten. Im folgenden wird das Verfahren des *extendible hashing* beschrieben, das sich besonders gut zur Speicherung von Daten auf Sekundärspeichermedien eignet; in diesem Fall verweisen die Adressen auf physikalische Sekundärspeicherblöcke, in denen mehrere Elemente gespeichert werden. Die Adressen seien Bitstrings einer maximalen Länge k, wovon aber zu jedem Zeitpunkt nur ein Präfix von d Bits verwendet wird. Stellt man alle Bitstrings der Länge k durch einen sogenannten *Radixbaum (radix tree)* der Höhe k dar, so erhält man den aktiven Teil der Bitstrings, indem man vom Baum nur die obersten d Stufen verwendet, ihn also auf der Tiefe d abschneidet (wir messen die Höhe eines Baumes durch die maximale Anzahl der Stufen zwischen der Wurzel und einem Blatt, siehe Anhang 4.7). Das folgende Beispiel zeigt d = 3:

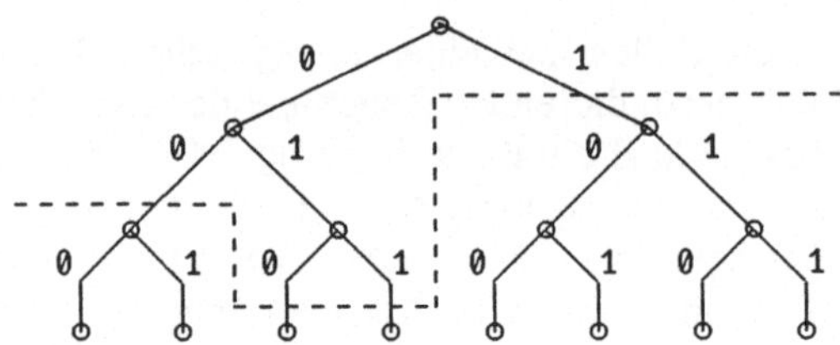

Der obige Radixbaum (ohne die abgetrennten Knoten) beschreibt einen aktiven Adressbereich mit Adressen 00, 010, 011, 1, die wir als Bitstrings oder als binäre Zahlen auffassen. An jedem aktiven Knoten mit Adresse s ist ein Datenbehälter (bucket) Bs mit einer Speicherkapazität von b Datensätzen angehängt. Soll ein neues Element in einen vollen Datenblock Bs eingefügt werden, so wird Bs gespalten: Anstelle von Bs finden wir zwei "Zwillings"-Datenblöcke Bs0 und Bs1, deren Adressen um ein Bit länger sind als die Adresse von Bs, und die Daten von Bs werden gemäss diesem Bit auf die Zwillingsblöcke Bs0 und Bs1 verteilt. Der neue Radixbaum muss nun statt auf den einen Datenblock Bs auf die zwei Datenblöcke Bs0 und Bs1 verweisen, d. h. der aktive Adressbereich muss lokal erweitert werden (durch Verschieben der gestrichelten Grenze im obigen Bild). Läuft in obigem Beispiel der Block mit Adresse 00 über, so entstehen an seiner Stelle zwei Zwillingsblöcke mit Adressen 000 und 001, die von den entsprechenden Knoten im Baum aus adressiert werden. Falls der überlaufende Block Bs auf der Tiefe d lag, auf der der Baum abgeschnitten ist, so muss d um 1 inkrementiert werden, wodurch der ganze Radixbaum um eine Stufe wächst.

Der abgeschnittenen Radixbaum wird beim extendible hashing durch ein als Array dargestelltes Verzeichnis implementiert. Sei d (Tiefe) die maximale Anzahl Bits, die in einem der vorkommenden Bitstrings zur Bildung der Adresse aktiv sind; in obigem Beispiel ist d = 3. Dann hat das Verzeichnis die Länge 2^d. Jeder Eintrag in diesem Verzeichnis entspricht einer Adresse und verweist auf einen physischen Datenblock, der alle die Elemente enthält, denen h diese Adresse zuordnet. Verschiedene Einträge dürfen auf denselben Datenblock verweisen. Das Verzeichnis für den obigen Radixbaum sieht wie folgt aus:

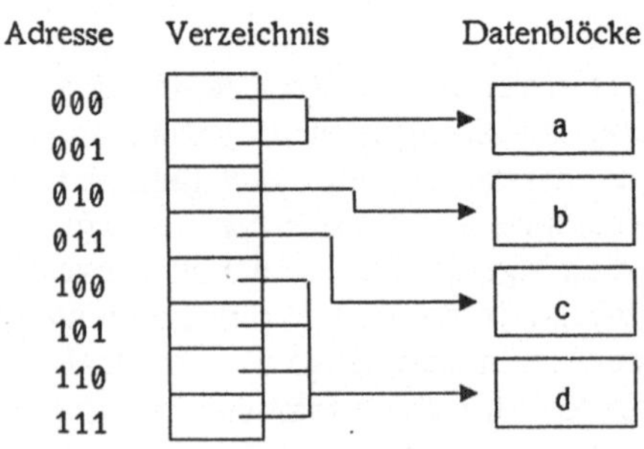

Läuft in obigem Beispiel der Block auf Tiefe 3 mit Adresse 010 über, auf den nur ein Zeiger verweist, so wird wie folgt reorganisiert:

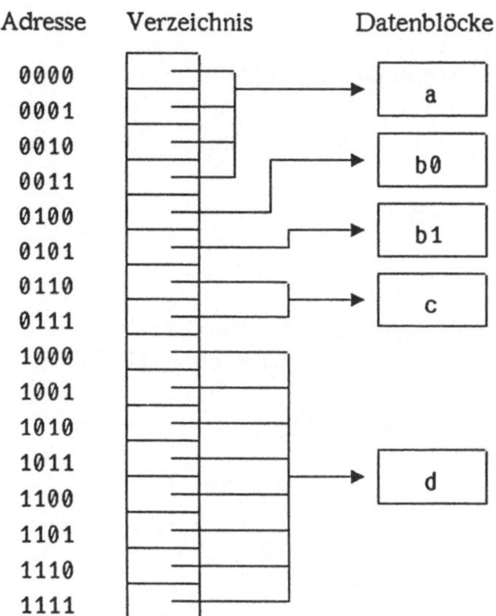

Wenn zwei Zwillingsblöcke zusammen weniger als b Werte enthalten, können sie zu einem einzigen Block verschmolzen werden, was zu einer Halbierung des Verzeichnisses führen kann. Die folgende Implementation einer ausdehnbaren Hashtabelle verwaltet Datenbehälter oder buckets, die b Schlüsselwerte (ohne zugeordnete Daten) und einen Zähler bcount enthalten. Sie eignet sich nur für eine *wachsende* Datei, da das unten beschriebene Löschen zu leeren Datenbehältern führen kann. Das Verschmelzen zweier schwachbesetzter Zwillingsbuckets zu einem einzigen und die Rückgabe leerer buckets an die Speicherverwaltung könnte durch Prozeduren merge und halve realisiert werden, die zu den unten beschriebenen split und double invers sind. Der häufige Normalfall (beim Einfügen hat es Platz, beim Löschen bleibt die Belegung des buckets oberhalb einer Verschmelzungsschwelle) ist einfach; die seltene Spaltung und Verschmelzung von Datenbehältern und die noch seltenere Verdoppelung und Halbierung des Verzeichnisses sind komplizierter.

```
CONST d2max = 1024; (* maximale Länge des Verzeichnisses = 2^maximale Tiefe *)
      b     = .. ; (* maximale Anzahl Elemente in einem Datenbehälter *)
TYPE key    = .. ;
    nodeid = RECORD
                r : CARDINAL; (* r: [0..m2 - 1], Knotenadresse als Binärzahl *)
                m2: CARDINAL; (* m: Niveau im Baum; m2 = 2^m *)
             END;
    bucket = RECORD
                id: nodeid; (* definiert das Gebiet eines Datenbehälters *)
                bcount: CARDINAL; (* Anzahl Elemente im Datenbehälter *)
                bdata : ARRAY[1 .. b] OF key; (* Speicher für Elemente *)
             END;
    bptr   = POINTER TO bucket;
    adr    = RECORD
                p: bptr; (* Zeiger auf Datenbehälter *)
                i: CARDINAL; (* Index in Datenbehälter; i = 0: erfolglos *)
             END;
```

```
VAR dir: ARRAY[0 .. d2max-1] OF bptr;
    d2:   CARDINAL; (* Länge des Verzeichnisses = 2^d = 2^Tiefe *)
PROCEDURE initxhash;
BEGIN
  d2 := 1; (* Verzeichnis mit 1 Eintrag *)
  NEW(dir[0]); (* Alloziert 1 Datenbehälter *)
  WITH dir[0]↑ DO
    id.r := 0; id.m2:= 1; (* Knotenadresse der Wurzel auf Niveau 0, m2 = 2^0 *)
    bcount := 0; (* leer *)
  END;
END initxhash;
PROCEDURE h(x: key): CARDINAL;
BEGIN
  RETURN ..; (* extrahiere die d signifikantesten Bits der Hashadresse,
              interpretiert als ganze Zahl im Bereich [0..d2-1] *)
END h;
PROCEDURE find(x: key; VAR a: adr): BOOLEAN;
(* a.p: Zeiger auf Datenbehälter;
   a.i: Index im Datenbehälter, 0 falls erfolglos *)
VAR j: CARDINAL;
BEGIN
  a.p := dir[h(x)];
  WITH a.p↑ DO
    FOR j := 1 TO bcount DO
      IF x = bdata[j] THEN  a.i := j;  RETURN TRUE;  END;
    END;
  END;
  a.i := 0;  RETURN FALSE;
END find;
PROCEDURE delete(x: key): BOOLEAN;
VAR a: adr; (* a.p: Zeiger auf Datenbehälter; a.i: Index im Datenbehälter *)
BEGIN
  IF find(x, a) THEN
    WITH a.p↑ DO
      bdata[a.i] := bdata[bcount]; (* Lücke ausfüllen *)
      DEC(bcount);  RETURN TRUE;
    END;
  ELSE
    RETURN FALSE; (* erfolgloses Löschen *)
  END;
END delete;
PROCEDURE double(): BOOLEAN;
VAR j : CARDINAL;
BEGIN
  IF d2 = d2max THEN
    RETURN FALSE; (* Verdoppelung unmöglich *)
  ELSE
    FOR j := d2-1 TO 0 BY -1 DO
      dir[2 * j] := dir[j];  dir[2 * j + 1] := dir[j];
    END;
    d2 := 2 * d2;  RETURN TRUE;
  END;
END double;
```

```
PROCEDURE split(p: bptr): BOOLEAN;
(* spalte Behälter p↑; verdopple Verzeichnis falls notwendig
   Resultat TRUE: gespaltet; FALSE: Verdoppelung unmöglich *)
VAR q: bptr;
    x: key;
    j, l, son: CARDINAL; (* l: Zahl der Einträge, die auf 1 Behälter zeigen *)
BEGIN
  IF p↑.id.m2 = d2 THEN (* verdopple falls Blatt *)
    IF NOT double() THEN  RETURN FALSE;  END;
  END;
  FOR son := 0 TO 1 DO (* 2 leere Behälter als Kinder von p↑ *)
    NEW(q);  q↑.bcount := 0;
    WITH q↑.id DO
      r := 2 * p↑.id.r + son;  m2 := 2 * p↑.id.m2;  l := d2 DIV m2;
      FOR j := r * l TO (r + 1) * l -1 DO
        dir[j] := q; (* Verzeichnis nachführen *)
      END;
    END;
  END;
  FOR j := 1 TO p↑.bcount DO (* verteile den Inhalt des Behälters p↑ *)
    x := p↑.bdata[j];
    WITH dir[h(x)]↑ DO  INC(bcount);  bdata[bcount] := x;  END;
  END;
  DISPOSE(p); (* alten Behälter fortwerfen *)
  RETURN TRUE;
END split;
PROCEDURE insert(x: key; VAR a: adr): BOOLEAN;
(* a.p: Zeiger auf Datenbehälter; a.i: Index im Datenbehälter *)
VAR j: CARDINAL;
    full: BOOLEAN;
BEGIN
  IF find(x, a) THEN  RETURN FALSE;  END;
  REPEAT
    a.p := dir[h(x)];
    full := (a.p↑.bcount = b);
    IF full AND NOT split(a.p) THEN  RETURN FALSE;  END;
  UNTIL NOT full;
  WITH a.p↑ DO
    INC(bcount);  bdata[bcount] := x;  a.i := bcount;
  END;
  RETURN TRUE;
END insert;
```

4   Anhang

4.1   Notation

Wir beschreiben Datenstrukturen und Algorithmen in Bildern, Worten und Programmen. Im letzten Fall stützen wir uns auf Pascal und Modula-2 - abgesehen von einigen Erweiterungen, die Programme kürzer erscheinen lassen, z. B.:

Der Operator `:=:` vertauscht die Werte der links und rechts stehenden Variablen, d. h. `a :=: b` ist äquivalent zu `c := a;  a := b;  b := c.`

Wir nehmen an, dass die zweistelligen booleschen Operatoren `AND` und `OR` "bedingt" (conditional) sind: sie werden von links nach rechts ausgewertet, und die Auswertung bricht ab, sobald das Resultat der Operation fest steht. Beim Ausdruck `a AND b` wird zuerst `a` ausgewertet, und nur wenn `a` den Wert `TRUE` ergibt, so wird auch `b` ausgewertet. In Modula-2 ist `AND` so definiert, in Pascal hängt es von dem jeweiligen Compiler ab.

Funktionsprozeduren dürfen auch strukturierte Werte zurückgeben.

Unterbereichstypen werden nicht immer extra deklariert. Modula-2 verlangt dies jedoch, wenn Variablen von einem Unterbereichstyp als Parameter in Prozeduren übergeben werden.

Beispiel:

```
    PROCEDURE p(i: [1..n]);        in Modula-2:    TYPE s = [1..n];
                                                   PROCEDURE p(i: s);
```

`EXPORT` Listen in Definitionsmodulen werden weggelassen.

Dynamisch zugeteilter Speicherplatz wird in den Programmbeispielen nicht zurückgegeben. Pascal und Modula-2 stellen dafür die Prozedur `DISPOSE` zur Verfügung. Die Aufrufe dieser Prozedur müssten an den entsprechenden Stellen in die Programme eingefügt werden.

4.2   Komplexität von Problemen und Algorithmen

Die Effizienz eines Algorithmus kann nach verschiedenen Kriterien bestimmt werden. Oft möchte man wissen, wie der Zeit- und Speicherbedarf eines Algorithmus von der Grösse des zu lösenden Problems abhängt. Dazu assoziiert man mit jedem Problem eine positive ganze Zahl n, die ein Mass für die Grösse der zu Grunde liegenden Eingabedaten ist; z. B. bezeichnet n beim Sortierproblem die Anzahl der zu sortierenden Elemente. Die von einem Algorithmus aufgewendete Arbeit wird in Abhängigkeit von n angegeben. Unter allen Konfigurationen von Eingabedaten der Grösse n wird es mehr oder weniger günstige geben. Daher betrachtet man das Verhalten eines Algorithmus im besten und im schlimmsten Fall und im Durchschnitt, d. h. im Mittel über alle möglichen Konfigurationen von Eingabedaten.

Im konkreten Fall möchte der Programmierer hin und wieder genau wissen, wieviele Bytes und Sekunden sein Programm beansprucht, aber für die Theorie ist diese Information nicht nützlich, da sie zu stark von Eigenheiten eines Systems abhängt. Die Suche nach übertragbaren Messmethoden der Komplexität von Problemen und Effizienz von Algorithmen hat zu asymptotischen Zeit- und Speicherangaben geführt. Asymptotik alleine gibt zwar keine exakten Angaben, dafür aber Information über das Wachstum des Arbeitsaufwandes in Abhängigkeit der Datenmenge. Diese Information genügt oft, um gute Algorithmen von schlechten zu trennen, und sie kann mit systemspezifischen Angaben kombiniert werden, um Zahlenwerte abzuschätzen.

Das asymptotische Verhalten eines Algorithmus wird durch die $O(\ )$ und $\Omega(\ )$ Notation beschrieben, die wir in 4.3 erläutern. Hier soll ein Beispiel genügen. Um den von einem Algorithmus zu leistenden Arbeitsaufwand zu erfassen, zählt man die Operationen, die auf dem betrachteten Computer konstante Zeit (unabhängig von n) in Anspruch nehmen, beim Sortieren z. B. die Anzahl der notwendigen Vergleichs- oder Austauschoperationen zwischen zwei Elementen.

Beispiel:

Gegeben seien vier Algorithmen A_1, A_2, A_3 und A_4, deren zu leistender Arbeitsaufwand $\log_2 n$, n, $n*\log_2 n$ und n^2 beträgt. Die folgende Tabelle zeigt den Arbeitsaufwand der einzelnen Algorithmen für verschiedene gegebene n:

n	$A_1 = \log_2 n$	$A_2 = n$	$A_3 = n * \log_2 n$	$A_4 = n^2$
$2^5 = 32$	5	$2^5 = 32$	$5*2^5 = 160$	$2^{10} \sim 10^3$
$2^{10} = 1024$	10	$2^{10} \sim 10^3$	$10*2^{10} \sim 10^4$	$2^{20} \sim 10^6$
$2^{20} \sim 10^6$	20	$2^{20} \sim 10^6$	$20*2^{20} \sim 2*10^7$	$2^{40} \sim 10^{12}$

Der Arbeitsaufwand wird mit einem konstanten Faktor zu multiplizieren sein, der für verschiedene Algorithmen verschieden sein wird, aber man sieht deutlich, dass ein $O(n*\log n)$ Algorithmus schon für $n \sim 1000$ fast immer effizienter arbeitet als ein $O(n^2)$ Algorithmus. Für kleine n hingegen kann ein $O(n^2)$ Algorithmus effizienter sein als ein $O(n*\log n)$ Algorithmus, wenn die Konstante des $O(n^2)$ Algorithmus kleiner ist als die des $O(n*\log n)$ Algorithmus.

4.3   Asymptotik

Die Asymptotik ist ein Hilfsmittel, mit dem man das Wachstumsverhalten von Funktionen abschätzen und vergleichen kann. Betrachten wir die Funktion

$$f(x) = (1 + x^2) / x .$$

Wir sagen, dass $f(x)$ sich für $x \to \infty$ wie x verhält oder das gleiche Wachstum hat wie x. Entsprechend sagen wir, dass $f(x)$ sich für $x \to 0$ wie $1/x$ verhält. Die Operatoren O, Ω, Θ, $\sim$, o geben die Werkzeuge, mit denen das asymptotische Verhalten von Funktionen erfasst werden kann. Sie weisen einer Funktion g die Menge aller Funktionen zu, die eine bestimmte Wachstumsbeziehung zu g haben.

Mit N_0 bezeichnen wir die nicht-negativen ganzen Zahlen, mit R_0 die nicht-negativen reellen Zahlen. In den folgenden Definitionen ist X entweder durch N_0 oder durch R_0 zu ersetzen.

Im folgenden sei $g: X \to X$.

Definition von $O(\ )$

$O(g) := \{f: X \to X \mid \exists\, c > 0 \ \land \ \exists\, x_0 \in X \ \forall\, x \geq x_0: \ f(x) \leq c * g(x)\}$

Man sagt: $f: X \to X$ ist von der Grössenordnung $O(g)$, oder, dass $f(x)$ höchstens
so schnell wächst wie $g(x)$ für $x \to \infty \ :\Leftrightarrow \ f \in O(g)$.

Definition von $\Omega(\ )$

$\Omega(g) := \{f: X \to X \mid \exists\, c > 0 \ \land \ \exists\, x_0 \in X \ \forall\, x \geq x_0: \ f(x) \geq c * g(x)\}$

Man sagt: $f: X \to X$ ist von der Grössenordnung $\Omega(g)$, oder, dass $f(x)$
mindestens so schnell wächst wie $g(x)$ für $x \to \infty \ :\Leftrightarrow \ f \in \Omega(g)$.

Definition von $\Theta(\ )$

$\Theta(g) := O(g) \cap \Omega(g)$

Man sagt: $f: X \to X$ ist von der Grössenordnung $\Theta(g)$, oder, dass $f(x)$ gleich
schnell wächst wie $g(x)$ für $x \to \infty \ :\Leftrightarrow \ f \in \Theta(g)$.

Definition von $\sim(\ )$

$\sim(g) := \{f: X \to X \mid \lim_{x \to \infty} f(x)/g(x) = 1\}$

Man sagt: $f: X \to X$ ist gleich $g(x)$ für $x \to \infty \ :\Leftrightarrow \ f \in \sim(g)$. Man schreibt in
diesem Falle auch $f \sim g$; $\sim$ ist eine Äquivalenzrelation.

Definition von $o(\ )$

$o(g) := \{f: X \to X \mid \lim_{x \to \infty} f(x)/g(x) = 0\}$

Man sagt: $f: X \to X$ ist von der Grössenordnung $o(g)$, oder, dass $f(x)$ langsamer
wächst als $g(x)$ für $x \to \infty \ :\Leftrightarrow \ f \in o(g)$.

4.4   Summenformeln

$$\sum_{i=1}^{n} i = n*(n+1)/2$$

$$\text{für } k > 0: \quad \sum_{i=1}^{n} i^k = n^{k+1}/(k+1) + g(n) \quad \text{mit } g(n) \in O(n^k)$$

$$(n+1)*\ln(n+1) - n - \ln(n+1) \leq \ln n! = \sum_{i=1}^{n} \ln i \leq (n+1)*\ln(n+1) - n$$

$$\sum_{i=1}^{n} \log_2 i = (n+1)*\log_2(n+1) - n/\ln 2 + g(n) \quad \text{mit } g(n) \in O(\log n)$$

Diese Summenformeln können durch Abschätzungen von Integralen hergeleitet werden.

4.5   Rekursionsformeln

Sei die folgende Rekursionsformel gegeben:

$$x(n) = (2/n) \sum_{k=1}^{n-1} x(k) + a*n + b \; .$$

Das Wachstumsverhalten einer Lösung dieser Rekursionsformel erhält man, indem man verschiedene Lösungsansätze ausprobiert. Setzt man $x(n) = c$ (c eine Konstante) in die Rekursionsformel ein, so sieht man, dass die Lösung dieser Rekursionsformel schneller wachsen muss als c. Auch beim Ansatz $x(n) = n$ findet man, dass die Lösung dieser Rekursionsformel schneller wachsen muss als n. Der Ansatz $x(n) = n^2$ zeigt jedoch, dass die Lösung langsamer wächst als n^2. Der Ansatz $x(n) = n*\log_2 n$ schliesslich führt zur richtigen Abschätzung der Lösung der Rekursionsformel. Die Lösung ist von der Form

$$x(n) = a*(\ln 4)*n*\log_2 n + g(n) \text{ mit } g(n) \in O(n) \; .$$

4.6   Permutationen

Sei $(a_i : 1 \leq i \leq n)$ eine Permutation. Ein Paar (a_i, a_j), $1 \leq i < j \leq n$ heisst *Inversion*, falls $a_i > a_j$ ist. Wie gross ist die *mittlere Anzahl Inversionen* einer Permutation? Betrachte die Permutationen paarweise, mit jeder Reihenfolge auch die umgekehrte, d. h. mit Permutation A:

$$a_1 = x_1 \; ; \quad a_2 = x_2 \; ; \quad \ldots \; ; \quad a_n = x_n$$

auch Permutation A':

$$a_1 = x_n \; ; \quad a_2 = x_{n-1} \; ; \quad \ldots \; ; \quad a_n = x_1 \; .$$

Betrachte x_i und x_j. Sie sind in einer der Permutationen A und A' in der gewünschten Reihenfolge, in der anderen bilden sie eine Inversion. Da es insgesamt $n*(n-1)/2$ Paare von Elementen (x_i, x_j) mit $1 \leq i < j \leq n$ gibt, gibt es im Mittel

$$inv_{mittel} = (1/2)*n*(n-1)/2 = (n^2-n)/4$$

Inversionen.

Sei $(a_i : 1 \leq i \leq n)$ eine Permutation der natürlichen Zahlen von 1 bis n. Dann gibt $|a_i-i|$ die Entfernung des Elementes a_i von seiner richtigen Position an. Somit ergibt sich die *durchschnittliche Gesamtentfernung* (d. h. im Durchschnitt über alle n! Permutationen) aller Elemente von ihrer richtigen Position zu

$$(1/n!) \sum_{\substack{\text{alle} \\ \text{Permutationen} \\ (a_i: 1 \leq i \leq n)}} \sum_{i=1}^{n} |a_i-i| = (1/n!) \sum_{i=1}^{n} \sum_{\substack{\text{alle} \\ \text{Permutationen} \\ (a_i: 1 \leq i \leq n)}} |a_i-i|$$

$$= (1/n!) \sum_{i=1}^{n} ((n-1)! \sum_{j=1}^{n} |j-i|) = (n^2-1)/3$$

Die durchschnittliche Entfernung eines Elementes a_i von seiner richtigen Position beträgt somit

$$(1/n) * (n^2-1)/3 = n/3 - 1/(3n) .$$

4.7   Geordnete Bäume

Ein *geordneter Baum* ist entweder leer oder er besteht aus einem Knoten, genannt *Wurzel*, und einem Tupel von k geordneten Teilbäumen.

Die Knoten eines geordneten Baumes, denen nur leere Teilbäume zugeordnet sind, heissen *Blätter*, die übrigen Knoten nennt man *interne Knoten*. Die Wurzeln der Teilbäume, die einem internen Knoten zugeordnet sind, bezeichnet man als seine *Söhne;* entsprechend nennt man diesen internen Knoten den *Vater* dieser Söhne.

Das *Niveau* eines Knotens wird wie folgt rekursiv definiert. Die Wurzel eines Baumes hat das Niveau 0. Ein Knoten, dessen Vater das Niveau t hat, hat das Niveau $t + 1$. Das Niveau eines Knotens gibt die Länge des Weges von der Wurzel des Baumes bis zu diesem Knoten an.

Die *Höhe* eines Baumes ist definiert als das Maximum der Niveaus seiner Blätter.

Unter der *Weglänge* eines Baumes versteht man die Summe der Niveaus aller seiner Knoten.

Ein *binärer Baum* ist ein geordneter Baum, dessen Knoten alle höchstens zwei Söhne haben. Ein binärer Baum der Höhe h heisst *vollständig*, wenn er aus $2^{h+1} - 1$ Knoten besteht. Ein binärer Baum der Höhe h heisst *fast vollständig*, wenn alle Blätter dieses Baumes das Niveau h oder $h - 1$ haben und alle Blätter mit dem Niveau h sich so weit links wie möglich befinden.

Den zu einem gegebenen binären Baum T gehörigen *erweiterten binären Baum* T_e erhält man, indem man T durch *externe Knoten* so ergänzt, dass jeder Knoten von T zwei Söhne hat. Die Knoten von T sind dann gerade die internen Knoten von T_e , und die externen Knoten sind die Blätter von T_e .

Lemma:
Wählt man unter den Blättern eines Baumes $k > 0$ Blätter beliebig aus, so beträgt das *durchschnittliche Niveau* dieser k Blätter mindestens $\log_2 k$.

Beweis:
Nehmen wir an, die Behauptung des Lemmas gelte nicht. Dann gibt es ein minimales k, für das die Behauptung des Lemmas nicht gilt. Dieses bezeichnen wir mit k_{min}. Weiterhin gibt es einen Baum T mit der folgenden Minimalitätseigenschaft: In T existieren k_{min} Blätter, für die das durchschnittliche Niveau kleiner als $\log_2 k_{min}$ ist, und es gibt keinen weiteren Baum T', in dem k_{min} Blätter existieren, die ein kleineres durchschnittliches Niveau haben als die ausgewählten k_{min} Blätter in T. Betrachten wir den Baum T. Die Wurzel von T darf keinen Sohn haben, in dessen zugehörigem Teilbaum alle ausgewählten k_{min} Blätter sich befinden, da sonst die obige Minimalitätseigenschaft verletzt wird. Insbesondere muss die Wurzel also zwei Söhne haben, und von

den k_{min} Blättern müssen sich $k_l > 0$ Blätter im linken und $k_r > 0$ Blätter im rechten Teilbaum befinden $(k_l + k_r = k_{min})$. Da k_{min} minimal gewählt war, beträgt das durchschnittliche Niveau der k_l Blätter im linken Teilbaum mindestens $log_2 k_l$ und das durchschnittliche Niveau der k_r Blätter im rechten Teilbaum mindestens $log_2 k_r$. Somit erhält man, dass das durchschnittliche Niveau der k_{min} Blätter in T mindestens

$$(k_l/(k_l+k_r))*log_2 k_l + (k_r/(k_l+k_r))*log_2 k_r + 1 \qquad (*)$$

beträgt. Man sieht leicht, dass für $k_l = k_r = k_{min}/2$ $(*)$ den Wert $log_2 k_{min}$ annimmt. Weiterhin kann man leicht zeigen, dass $(*)$ sein Minimum annimmt, wenn $k_l = k_r$ ist. Somit haben wir einen Widerspruch gefunden, d. h. die Annahme, die Behauptung des Lemmas gelte nicht, war falsch.

5 Übungen

5.1 Übungen zu Kapiteln 1 und 2

1 Graphik

Schreiben Sie eine procedure Kreuz(links, rechts, unten, oben: integer); die auf einem Graphikschirm mit ganzzahligem Koordinatensystem $0 \leq x \leq$ xmax, $0 \leq y \leq$ ymax im rechteckigen Fenster definiert durch links $\leq x \leq$ rechts, unten $\leq y \leq$ oben zentriert ein Kreuz mit einem vertikalen und einem horizontalen Strich zeichnet. Ein Aufruf mit links > rechts oder mit unten > oben soll nichts zeichnen. Von dem durch (links, rechts, unten, oben) gegebenen Fenster mit dem darinliegenden Kreuz soll die Prozedur Kreuz nur *den* Teil zeichnen, der auf dem Bildschirm liegt (clipping). Die UCSD Pascal turtlegraphics Prozeduren initturtle, pencolor(white), pencolor(none), moveto(x,y), move(dist), turnto(angle), turn(angle) können verwendet werden.

2 Rekursion

Der Graphikschirm mit Koordinatensystem $0 \leq x \leq$ xmax, $0 \leq y \leq$ ymax soll durch eine rekursive procedure RekKreuz(links, rechts, unten, oben: integer); rekursiv in kleiner werdende Quadranten aufgeteilt werden, wie folgendes Bild andeutet, bis das Auflösungsvermögen des Schirms erreicht ist.

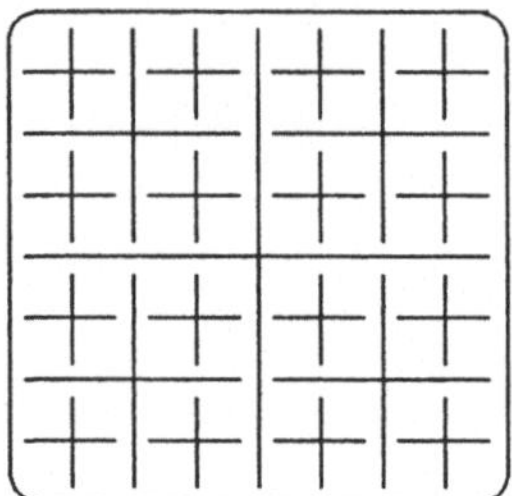

RekKreuz soll die Prozedur Kreuz von Aufgabe 1 aufrufen, auch wenn Aufgabe 1 noch nicht gelöst wurde. Schreiben Sie RekKreuz und dessen anfänglichen Aufruf.

3 Dialogführendes Rahmenprogramm

Das Dialogverhalten des Programms TW wird grob durch das Diagramm mit den zwei Seiten T ("Titel") und W ("Wiederholungsseite") beschrieben.

```
program TW;
function aoderw: boolean;
var ch: char;
begin
  writeln('a bricht ab, andere Tasten wiederholen');
  read(ch);  aoderw := ch = 'a'
end;
```

```
procedure T;
begin
  page(output);  writeln('Titelseite')
end;
procedure W;
begin
  page(output);  writeln('Wiederholungsseite')
end;
begin
  T; repeat W until aoderw
end. { TW }
```

a) Beschreiben Sie kurz das Dialogverhalten dieses Rahmenprogramms, mit kritischem Blick für etwaige Dialogfehler.

b) Die Wiederholungsseite W soll jetzt zur Animation der Prozedur RekKreuz aus Aufgabe 2 dienen. Der Benutzer soll die Parameter eines Fensters angeben können, wonach RekKreuz in diesem Fenster abläuft. Modifizieren Sie procedure W; so, dass die Parametereingabe und der Aufruf von RekKreuz darin geschehen. Es genügt, das Verhalten von RekKreuz zu verstehen, ohne Aufgabe 2 gelöst zu haben.

4   Formale Sprachen und Syntaxdiagramme

Die formale Sprache S "Strichaddition" über dem Alphabet $A = \{\ |\ ,\ +\ ,\ =\ \}$ mit den 3 Zeichen "Strich", "+" und "=" besteht aus denjenigen Wörtern, welche im Zahlensystem "zur Basis 1" eine korrekte Addition darstellen, also

$$||\cdots||+||\cdots||=||\cdots||$$

$$\underbrace{\qquad}_{n}\qquad\underbrace{\qquad}_{m}\qquad\underbrace{\qquad}_{n+m}\qquad\text{wobei } n,\ m > 0.$$

Das kürzeste Wort in S ist: $|+|=||$

Definieren Sie diese formale Sprache durch Syntaxdiagramme.

Hinweis:
Man kann das Problem in 2 einfache Unterprobleme unterteilen.

Unterproblem 1 :
bestimme die folgende formale Sprache über dem Alphabet $A1 = \{\ |\ ,\ =\ \}$

$$||\cdots||=||\cdots||$$

$$\underbrace{\qquad}_{n}\qquad\underbrace{\qquad}_{n}\qquad\text{wobei } n > 0.$$

Unterproblem 2 :
bestimme die folgende formale Sprache über dem Alphabet $A2 = \{\ |\ ,\ +\ \}$

$$\underbrace{||\cdots||}_{m} + \{\text{Element der Sprache A1}\} \underbrace{||\cdots||}_{m}\qquad\text{wobei } m > 0.$$

5   Syntaxdiagramme für Palindrome

Ein Palindrom ist eine (nicht-leere) Zeichenkette, die von vorne und hinten gelesen gleich ist. Wir betrachten Palindrome über dem Alphabet A = {a, b, c}.

a) Geben Sie Syntaxdiagramme für die formale Sprache P der Palindrome an.

Sei P' die Einschränkung von P auf die Palindrome, in denen keine zwei aufeinanderfolgenden Buchstaben gleich sind.

b) Was können Sie über die Länge der Palindrome in P' aussagen ?

c) Geben Sie Syntaxdiagramme für P'.

6   Parser für Parameterlisten mit vorgegebenen Typenbezeichnern

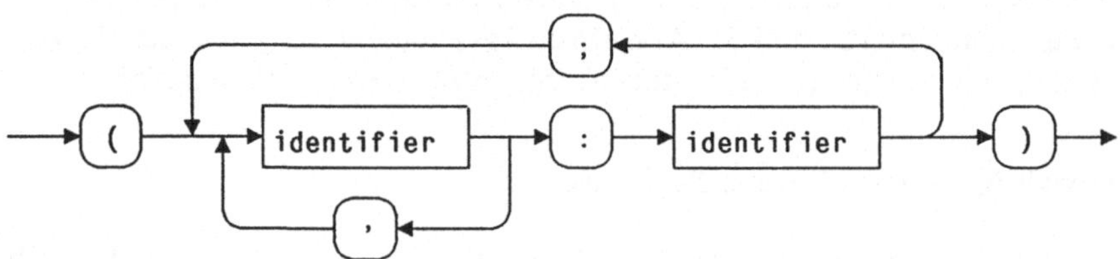

Das folgende Programm erkennt Parameterlisten gemäss obigem Syntaxdiagramm, d. h. mit beliebigen Typenbezeichnern, sofern eine PROCEDURE Identifier(): BOOLEAN; zur Erkennung von Bezeichnern zur Verfügung steht und VAR ch: CHAR; eine global deklarierte Variable ist, die anfänglich das erste Zeichen des Inputs enthält.

```
PROCEDURE Identifier(): BOOLEAN;
BEGIN
  IF Letter(ch) THEN
    REPEAT  Read(ch);  UNTIL NOT (Letter(ch) OR Digit(ch));
    RETURN TRUE;
  ELSE
    RETURN FALSE;
  END;
END Identifier;
PROCEDURE Parser: BOOLEAN;
BEGIN
  IF ch <> '(' THEN
    RETURN FALSE;
  ELSE
    REPEAT
      REPEAT
        Read(ch);  IF NOT Identifier() THEN  RETURN FALSE;  END;
      UNTIL ch <> ',';
      IF ch <> ':' THEN
        RETURN FALSE;
      ELSE
        Read(ch);  IF NOT Identifier() THEN  RETURN FALSE;  END;
      END;
    UNTIL ch <> ';';
    RETURN ch = ')';
  END;
END Parser;
```

a) Schreiben Sie die
```
PROCEDURE Letter(): BOOLEAN;
```
welche in der Prozedur `Identifier` aufgerufen wird.

b) Ändern Sie den obigen Parser so ab, dass er nur noch Typenbezeichner annimmt, die in der Tabelle Id vorgespeichert sind.
```
TYPE TypeId = ARRAY [1..8] OF CHAR;
VAR Id: ARRAY[1..n] OF TypeId;
```

c) Die vorgegebenen Typenbezeichner seien: BITSET, BOOLEAN, CARDINAL, CHAR, INTEGER, REAL. Da der Inhalt dieser Wertetabelle zeitlich unverändert sein soll, verwenden Sie dafür eine perfekte Hashtabelle.

7   Distanzmatrix berechnen

Ein Strassennetz, das n Städte verbindet, sei als Graph dargestellt, mit Städten als Knoten und Strassen als Kanten. $A[i,j]$ bezeichne die Länge der Kante zwischen Stadt i und Stadt j, falls es eine solche gibt; falls nicht, sei $A[i,j]$ gleich einer sehr grossen Zahl `fastunendlich` gesetzt, die grösser ist als alle Entfernungen, die im Laufe der folgenden Rechnung auftreten. Die Entfernungen seien symmetrisch, d. h. $A[i,j] = A[j,i]$. Gesucht sind alle Entfernungen zwischen Stadt i und Stadt j entlang den kürzesten Wegen.
```
const fastunendlich = 1.0 E+9;
var A: array[1..n,1..n] of real;
```

a) In Worten und Bildern soll ein Algorithmus dargestellt werden, der die Matrix aller kürzesten Entfernungen $D[i,j]$ zwischen Stadt i und Stadt j berechnet. Setzt der Algorithmus die Dreiecksungleichung $A[i,j] \leq A[i,k] + A[k,j]$ voraus oder nicht?

b) Analysieren Sie den asymptotischen Zeitaufwand dieses Algorithmus als Funktion von n.

c) Schreiben Sie eine Prozedur für diesen Algorithmus. Falls möglich durch eine "in-place" Berechnung, d. h. ohne eine zusätzliche Matrix zu deklarieren: die alten Werte (Direktverbindungen) in der Matrix A dürfen zerstört werden, am Schluss soll A die richtigen neuen Werte $D[i,j]$ enthalten. Als zweitbeste Lösung darf das Resultat in einer zweiten n*n Matrix D erstellt werden. Es darf die
```
function min(x, y: real): real;
```
benutzt werden.

Beispiel:

```
Stadt1_______________10 Km___________________Stadt2______3 Km______Stadt3
```

Gegebenes A (Direktverbindungen)   Resultierendes A (Entfernungen)

```
   0.0      10.0      1.0E+9               0.0      10.0     13.0
  10.0       0.0       3.0               10.0       0.0      3.0
  1.0E+9     3.0       0.0               13.0       3.0      0.0
```

8   Rechnen mit Gleitkommazahlen

Betrachten wir ein System von zweistelligen (d. h. 2 Ziffern in der Mantisse) ternären (zur Basis 3) Gleitkommazahlen. Eine Zahl z habe die Darstellung $D(z) = [v, d_0, d_1, e]$, auch geschrieben als

$$v \; d_0.d_1 \; * \; 3^e \; ,$$

wobei:

v = Vorzeichen der Zahl z in $\{+, -\}$

d_0 , d_1 in $\{0, 1, 2\}$, zweistellige Mantisse

e = Exponent in $\{-1, 0, 1\}$,

Der Wert sei $z = v \, (d_0 + d_1 * 3^{-1}) * 3^e$

a) Schreiben Sie alle *nichtnegativen* Zahlen auf, welche in diesem Zahlensystem dargestellt werden können, und für jede Zahl schreiben Sie alle ihre Darstellungen auf. Wieviele Darstellungen und wieviele verschiedene Zahlen gibt es in diesem System?

b) Die 4 arithmetischen Operationen werden in diesem Zahlensystem so ausgeführt, dass das korrekte Ergebnis (mit beliebig vielen Stellen) auf zwei Stellen gerundet wird. Geben Sie die Regel an, nach der aufgerundet oder abgerundet werden soll. Zeigen Sie anhand von zwei Rechenbeispielen, dass das Assoziativgesetz der Addition nicht gelten muss: $(x + y) + z <> x + (y + z)$.

Zeigen Sie weiterhin anhand von Beispielen, dass

b1) $x*(y+z)$ existiert, während $x*y + x*z$ Überlauf erzeugt.

b2) beide Seiten existieren, aber ungleich sind.

b3) das Distributivgesetz $x*(y+z) = x*y + x*z$ gilt bzw. nicht gilt.

c) Newton's Verfahren zur Berechnung der Quadratwurzel x von A verwendet die Iteration:

$$x_0 = ?, \qquad\qquad x_{n+1} = (x_n + A/x_n)/2$$

Berechnen Sie von Hand die Quadratwurzel von 4 im obigen Gleitkommazahlensystem. Führen Sie Newton's Iteration aus, angefangen mit $x_0 = 1$.

5.2   Übungen zu Datenstrukturen (Kapitel 3)

1   Sortieren durch Mischen

Im Array A seien n ganze Zahlen vorgegebenen. Betrachten Sie den folgenden Sortieralgorithmus:

```
TYPE Index = [1..n];
VAR  A, B: ARRAY Index OF INTEGER;
PROCEDURE MergeSort(1, r: Index);
VAR i, j, k, m: Index;
BEGIN
  IF 1 < r THEN
    m := (1 + r) DIV 2;
    MergeSort(1, m);
    MergeSort(m+1, r);
    FOR k := 1 TO r DO
      i := 1; j := m+1;
      IF i > m THEN
        B[k] := A[j];  j := j + 1;
      ELSIF (j > r) OR (A[i] < A[j]) THEN
        B[k] := A[i];  i := i + 1;
      ELSE (* A[i] >= A[j] *)
        B[k] := A[j];  j := j + 1;
      END (* IF *);
    END (* FOR *);
    FOR k := 1 TO r DO  A[k] := B[k];  END;
  END (* IF *);
END MergeSort;
```

Beim ersten Mal wird diese Prozedur mit `Mergesort(1, n);` aufgerufen.

a) Geben Sie die Rekursionsformel an, die den von `MergeSort` zu leistenden Aufwand beschreibt.

b) Lösen Sie diese Rekursionsformel und geben Sie den asymptotischen Zeitaufwand für `MergeSort` an.

c) Stellen Sie sich vor, dass obige Prozedur `Mergesort` sich nicht wie oben nur auf zwei Teilarrays, sondern auf m Teilarrays der gleichen Grösse rekursiv aufruft. Wie ändert sich der asymptotische Zeitaufwand?

2   Speicherung von Bandmatrizen

Eine n*n Matrix M heisst "Bandmatrix der Breite 2*b+1" (b = 0, 1, ...), falls M(i,j) = 0 für alle i und j mit |i-j| > b. Für die Speicherung von M genügt ein Array mit maximal n*(2*b+1) Elementen. Eine kompakte Darstellung für eine Bandmatrix der Breite 2*b+1 soll gefunden werden, wobei b ein Parameter ist. Weiterhin soll angegeben werden, wie Addition und Multiplikation von zwei n*n Bandmatrizen sowie die Multiplikation einer n*n Bandmatrix mit einem Vektor auf dieser Darstellung programmiert werden können.

Lösung

Die n*n Matrix M kann in einem 2-dimensionalen Array wie folgt dargestellt werden:

```
TYPE A = ARRAY[1..n],[-b..b] OF element;
VAR a: A;
```

d. h. für jede der n Zeilen werden nur die 2*b+1 Elemente des Bandes abgespeichert. Bei dieser Darstellung sind allerdings b * (b+1) Arrayelemente ungenutzt, dafür ist die Indextransformation von M nach a (und umgekehrt) sehr einfach. Weil b im allgemeinen klein ist im Vergleich zu n, lohnt sich der zusätzliche Aufwand für die Einsparung der b*(b+1) Elemente nicht. In den Prozeduren weiter unten wird angenommen, dass diese Elemente den Wert Null haben.

Indextransformation:

```
M[i,j]   = a[i,j-i]
M[k,k+1] = a[k,1]
```

Für die Addition braucht die Indextransformation nicht berücksichtigt zu werden:

```
PROCEDURE Add(a1, a2: A; VAR r: A);
(* r := a1 + a2,
   r, a1 und a2 haben Breite 2*b+1 *)
VAR i, j: INTEGER;
BEGIN
  FOR i := 1 TO n DO
    FOR j := -b TO b DO
      r[i,j] := a1[i,j] + a2[i,j];
    END;
  END;
END Add;
```

Bei der normalen Matrizendarstellung ist das Element an der Stelle [i,j] der Produktmatrix p wie folgt definiert:

$$p[i,j] := \sum_{k=1}^{n} (m1[i,k] * m2[k,j])$$

Wenn m1 und m2 Bandmatrizen derselben Breite 2*b+1 sind, dann kann m1[i,k] bzw. m2[k,j] nur ungleich Null sein, wenn gilt:

```
Max(1,i-b) ≤ k ≤ Min(n,i+b)  bzw.
Max(1,j-b) ≤ k ≤ Min(n,j+b)
```

Also kann auch p[i,j] nur dann ungleich Null sein, wenn:

```
Max(1,i-b,j-b) ≤ k ≤ Min(n,i+b,j+b)
```

Ein solches k existiert nicht, wenn:

```
Max(1,i-b,j-b) > Min(n,i+b,j+b)
```

Für i ≥ j ist das der Fall, wenn

```
i-b > j+b, d.h. i-j > 2*b
```

Für i < j gibt es kein solches k, wenn

```
j-b > i+b, d.h. j-i > 2*b
```

p[i,j] ist also sicher Null, wenn |i-j| > 2*b ist. Das ist aber genau die Bedingung für eine Bandmatrix der Breite 2*b'+1, wobei b' = 2*b. Die Multiplikation sieht damit wie folgt aus:

```
PROCEDURE Mult(a1, a2: A; VAR p: ARRAY [1..n],[-2*b..2*b] OF element);
(* p := a1 * a2,
   a1 und a2 haben Breite 2*b+1, p hat Breite 4*b+1 *)
VAR i, j: INTEGER;
BEGIN
  FOR i := 1 TO n DO
    FOR j := Max(1,i-2*b) TO Min(n,i+2*b) DO
      p [i,j-i] := 0;
      FOR k := Max(1,i-b,j-b) TO Min(n,i+b,j+b) DO
        p[i,j-i] := p[i,j-i] + (a1[i,k-i] * a2[k,j-k]);
      END;
    END;
  END;
END Mult;
```

Bei der Multiplikation einer Matrix mit einem Vektor entsteht wieder ein Vektor:

```
TYPE V = ARRAY [1..n] OF element; (* Vektor *)
PROCEDURE VektMult(a: A; v: V; VAR r: V);
BEGIN
  FOR i := 1 TO n DO
    r[i] := 0;
    FOR k := Max(1,i-b) TO Min(n,i+b) DO
      r[i] := r[i] + a[i,k-i] * v[k];
    END;
  END;
END VektMult;
```

3   Speicherung von Dreiecksmatrizen

Seien A und B untere n*n Dreiecksmatrizen, d. h. alle Elemente oberhalb der Diagonalen sind Null:

$$A[i,j] = B[i,j] = 0, \text{ falls } i < j.$$

a) Beschreiben Sie, wie Sie die Matrizen A und B in einem Array c minimaler Grösse speichern können. Welche Grösse hat c ?
Hinweis:

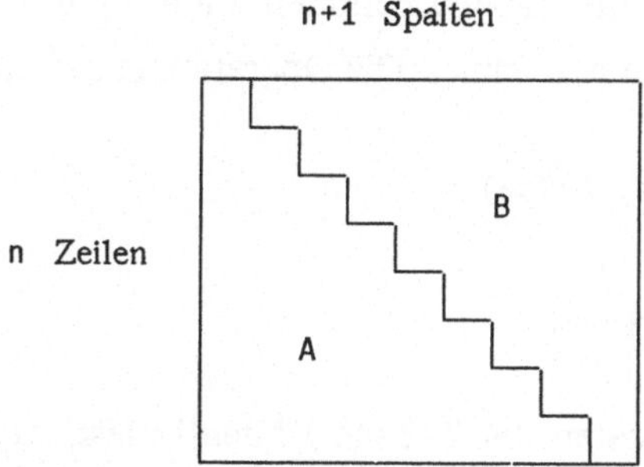

b) Schreiben Sie zwei Prozeduren

```
PROCEDURE A(i, j: [1..n]): INTEGER;
PROCEDURE B(i, j: [1..n]): INTEGER;
```

die die entsprechenden in c gespeicherten Matrizenelemente zurückgeben.

c) Zeigen Sie, dass die Matrizenmultiplikation A * B zweier unterer Dreiecksmatrizen
   A und B wieder eine untere Dreiecksmatrix ergibt:

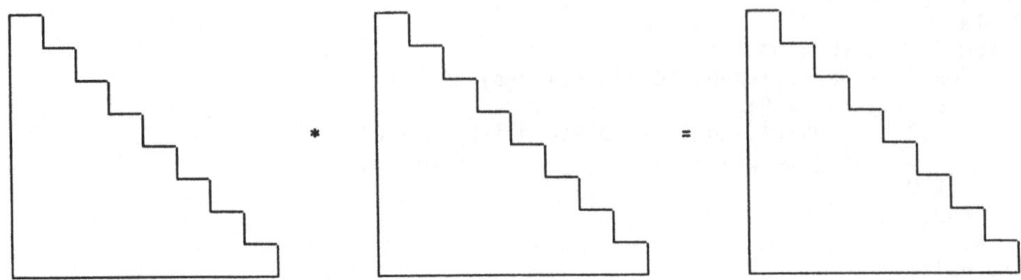

d) Zeigen Sie in Worten und Bildern, wie Sie die Operation A := A * B am Ort
   (inplace) im Array c durchführen können.

e) Schreiben Sie eine Prozedur, die die Operation A := A * B inplace im Array c
   realisiert. Sie dürfen neben dem Array c keinen weiteren Speicherplatz benutzen
   (ausser einigen wenigen lokalen Variablen).

4   Spezifikation einer abstrakten Datenstruktur

Eine Tabelle ist eine abstrakte Datenstruktur, der ein Wertebereich X mit einer totalen
Ordnung $\leq$ zu Grunde liegt und die die folgenden Operationen zur Verfügung stellt:

```
member(x): boolean;     Ist x in der Tabelle gespeichert?
insert(x);              Füge x in die Tabelle ein.
delete(x);              Entferne x aus der Tabelle.
succ(x): X U {nil}      Finde den Nachfolger von x in der Tabelle.
pred(x): X U {nil}      Finde den Vorgänger von x in der Tabelle.
```

Geben Sie eine formale Spezifikation und die Axiome, die das Verhalten der Tabelle
eindeutig festlegen.

Lösung

Sei X die Menge der Elemente, die in der Tabelle vorkommen können. T sei die Menge
der Zustände, in denen sich die Tabelle befinden kann. $t_0 \in T$ sei ein ausgezeichneter
Zustand, der die leere Tabelle bezeichnet. Die Operationen auf der Tabelle sind wie folgt
definiert:

```
member: T x X → {true, false}
insert: T x X → T
delete: T x X → T
succ  : T x X → X U {+∞}
pred  : T x X → X U {-∞}
```

Die Axiome legen das Verhalten der Tabelle eindeutig fest. Im folgenden ist eine der
möglichen Mengen von Axiomen gegeben:

```
∀x ∈ X:
    member(t₀,x) = false
∀t ∈ T, ∀x ∈ X:
    member(insert(t,x),x) = true
    member(delete(t,x),x) = false
```

```
∀t ∈ T, ∀x,y ∈ X, x ≠ y:
   member(t,x) = member(insert(t,y),x) = member(delete(t,y),x)
   insert(delete(t,y),x) = delete(insert(t,x),y)
∀t ∈ T, ∀x,y ∈ X:
   insert(insert(t,y),x) = insert(insert(t,x),y)
   delete(delete(t,y),x) = delete(delete(t,x),y)
   member(t,x) ⟹ insert(t,x) = t
   NOT member(t,x) ⟹ delete(t,x) = t
   member(t,x) ⟹ insert(delete(t,x),x) = t
   NOT member(t,x) ⟹ delete(insert(t,x),x) = t
   pred(t,x) < x < succ(t,x)
   -∞ < x < +∞
∀t ∈ T, ∀x,y ∈ X, x < y:
   member(t,y) AND y ≠ succ(t,x) ⟹ succ(t,x) < y
∀t ∈ T, ∀x,y ∈ X, x > y:
   member(t,y) AND y ≠ pred(t,x) ⟹ pred(t,x) > y
∀t ∈ T, ∀x ∈ X:
   succ(t,x) ≠ +∞ ⟹ member(t,succ(t,x)) = true
   pred(t,x) ≠ -∞ ⟹ member(t,pred(t,x)) = true
```

5   Zirkuläre Liste

Auf einer first-in-first-out Warteschlange W seien PROCEDURE Enqueue(x: Elt); und
PROCEDURE Dequeue(VAR x: Elt); anwendbar für Elemente x von einem vorgegebenen
Typ Elt. Die Warteschlange werde als lineare Liste implementiert, wobei Dequeue auf
den Kopf und Enqueue auf den Schwanz von W zugreift. Enqueue fügt ein neues
Element am Schwanz der Schlange ein. Dequeue entfernt das Element am Kopf der
Schlange oder ruft die Prozedur Message('Schlange leer') auf.

Der Zeitaufwand der Operationen Dequeue und Enqueue soll O(1) betragen, d. h.
unabhängig von der Anzahl Elemente in der Warteschlange sein. Dies könnte durch zwei
externe Zeiger auf die Liste erreicht werden, einen auf den Kopf und einen auf den
Schwanz, aber in dieser Aufgabe soll ein einziger externer Zeiger, nennen wir ihn entry,
O(1)-Zugriff sowohl auf den Kopf wie auf den Schwanz erlauben. Dies kann erreicht
werden, wenn W als zirkuläre Liste implementiert wird, d. h. der Schwanz zeigt direkt auf
den Kopf. Zeigen Sie, wie dieser O(1)-Zugriff auf Kopf und Schwanz möglich ist. Wie
wird die leere Schlange dargestellt? Implementieren Sie die Warteschlange W mit allen
Deklarationen und den Prozeduren Enqueue, Dequeue und InitW, welche die leere
Schlange initialisiert.

Lösung

Der Zeiger entry zeigt auf ein ausgezeichnetes Listenelement, welches kein
Datenelement vom Typ Elt enthält, sondern lediglich als Marke dient (ein sogenanntes
sentinel). Durch diesen Programmier*trick* werden die Prozeduren Enqueue und Dequeue
besonders einfach. Die Listenelemente sind wie folgt definiert:

```
TYPE Cell = RECORD
                x: Elt;
                next: POINTER TO Cell;
            END;
VAR entry : POINTER TO Cell;
```

Die Warteschlange ist leer, wenn `entry↑.next = entry` gilt, d. h. wenn die Marke auf sich selbst zeigt. Die leere Warteschlange wird mit der Prozedur `InitW` initialisiert:

```
PROCEDURE InitW;
BEGIN
  NEW(entry);
  entry↑.next := entry;
  (* entry↑.x ist undefiniert *)
END InitW;
```

Falls die Warteschlange nicht leer ist, steht die Marke genau zwischen dem Schwanz und dem Kopf der Liste, d. h. wenn `head` der Zeiger auf den Kopf und `tail` der Zeiger auf den Schwanz ist, so gilt:

$$head = entry↑.next \qquad und \qquad entry = tail↑.next$$

Mit dieser Definition können die Operationen Enqueue und Dequeue mit Aufwand $O(1)$ durchgeführt werden:

```
PROCEDURE Dequeue(VAR x: Elt);
BEGIN
  IF (entry = entry↑.next) THEN
    Message('Schlange leer');
  ELSE
    x := entry↑.next↑.x;  entry↑.next := entry↑.next↑.next;
  END;
END Dequeue;
PROCEDURE Enqueue(x: Elt);
VAR head: POINTER TO Cell;
BEGIN
  entry↑.x := x;  head := entry↑.next;
  NEW(entry↑.next);  entry := entry↑.next;  entry↑.next := head;
END Enqueue;
```

6   (Ir)relevanz asymptotischer Aufwandsabschätzung

In der Tabelle

```
VAR T: ARRAY[1..n] OF INTEGER;
```

seien n Zahlen in aufsteigender Ordnung gespeichert.

a) Schreiben Sie zwei Prozeduren
```
PROCEDURE seq(z: INTEGER): INTEGER;
PROCEDURE bin(z: INTEGER): INTEGER;
```
welche das Array T sequentiell respektive binär nach z absuchen und entweder den Index i zurückgeben, falls $T[i] = z$, oder Null zurückgeben, falls z in T nicht vorkommt.

b) Unter vernünftigen Annahmen über den Zeitbedarf relevanter Operationen soll abgeschätzt werden, für welche Werte von n sequentielles Suchen in einem Array mit n Einträgen schneller ist als binäres Suchen.

7   Suchen in einem zwei-dimensionalen Array

Im Array `a`

```
CONST n = ...;
      m = ...;
VAR   a: ARRAY [1..n],[1..m] OF INTEGER;
```

seien die Zahlen in den Spalten und in den Zeilen jeweils aufsteigend sortiert, d. h. es gilt:

$$a[i,j] \leq a[i,j+1] \text{ für } i = 1, \ldots, n \text{ und } j = 1, \ldots, m - 1;$$

$$a[i,j] \leq a[i+1,j] \text{ für } i = 1, \ldots, n - 1 \text{ und } j = 1, \ldots, m.$$

a) Entwerfen Sie einen möglichst effizienten Algorithmus, der feststellt, ob eine vorgegebene Zahl `x` in `a` abgespeichert ist. Beschreiben Sie diesen Algorithmus in Worten und Bildern.

Hinweis: Vergleichen Sie `x` zuerst mit `a[1,m]`.

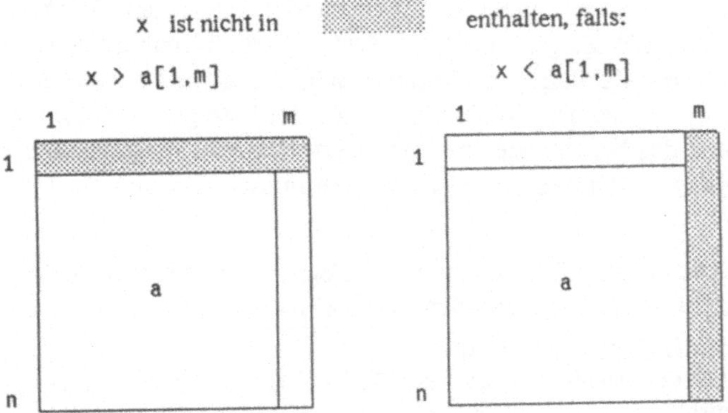

b) Realisieren Sie Ihren Algorithmus durch eine Prozedur:

```
PROCEDURE IsInArray(x: INTEGER): BOOLEAN;
```

c) Geben Sie eine Aufwandsabschätzung für Ihren Algorithmus.

8   Doppeltes Durchlaufen von Listen

Gegeben sei eine einfach verkettete Liste:

```
TYPE Element = RECORD
                   next : ElementPtr;
                   data : ...;
               END (* RECORD *);
     ElementPtr = POINTER TO Element;
VAR  head: ElementPtr; (* zeigt zum Kopf der Liste *)
```

a) Schreiben Sie eine rekursive Prozedur

```
PROCEDURE Traverse (p: ElementPtr);
```

mit deren Hilfe die Liste vom Anfang zum Ende und wieder zurück durchlaufen werden kann. Bei jedem der zwei Besuche eines Knotens soll die Prozedur

```
PROCEDURE Visit (p: ElementPtr);
```

aufgerufen werden.

b) Zur Lösung dieses Problems ist Rekursion mit dem dafür benötigten Stack aber nicht
notwendig, falls während der Verarbeitung die Struktur der Liste durch Umhängen
von Zeigern vorübergehend verändert werden darf. Lösen Sie dasselbe Problem
iterativ, wobei neben einigen lokalen Zeigern kein zusätzlicher Speicherplatz benötigt
werden darf.

9   Zählen von Knoten in einem Netzwerk

Durch die folgende Datenstruktur sei ein Netz vorgegeben:

```
TYPE Node = RECORD
                up, down, left, right: NodePointer;
                status : BOOLEAN;
            END (* RECORD *);
     NodePointer = POINTER TO Node;
VAR  origin: NodePointer;
```

Jeder Knoten ist mit maximal vier anderen verbunden. Wenn ein Nachbar nicht existiert,
wird der entsprechende Zeiger zu NIL gesetzt. Zwei Nachbarn sind immer doppelt
verkettet: verweist ein Knoten p auf einen Nachbarn q, so verweist auch q auf p; ist
z. B. p↑.left = q, so ist q↑.right = p. Der Zeiger origin zeigt auf einen
beliebigen Knoten des Netzes oder hat den Wert NIL. Wir betrachten das Problem, die
Anzahl N derjenigen Knoten im Netz zu bestimmen, die von origin aus erreicht
werden können.

a) Das Feld status aller Knoten habe zu Beginn den gleichen Wert, d. h. alle sind
TRUE oder alle sind FALSE. Wie benutzen Sie dieses Feld, um N zu bestimmen?

b) Schreiben Sie die folgende Prozedur
```
PROCEDURE CountNodes (Node: NodePointer): INTEGER;
```
die N bestimmt.

c) Ist es möglich, N ohne Benutzung des status Feldes und ohne Benutzung von
Rekursion zu lösen? Falls ja, so geben Sie bitte die Lösung an, falls nein, so begründen
Sie bitte Ihre Entscheidung.

10   Binäre Suchbäume

Ein binärer Suchbaum soll eine Menge von ganzen Zahlen verwalten.

a) Zeichnen Sie den Suchbaum, der nach Einfügen der Folge 8, 11, 3, 1, 9, 10 in
den leeren Baum entsteht.

b) Programmieren Sie unter Verwendung der folgenden Deklarationen die Prozeduren
Kleinster und EntferneKleinsten:

```
TYPE Knoten = RECORD
                 l, r: POINTER TO Knoten;
                 x: CARDINAL;
              END;
VAR Wurzel: POINTER TO Knoten; (* Wurzel = NIL bedeutet leeren Baum *)
PROCEDURE Kleinster (): CARDINAL;
(* ergibt die kleinste im Baum gespeicherte Zahl oder ruft die
   Prozedur Message('Baum leer') auf *)
PROCEDURE EntferneKleinsten;
(* entfernt die kleinste im Baum gespeicherte Zahl oder ruft die
   Prozedur Message('Baum leer') auf *)
```

Lösung

a)

```
            8
           / \
          3   11
         /   /
        1   9
             \
              10
```

b)

```
    PROCEDURE Kleinster (): CARDINAL;
    VAR p: POINTER TO Knoten;
    BEGIN
      IF (Wurzel = NIL) THEN
        Message ('Baum leer');
      ELSE
        p := Wurzel;
        WHILE (p↑.l <> NIL) DO  p := p↑.l;   END;
        RETURN p↑.x;
      END;
    END Kleinster;
    PROCEDURE EntferneKleinsten;
      PROCEDURE TesteKnoten (VAR p: POINTER TO Knoten);
      BEGIN
        IF (p↑.l # NIL) THEN  TesteKnoten (p↑.l);
                      ELSE p := p↑.r;   END;
      END TesteKnoten;
    BEGIN  (* EntferneKleinsten *)
      IF (Wurzel = NIL) THEN  Message ('Baum leer');
                      ELSE TesteKnoten (Wurzel);   END;
    END EntferneKleinsten;
```

11   Binäre Suchbäume und sortieren

Betrachten Sie einen Sortieralgorithmus, der n ganze Zahlen von links nach rechts aus einem Array A liest, nacheinander in einen anfänglich leeren binären Suchbaum einfügt, danach den Baum in einer geeigneten Ordnung traversiert und dabei die Zahlen der Grösse nach geordnet in dasselbe Array A zurückschreibt.

a) Geben Sie Deklarationen für das Array A und für den binären Suchbaum, inklusive der Typendefinitionen, die Sie brauchen.

b) Schreiben Sie die Prozedur traverse, welche die Zahlen sortiert in A zurückschreibt.

c) Analysieren Sie die asymptotische Komplexität dieses Sortierverfahrens als Funktion von n. Welchen Aufwand braucht die Phase des Einfügens, des Traversierens und Zurückschreibens? Betrachten Sie den günstigsten, den typischen und den schlimmsten Fall.

d) Ist es möglich, mit diesem Ansatz ein Sortierverfahren zu erhalten, das auch im schlimmsten Fall einen Zeitaufwand $O(n*\log n)$ hat?

12   "Schiefste" AVL-Bäume

Zeichne die "schiefsten" AVL-Bäume der Höhen $h = 0$ bis $h = 4$. Stelle eine Rekursionsformel für die Anzahl n_h der Knoten im schiefsten AVL-Baum der Höhe h auf. Gib das asymptotische Verhalten der Lösung dieser Rekursionsgleichung an.

Lösung

Definition: Ein "schiefster" AVL-Baum der Höhe h ist ein AVL-Baum der Höhe h mit minimaler Anzahl Knoten:

```
h = 0:              *


h = 1:              *
                     \
                      *
```

Sei T_h der "schiefste" AVL-Baum mit Höhe h. Man erhält T_h $(h >= 2)$, indem man an einen neuen Wurzelknoten die 2 "schiefsten" AVL-Bäume T_{h-1} und T_{h-2} anhängt:

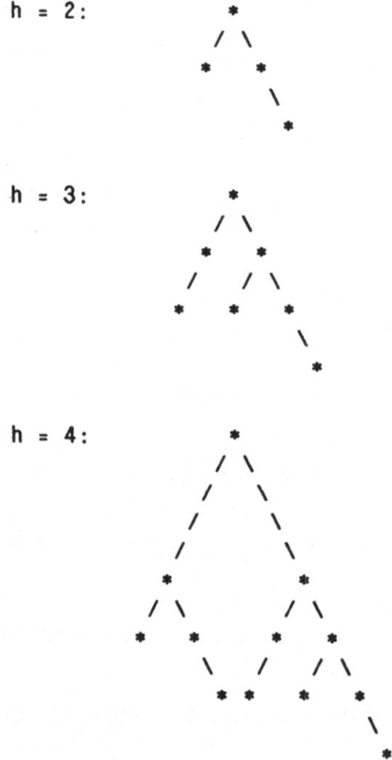

Die Rekursionsformel für die Anzahl Knoten lautet:

$$n_h = n_{h-1} + n_{h-2} + 1, \qquad n_0 = 1, \qquad n_1 = 2. \qquad [1]$$

Zur Lösung von [1] suchen wir zuerst eine Lösung der Rekursionsformel:

$$m_h = m_{h-1} + m_{h-2}, \qquad m_0 = 0, \qquad m_1 = 1. \qquad [2]$$

Zur Lösung von [2] versuchen wir den folgenden Ansatz:

$$m_h = c * r^h, \text{ mit zu bestimmenden Konstanten } c \text{ und } r. \qquad [3]$$

Eingesetzt in die Rekursionsformel [2] ergibt das:

$$c * r^h = c * r^{h-1} + c * r^{h-2}$$

$$c * r^{h-2} * (r^2 - r - 1) = 0$$

Die Lösungen $c = 0$ und $r = 0$ dieser Gleichung sind hier uninteressant. Wir versuchen daher die Gleichung

$$r^2 - r - 1 = 0 \qquad [4]$$

zu lösen. Diese Gleichung ist von der Form

$$a^2 - 2ab + b^2 = x^2, \quad \text{d. h.} \quad (a - b)^2 = x^2$$

mit den Lösungen:

$$a - b = x \quad \text{und} \quad b - a = x$$

In unserem Fall ist $a = r$, $b = 1/2$ und $x = (\sqrt{5})/2$:

$$r^2 - r + 1/4 = 5/4$$

d. h. die Lösungen von $[4]$ sind:

$$r_1 = 1/2 - (\sqrt{5})/2; \quad r_2 = 1/2 + (\sqrt{5})/2$$

Die allgemeinste Lösung von $[3]$ ist eine Linearkombination der beiden Teillösungen für r :

$$m_h = c_1 * ((1 + \sqrt{5})/2)^h + c_2 * ((1 - \sqrt{5})/2)^h$$

Bestimmen der Konstanten c_1 und c_2 :

$$m_0 = 0: \quad c_1 + c_2 = 0$$

$$m_1 = 1: \quad c_1 * (1 + \sqrt{5})/2 + c_2 * (1 - \sqrt{5})/2 = 1$$

Lösung des Gleichungssystems:

$$c_1 = 1/\sqrt{5}, \quad c_2 = -1/\sqrt{5}$$

Die vollständige Lösung der Rekursionsformel $[2]$ lautet somit:

$$m_h = 1/\sqrt{5} * ((1 + \sqrt{5})/2)^h - 1/\sqrt{5} * ((1 - \sqrt{5})/2)^h$$

Folgende Tabelle zeigt die Werte von m_h für $h \leq 12$ und daraus abgeleitet die Werte für n_h :

```
 h | m_h = m_h-1 + m_h-2 | n_h = n_h-1 + n_h-2 + 1
===|===================|========================
 0 |         0         |           1
 1 |         1         |           2
 2 |         1         |           4
 3 |         2         |           7
 4 |         3         |          12
 5 |         5         |          20
 6 |         8         |          33
 7 |        13         |          54
 8 |        21         |          88
 9 |        34         |         143
10 |        55         |
11 |        89         |         ...
12 |       144         |
```

Die Lösung der Rekursionsgleichung [1] lautet:

$$n_h = m_{h+3} - 1$$
$$= 1/\sqrt{5} * ((1 + \sqrt{5})/2)^{h+3} - 1/\sqrt{5} * ((1 - \sqrt{5})/2)^{h+3} - 1$$
$$= \underbrace{(1 + 2/\sqrt{5})}_{\sim\ 1.9} * ((1 + \sqrt{5})/2)^{h} + \underbrace{(1 - 2/\sqrt{5}) * ((1 - \sqrt{5})/2)^{h} - 1}_{\text{im Betrag} < 1}$$

$$\underbrace{}_{O(1)}$$

$$\Longrightarrow n_h \sim 1.9 * ((1 + \sqrt{5})/2)^{h} \quad \text{(asymptotisches Verhalten von } n_h)$$

$$\Longrightarrow \log_2 n_h \sim \underbrace{\log_2 (1.9)}_{O(1)} + h * \log_2 (1 + \sqrt{5})/2$$

$$\Longrightarrow h = (\log_2 n_h) / (\log_2 (1 + \sqrt{5})/2) + O(1)$$
$$\sim 1.44 \log_2 n_h$$

d. h. auch im schlimmsten Fall wächst die Höhe des AVL-Baumes nur logarithmisch in der Anzahl Knoten.

13   Effizienzabschätzung verschiedener Datenstrukturen

Das Softwarehaus *Schnelle Tabelle GmbH* erhielt im Jahre 1999 den Auftrag, ein Adressbuch für ein elektronisches Postnetz zu implementieren. Daran sind 1'000'000 Kunden angeschlossen, die sich jederzeit Meldungen zuschicken können. Zugriff zum Adressbuch geschieht über einen eindeutigen Schlüssel vom Typ INTEGER. Projektleiter L. Angsam hat beschlossen, 1 Megawort Speicher für die 1 Megakundenschlüssel zu reservieren und will diesen folgenderweise organisieren:

"In jedem Telefonbuch sind die am häufigsten gewählten Nummern am Anfang separat aufgeführt. Ähnlich spalten wir unser Adressbuch in zwei Teile auf. Die 20% der Kunden, die 80% der Zugriffe verursachen, speichern wir in einer separaten "Hochfrequenztabelle" von 200'000 Einträgen ab; die übrigen 800'000 speichern wir in einer "Niederfrequenztabelle". Statt in *einer* Tabelle mit 1'000'000 Einträgen zu suchen, suchen wir dann in 80% der Fälle nur noch in der kleinen Hochfrequenztabelle; nur in den übrigen 20% müssen wir dann auch noch die grössere Niederfrequenztabelle absuchen."

Als Chef der Tabellenabteilung müssen Sie entscheiden, ob L. Angsam:
1) einen Innovationspreis verdient, weil sein Vorschlag den Zugriff auf das Adressbuch wesentlich schneller macht, oder
2) wegen beruflicher Inkompetenz entlassen werden soll oder
3) Sie anders auf seinen Vorschlag reagieren wollen.

Begründen Sie Ihren Entscheid in einem 1-seitigen Urteil, das Sie am nächsten Treffen der Direktoren der *Schnelle Tabelle GmbH* vorlesen werden.

14   Perfekte Hashtabelle

Die 6 Kantonsnamen AG, BE, GE, NE, TI, ZH (und nur diese) müssen aus allen andern
Paaren von Buchstaben ausgewählt werden können. Dazu sollen sie in der unten
deklarierten Tabelle T so gespeichert werden, dass sie mittels der Adressberechnungs-
funktion h effizient aufgesucht werden können.

```
TYPE Adr = [0..7];
     Paar = RECORD
                  c1, c2: CHAR;
            END;
VAR T: ARRAY Adr OF Paar;
```

Schreiben Sie

a) eine möglichst einfache Funktion h, welche diese 6 Namen auf verschiedene Adressen
   im Bereich Adr abbildet,

b) eine Prozedur Member, welche für jedes Zeichenpaar angibt, ob es in T gespeichert ist
   oder nicht, und

c) die zugehörige Prozedur InitT, welche die perfekte Hashtabelle T mit den
   vorgegebenen 6 Namen initialisiert. (Eine perfekte Hashtabelle für 25 Namen wäre
   realistischer, aber dann wäre das Suchen nach einer geeigneten Hashfunktion h
   aufwendiger).

```
PROCEDURE h (Name: Paar): Adr;
PROCEDURE Member (Name: Paar): BOOLEAN;
PROCEDURE InitT;
```

Lösung

a)
```
PROCEDURE h (Name: Paar): Adr;
BEGIN
  RETURN (ORD(Name.c1) + ORD(Name.c2)) MOD 8;
END h;
```

b)
```
PROCEDURE Member (Name: Paar): BOOLEAN;
BEGIN
  RETURN (T [h (Name)] = Name);
END Member;
```

c)
```
PROCEDURE InitT;
BEGIN
  T[0].c1 := 'A'; T[0].c2 := 'G';
  T[1].c1 := ' '; T[1].c2 := ' ';
  T[2].c1 := 'Z'; T[2].c2 := 'H';
  T[3].c1 := 'N'; T[3].c2 := 'E';
  T[4].c1 := 'G'; T[4].c2 := 'E';
  T[5].c1 := 'T'; T[5].c2 := 'I';
  T[6].c1 := ' '; T[6].c2 := ' ';
  T[7].c1 := 'B'; T[7].c2 := 'E';
END InitT;
```

Programmieraufgaben

P1

Eine Quicksort Prozedur soll in ein Rahmenprogramm eingebettet werden. Dieses Rahmenprogramm soll

a) mit einem Zufallszahlengenerator einen zu sortierenden Arrayinhalt erzeugen (z. B. eine Permutation der natürlichen Zahlen von 1 bis n);

b) während des Sortierprozesses ständig ein 2-dimensionales Bild anzeigen, welches den Ordnungszustand des Arrays angibt (x-Achse: Index des Arrays von 1 bis n; y-Achse: der Rang des Elementes an i-ter Stelle, wobei das kleinste Element Rang 1 hat, das zweitkleinste Rang 2, das grösste Rang n; vor dem Sortieren erwarten wir eine "Zufallswolke", nach dem Sortieren eine Gerade über der Diagonalen);

c) eine Statistik über die Anzahl der benötigten Vergleiche und Transpositionen führen, diese am Schluss anzeigen und mit $n*\log_2 n$ vergleichen.

P2

Eine Heapsort Prozedur soll wie in Aufgabe P1 in ein Rahmenprogramm eingebettet werden. Danach soll ein faires Wettrennen zwischen Heapsort und Quicksort organisiert werden. Diesem Wettrennen sollen verschiedene zufällig erzeugte Daten zugrunde liegen. Das Wettrennen kann auf zwei Arten erfolgen: Entweder wird der Fortschritt auf dem Bildschirm dargestellt (wobei vielleicht die graphische Darstellung die Zeit bestimmt), oder (und) es wird nur sortiert und die Totalzeit mit einer Stoppuhr gemessen.

P3

Implementiere die in Aufgabe 4 spezifizierte abstrakte Datenstruktur *Tabelle* mit den auf ihr gegebenen Operationen durch binäre Suchbäume der Klasse AVL-Bäume, auch höhenbalancierte Bäume genannt. Der Wertebereich der zu speichernden Schlüssel seien Zeichenreihen (strings), auf denen die lexikographische Ordnung gegeben ist. Der Operator zum Vergleichen von Schlüsselwerten soll durch eine boolesche Funktionsprozedur realisiert werden. Schreiben Sie ein interaktives Testprogramm, das die Durchführung der Tabellenoperationen und zusätzlich eine Darstellung des Tabelleninhalts ermöglicht.

5.3   Vordiplom Informatik 1 und 2

1   Parser für Parameterlisten

Gegeben sei das folgende Syntaxdiagramm für Parameterlisten:

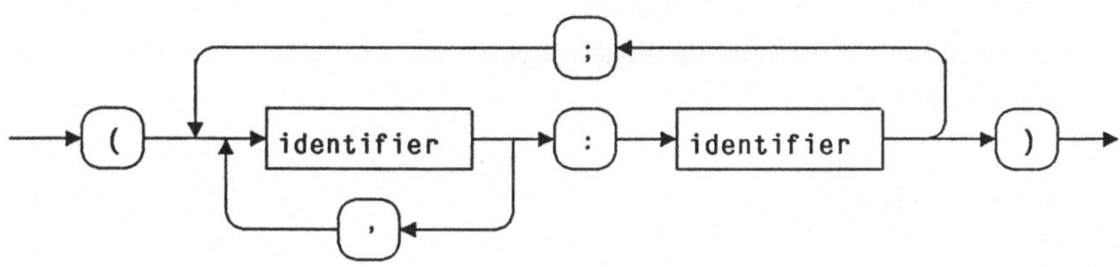

Ein `identifier` ist eine Folge von Buchstaben oder Ziffern, die mit einem Buchstaben beginnt.

a) Geben Sie für jede der folgenden Zeichenketten (1) bis (5) an, ob sie gemäss obigem Syntaxdiagramm eine syntaktisch korrekte Parameterliste ist oder nicht (ohne Berücksichtigung der beabsichtigten Semantik); im Falle einer inkorrekten Zeichenkette geben Sie das erste falsche Zeichen innerhalb der Zeichenkette an.

```
(1)        (x;y:boolean)
(2)        (a:a;t34,B:T)
(3)        ()
(4)        (x:integer;)
(5)        (z:complex;re,im:real)
```

b) Schreiben Sie einen Parser, der erkennt, ob eine Zeichenkette eine korrekte Parameterliste gemäss obigem Syntaxdiagramm darstellt. Die Zeichenkette soll von der Tastatur eingelesen werden; das Programm soll die Meldung, ob die Zeichenkette syntaktisch korrekt ist oder nicht, auf den Bildschirm schreiben. Verwenden Sie die folgende Prozedur `identifier`. Sie greift auf die zwei globalen Variablen `ch` und `error` zu. `ch` soll bei Aufruf von `identifier` und von `parser` bereits das nächste zu verarbeitende Zeichen enthalten. `error` wird `true` gesetzt, falls die eingelesene Zeichenreihe kein syntaktisch korrekter `identifer` ist.

```
var ch   : char;
    error: boolean; {auf false initialisiert}
procedure identifier;
begin
  if ch in ['A'..'Z', 'a'..'z'] then
    repeat  read(ch)  until not (ch in ['0'..'9', 'A'..'Z', 'a'..'z'])
  else
    error := true
end; {identifier}
```

Lösung

a)

```
(1) (x;y:boolean)    ist falsch   (x;            Meldung {: oder , erwartet}
(2) (a:a;t34,B:T)    ist richtig gemäss Syntaxdiagramm
(3) ()               ist falsch   ()             Meldung {identifier erwartet}
(4) (x:integer;)     ist falsch   (x:integer;)   Meldung {identifier erwartet}
(5) (z:complex;re,im:real)  ist richtig
```

b) Bemerkung: Leerzeichen werden als illegale Zeichen behandelt.

```
procedure parser;
begin
  if ch <> '(' then
    error := true
  else
    repeat
      repeat read(ch);  identifier  until ch <> ',';
      if ch <> ':' then  error := true
                   else begin  read(ch);  identifier  end
    until ch <> ';';
    if ch <> ')' then  error := true;
    write('Zeichenkette syntaktisch ');
    if error then  writeln('falsch')  else  writeln('richtig)
end; {parser}
```

2   Stackrechner und Suffixnotation

Ausdrücke in polnischer Suffixnotation sind aus Operanden und den Operatoren $+ - * /$
aufgebaut, wobei auf zwei Ausdrücke der zugehörige Operator folgt, wie in folgenden
Beispielen:

```
Infixnotation :  a + b * (c - d)      (a - b) * (c + d)
Suffixnotation:  a b c d - * +        a b - c d + *
```

a) Definieren Sie durch ein Diagramm die Syntax für Suffix-Ausdrücke, wobei sie im
   Syntaxdiagramm Operanden durch # abkürzen.

b) Ein Stackrechner nimmt als Input einen Ausdruck in Suffixnotation, dessen
   Operanden Zahlen sind, und evaluiert ihn. Beschreiben Sie, wie der Stack bei der
   Evaluation verwendet wird.

c) Programmieren Sie die zwei Funktionen push und stackop eines Interpreters für den
   Stackrechner, der Ihren Evaluationsalgorithmus aus b) realisiert. Wenn diese
   Funktionen erfolgreich durchgeführt werden können, sollen sie den Wert true
   ergeben, sonst (unter welchen Bedingungen?) false.

```
const m = 99;
type operator = (plus, minus, mult, divide);
var  s: array[0..m] of real;
     sp: integer; {stack pointer; Initialisierung: sp := 0}
function push(z: real): boolean;
function stackop(op: operator): boolean;
```

Lösung

a) Syntaxdiagramm für Suffixausdrücke:

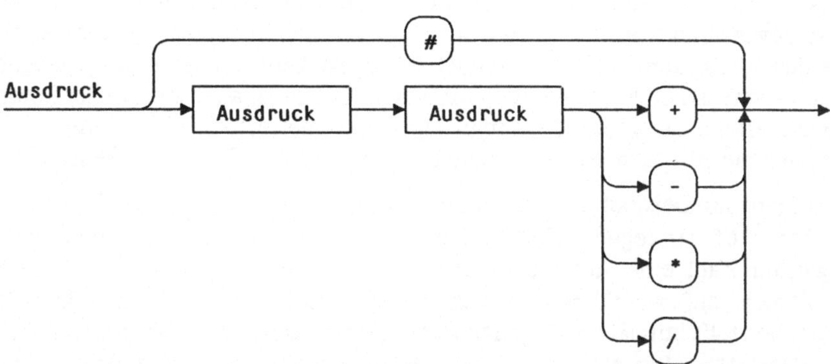

b) Der Stack ist anfangs leer. Eine Zahl als Input wird zuoberst auf dem Stack abgelegt, also ein `push` ausgeführt. Ein Operator bewirkt folgendes: Zuerst wird die oberste Zahl a, danach die zweitoberste Zahl b vom Stack entfernt (`pop`); das Resultat der Operation b op a (beachte Reihenfolge!) wird darauf wieder auf dem Stack abgelegt (`push`).

c)

```
function push(z: real): boolean;
var ok: boolean;
begin
  ok := sp <= m;
  if ok then begin  s[sp] := z;  sp := sp + 1  end;
  push := ok
end; {push}
function stackop(op: operator): boolean;
var ok: boolean;
begin
  ok := sp > 1;
  if ok then begin
    sp := sp - 1;
    case op of
      plus  : s[sp-1] := s[sp-1] + s[sp];
      minus : s[sp-1] := s[sp-1] - s[sp];
      mult  : s[sp-1] := s[sp-1] * s[sp];
      divide: s[sp-1] := s[sp-1] / s[sp]
    end
  end;
  stackop := ok
end; {stackop}
```

Bedingungen: Für push darf der Stack nicht voll sein, d. h. $sp \leq m$; für `stackop` muss er mindestens zwei Zahlen enthalten, d. h. $sp > 1$. Weitere Annahmen: op sei wirklich einer der vier Operatoren; andernfalls würde Pascal dies durch einen Range-Check beim Aufruf der `function stackop` erkennen. Arithmetische Fehler (Überlauf, Division durch Null) sind nicht berücksichtigt.

3   Wertetabelle mit unveränderlichem Inhalt

Ein Programm soll n vorgegebene ganze Zahlen, die nie verändert werden, aus allen anderen integer Werten auswählen und individuell erkennen können (nehmen wir an, weil sie Ausnahmewerte darstellen). Diese n Zahlen sollen in einer Tabelle derart gespeichert werden, dass man möglichst schnell erkennen kann, ob eine vorgegebene Zahl ein Ausnahmewert ist. Es kommen viele Methoden in Frage, aber die effizientesten nützen die Eigenschaft aus, dass sich die Menge der Ausnahmewerte nicht verändert. Für mehr als einige Dutzend Ausnahmewerte ist eine perfekte Hashtabelle am effizientesten.

Lösen Sie die Aufgabe am Beispiel n = 6, mit den sechs Zahlen 6, 14, 17, 38, 54, 64 und einem array[Adr] of integer. Finden Sie eine möglichst einfache Funktion h, welche jeder ganzen Zahl eine Adresse im Bereich 0 .. m1 zuordnet, wobei die 6 vorgegebenen Zahlen auf *verschiedene* Adressen abgebildet werden. Eine minimale perfekte Hashtabelle stellt mit m1 = 5 genau soviel Platz wie nötig zur Verfügung. Mit m1 > 5 ist es leichter, eine solche Funktion h zu finden, aber Sie müssen dann sicherstellen, dass andere als die gewünschten 6 Zahlen nicht fälschlicherweise auch erkannt werden. Verwenden Sie die Funktion h, um die Funktion Ausnahmewert zu programmieren, die feststellt, ob eine beliebige ganze Zahl einer der 6 Ausnahmewerte ist oder nicht. Die Prozedur initTabelle soll die perfekte Hashtabelle T richtig initialisieren. Verwenden Sie folgende Deklarationen und schreiben Sie folgende Funktionen und Prozeduren.

```
const m1 = ...;        {m1 = 5, 6 oder 7}
type Adr = 0 .. m1;
var T: array[Adr] of integer;
function h(z: integer): Adr;   { Hashfunktion }
function Ausnahmewert(z: integer): boolean; { Erkennungsfunktion }
procedure initTabelle; { Initialisierungsprozedur }
```

Lösung

Es gibt vermutlich noch einfachere Lösungen als die folgende. Beachte: h(0) = 0, aber T[0] = 17, daher wird die Zahl 0 als nicht zum Tabelleninhalt gehörig erkannt, obschon sie in T[4] und in T[7] gespeichert ist.

```
const m1 = 7;
function h(z: integer): Adr;
begin
  h := (z div 10 + z mod 10) mod 8
end;
function Ausnahmewert(z: integer): boolean;
begin
  Ausnahmewert := T[h(z)] = z
end;
procedure initTabelle;
begin
  T[0] := 17;
  T[1] := 54;
  T[2] := 64;
  T[3] := 38;
  T[4] :=  0; {jedes z mit h(z) <> 4 kann "leer" anzeigen}
  T[5] := 14;
  T[6] :=  6;
  T[7] :=  0  {jedes z mit h(z) <> 7 kann "leer" anzeigen}
end;
```

4   Menüsteuerung

Das folgende Rahmenprogramm führt einen Dialog, dessen Verhalten durch ein Netz
von Bildschirmseiten beschrieben wird.

```
program TWS;
  var np: boolean; {Normalpfad next}
  procedure next;
  var ch: char;
  begin
    writeln('type any key to continue');  read(ch)
  end; {next}
  procedure nextskip;
  var ch: char;
  begin
    writeln('s to skip, any other key to continue');
    read(ch);  np := ch <> 's'
  end; {nextskip}
  procedure nextrep;
  var ch: char;
  begin
    writeln('r to repeat, any other key to continue');
    read(ch);  np := ch <> 'r'
  end; {nextrep}
  procedure T;
  begin
    page(output);  writeln('Titelseite');  nextskip
  end; {T}
  procedure W;
  begin
    page(output);  writeln('Wiederholungsseite');  next
  end; {W}
  procedure S;
  begin
    page(output);  writeln('Schlussseite');  nextrep
  end; {S}
  begin
    repeat  T;  if np then W;  S  until np
  end. {TWS}
```

a) Auf wenigen Zeilen soll das Dialogverhalten dieses Rahmenprogramms beschrieben
   werden, insbesondere die Dialogsteuerungsbefehle, die den Benutzer durch das Netz
   leiten.

b) Ergänzen Sie das `program TWS` (durch Variablen, Funktionen oder Prozeduren für die
   neu eingeführten Dialogsteuerungsbefehle), und ändern Sie den Körper des
   Hauptprogramms, um ein `program TWMS` zu erhalten, in dem die Seite W durch ein
   Netz WM ("Wiederholungsmenü") von 4 Seiten ersetzt wird: eine Menüseite M, von der
   man zwei Seiten S1 und S2 anwählen kann, und eine Seite MS, die WM abschliesst.

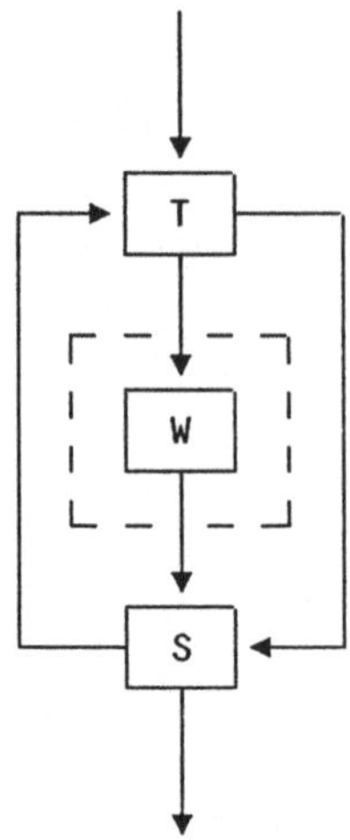

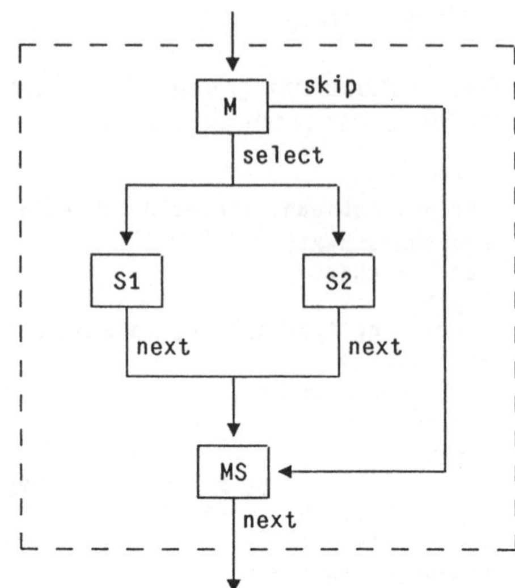

Lösung

a) Der Benutzer sieht die Titelseite. Drückt er nun 's', dann gelangt er sofort zur Schlussseite, sonst sieht er die Wiederholungsseite und erst nach dem Drücken einer beliebigen weiteren Taste die Schlussseite. Von da bringt ihn 'r' wieder auf die Titelseite, alle anderen Tasten führen zum Verlassen des Programmes.

b) Der systematische Aufbau von dialogführenden Rahmenprogrammen hat den Vorteil, dass Modifikationen leicht werden. Das gegebene program TWS wird zum gewünschten program TWMS durch zwei Ergänzungen oder Modifikationen:

   1) eine neue Dialogsteuerungsprozedur selskip mit einer globalen Selektions-variablen s;

   2) eine Prozedur WM für das Wiederholungsmenü anstelle der Seitenprozedur W.

Die Abkürzung "..." bedeutet "unverändert von TWS übernommen". Beachte: das Hauptprogramm bleibt unverändert - anstatt W wird einfach WM aufgerufen.

```
program TWMS;
  var np: boolean; {Normalpfad: next, select}
      s: integer; {Zweig Nr. s aus m-facher Verzweigung ausgewählt}
  procedure next;
  ...
  procedure nextskip;
  ...
  procedure nextrep;
  ...
  procedure selskip(m: integer);
  {m-fache Verzweigung, sinnvoll für 2 <= m <= 9}
  var ch: char;
  begin
    writeln('Select from 1 to ', m,', s to skip');
    read(ch);
    np := ch <> 's'; {Normalpfad ist Selektion}
    s := ord(ch) - ord('0');
    if (s < 1) or m < s then s := 1  {default}
  end; {selskip}
```

```
  procedure T;
  ...
  procedure WM;
    procedure M;
    begin
      page(output);  writeln('Menuseite');
      selskip(2)  {zweifache Verzweigung}
    end; {M}
    procedure S1;
    begin
      page(output);  writeln('Seite S1');   next
    end; {S1}
    procedure S2;
    begin
      page(output);  writeln('Seite S2');   next
    end; {S2}
    procedure MS;
    begin
      page(output);  writeln('Menü-Schlussseite');   next
    end; {MS}
  begin {WM}
    M;
    if np then
      case s of 1: S1;
                2: S2;
      end;
    MS
  end; {WM}
  procedure S;
  ...
begin {main TWMS}
  repeat  T;  if np then WM;  S  until np
end. {TWMS}
```

5   Binäre Suchbäume

Ein binärer Suchbaum verwaltet eine Menge von ganzen Zahlen.

a) Definieren Sie den Begriff "binärer Suchbaum".

b) Zeichnen Sie den Suchbaum, der nach Einfügen der Folge 7, 4, 15, 24, 6, 9, 21 in den leeren Baum entsteht.

c) In der einfachsten Version eines binären Suchbaumes wird ein leerer Teilbaum durch den Zeigerwert `nil` angegeben. Z. B. enthält ein Knoten ohne linken Teilbaum in seinem linken Zeigerfeld l den Wert `nil`.
Beweise: In einem Baum mit n $(n > 0)$ Knoten gibt es genau $n+1$ Zeiger mit dem Wert `nil`.

d) In den folgend beschriebenen "Suchbäumen mit schneller sequentieller Verarbeitung" verwenden wir die Felder, die in c) den Wert nil enthalten, um den Zugriff auf den unmittelbaren Vorgänger und Nachfolger schneller zu gestalten. Ein Knoten ohne linken Teilbaum enthält in seinem linken Zeigerfeld nicht mehr nil, sondern einen Zeiger auf den Vorgänger, d. h. die nächstkleinere Zahl. Analog enthält ein Knoten ohne rechten Teilbaum in seinem rechten Zeigerfeld einen Zeiger auf den Nachfolger, wie im Bild dargestellt. Die Zweideutigkeit (Teilbaum oder Vorgänger/Nachfolger) wird durch zwei boolesche Felder bl und br vermieden: diese enthalten den Wert true, wenn der zugehörige Zeiger (l bzw. r) auf einen Teilbaum zeigt ("übliche" Verwendung), den Wert false, wenn der Zeiger auf den Vorgänger oder Nachfolger zeigt oder wenn keine grössere (kleinere) Zahl im Baum ist.

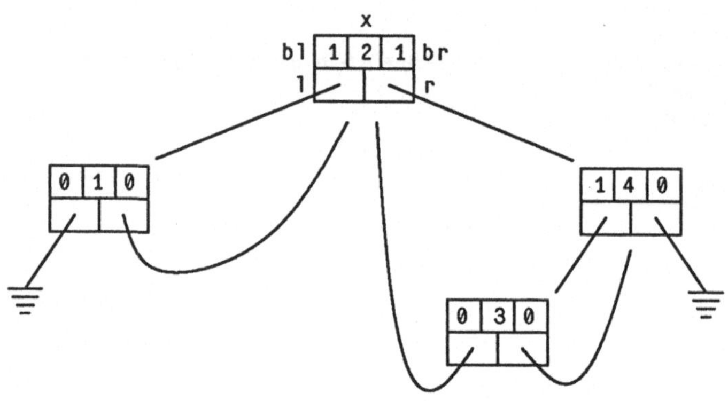

Der Komponententyp des Baumes sei wie folgt definiert:

```
type Kptr   = ↑Knoten;
     Knoten = record
                 l, r: Kptr; {links und rechts Zeiger}
                 bl, br: boolean; {Teilbaum?}
                 d: integer; {Daten}
              end;
```

Unter Verwendung dieser Definition soll nun die Funktion successor programmiert werden, die den Nachfolger von K ermittelt, d. h. den Knoten mit der nächstgrösseren Zahl:

```
function successor(K: Kptr): Kptr;
```

e) Geben Sie die Funktion insert an, die eine neue Zahl in einen "Baum mit schneller sequentieller Verarbeitung" einfügt:

```
function insert(var K: Kptr; x: integer): boolean;
```

insert fügt x in Baum K ein. true wird zurückgegeben, falls x neu eingefügt wird, false, falls x schon im Baum enthalten ist.

Lösung

a) Ein binärer Baum ist entweder ein leerer Baum oder ein Knoten (genannt Wurzel des Baumes) mit zwei Teilbäumen, die ihrerseits binäre Bäume sind. Ein binärer Suchbaum für n Elemente $x_1 \, .. \, x_n$ aus einem Wertebereich, auf dem eine totale Ordnungsrelation $\leq$ definiert ist, ist ein binärer Baum mit n Knoten und einer eineindeutigen Zuordnung der n gegebenen Elemente zu den n Knoten derart, dass die auf den Knoten definierte Ordnung *inorder* mit der Ordnung $\leq$ der Elemente zusammenfällt.

b) Binärer Suchbaum:

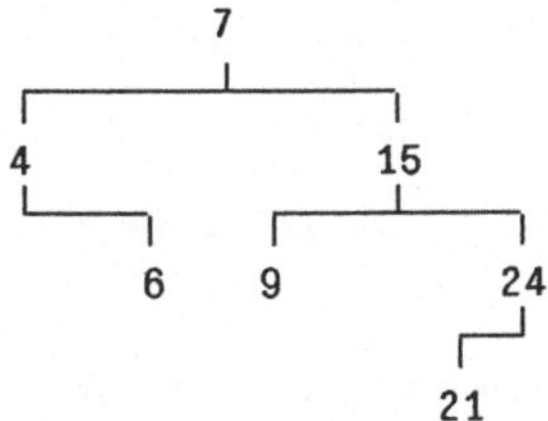

c) Beweis durch Induktion nach der Anzahl n der Knoten:

Induktionsverankerung:

Ein Baum mit 1 Knoten hat $2 = 1 + 1$ Zeiger mit dem Wert `nil`.

Induktionshypothese:

Für einen festen Wert $n > 0$ habe jeder Baum mit höchstens n Knoten $n + 1$ `nil`-Zeiger.

Induktionsschritt:

Betrachte einen beliebigen Baum mit $n + 1$ Knoten. Entferne ein Blatt (ein solches existiert, denn hätten alle Knoten Söhne, dann wäre der Baum unendlich). Der Baum verliert zwei `nil`-Zeiger in diesem Blatt, erhält aber einen neuen im Vater des Blattes, verliert also total genau einen `nil`-Zeiger. Der modifizierte Baum hat n Knoten, nach Induktionshypothese also $n + 1$ `nil`-Zeiger. Der ursprüngliche Baum mit $n + 1$ Knoten hatte also $(n + 1) + 1$ `nil`-Zeiger. Da n beliebig ist, gilt die Annahme für alle $n \geq 1$.

d)
```
function successor(K: Kptr): Kptr;
var p: Kptr;
begin
  if K↑.br then begin  {nicht-leerer rechter Teilbaum}
                  p := K↑.r;
                  while p↑.bl do p := p↑.l;
                  successor := p
              end
          else successor := K↑.r  {nil wenn es keinen gibt}
end; {successor}
```

e)

```
function insert (var K: Kptr; x: integer): boolean;
var p: Kptr;
  procedure newcell(var np: Kptr; lp, rp: Kptr);
  {setzt Zeiger np auf eine neue Zelle und setzt alle Felder darin}
  begin
    new(np);
    with np↑ do begin  d  := x;  l  := lp;  r := rp;
                       bl := false;  br := false         end
  end; {newcell}
begin
  insert := true;
  if K = nil then  newcell(K, nil, nil)
  else if x < K↑.d then
    if K↑.bl then  insert := insert(K↑.l, x)
             else begin
                   p := K↑.l;  K↑.bl := true;  newcell(K↑.l, p, K)
                 end
    else if x > K↑.d then
      if K↑.br then insert := insert(K↑.r, x)
      else begin
        p := K↑.r;  K↑.br := true;  newcell(K↑.r, K, p)
      end
    else insert := false
end; {insert}
```

6 Die Flagge von Alfanumerica
Eine algorithmische Novelle über Iteration und Rekursion

Die Vereinigten Staaten von Alfanumerica hatten im Zuge der Automatisierung der Flaggenindustrie einen Wettbewerb für die eleganteste Programmierung ihrer Flagge ausgeschrieben:

k Blanks gefolgt von k Sternen

zweimal (k/2 Blanks, k/2 Sterne)

......

und so weiter verdoppelt und halbiert

Alle eingegangenen Lösungen fielen in zwei Klassen, die iterativen und die rekursiven. Über die Auswahl der besten Lösung entbrannte zwischen den Verfechtern dieser algorithmischen Ansätze ein Bürgerkrieg, der das Land in die Iterativen Staaten von Alfanumerica ISA und die Rekursiven Staaten von Alfanumerica RSA spaltete. Beide Nationen haben dieselbe Flagge, aber ganz verschiedenartige Herstellungsalgorithmen.

a) Schreiben Sie eine Prozedur procedure ISA(k: integer); welche für eine Zweierpotenz k ($\leq$ die halbe Zeilenlänge des Ausgabegerätes) die Flagge iterativ ausdruckt.

b) Erklären Sie, warum die alfanumerische Terminalindustrie in RSA viel innovativer ist als diejenige in ISA; alle in RSA hergestellten Terminals erlauben Positionierung innerhalb einer Zeile, Zeilenvorschub und Zeilenrückschub.

c) Machen Sie Annahmen über die genauen Positionierungsbefehle eines modernen RSA-Terminals, und schreiben Sie dafür eine rekursive Flaggenprozedur

```
procedure RSA(k: integer);
```

d) Erklären Sie ein Phänomen, das sich als völlig unvorhergesehene Folge der Automatisierungswelle eingestellt hat: In beiden Ländern sieht man heute Flaggen, die um 90° gedreht im Winde wehen.

Lösung

a)

```
procedure ISA(k: integer);
var i, j, l, m: integer;
begin
  i := 1; {Anzahl Läufe, wird verdoppelt}
  j := k; {Länge eines Laufes aufeinanderfolgender Sterne oder blanks}
  while j >= 1 do begin
    for l := 1 to i do begin
      for m := 1 to j do write(' ');
      for m := 1 to j do write('*')
    end;
    writeln;
    i := i * 2; j := j div 2
  end
end;
```

b) Auf jedem Terminal muss natürlich die Landesflagge dargestellt werden können. In ISA genügen Zeichenausgabe, `write()`, und Vorschub auf die erste Position der nächsten Zeile, `writeln`. Eine rekursive Lösung für RSA sieht etwa so aus: Um eine Flagge der Breite 2*k zu zeichnen, druckt man k Blanks und k Sterne und, falls k > 1, in jeder Hälfte eine Flagge der Breite k. Nötig ist also ein Zeilenvorschub und Rückschub (um nach dem Zeichnen der linken Teilflagge an den Anfang der rechten hinaufzukommen) und das Verschieben des Cursors. Die Terminals aus RSA müssen also viel mehr können, wenn man das Zwischenspeichern der Flagge vermeiden will.

c) Es mögen folgende 3 Prozeduren existieren:

`procedure up;`
Bringt den Cursor 1 Zeile nach oben, ohne seitliche Verschiebung.

`procedure down;`
Bringt den Cursor 1 Zeile nach unten, ohne seitliche Verschiebung.

`procedure lr(n:integer);`
Verschiebt den Cursor n Stellen nach rechts.

Für n = 0 bleibt der Cursor unverändert, für n < 0 wandert er -n Stellen nach links.

```
procedure RSA(k:integer);
{ Annahme: der Cursor steht auf der linken oberen Ecke
  der zu zeichnenden Flagge; am Ende steht er eine Position
  rechts von der rechten oberen Ecke der Flagge }
var i:integer;
begin
  lr(k);  for i := 1 to k do write('*');
  if k > 1 then begin lr(-2*k); down;
                      RSA(k div 2); RSA(k div 2);
                      up
              end
end; {RSA}
```

d) In beiden Ländern lässt sich die um 90° gedrehte Flagge einfacher drucken: in ISA, indem man die Zahlen $0 \ .. \ 2*k - 1$ als $(1 + \log_2 k)$ - stellige Binärzahlen mit Stern als 0 und Blank als 1 untereinander druckt, in RSA mit folgendem Programm:

```
procedure RSA90(b: integer; a: string);
{ drucke Teilflagge der Breite b und Höhe 2^b,
  rechts von jeder Zeile ist a angehängt }
begin
  if b < 1 then writeln(a)
  else begin RSA90(b-1, concat(' ', a));
             RSA90(b-1, concat('*', a))
       end
end; {RSA90}
```

Der erste Aufruf übergibt die Zeilenlänge zl des Terminals und den Leerstring:

```
RSA90(zl, '');
```

Literaturübersicht

[AHU]   A. V. Aho, J. E. Hopcroft, J. D. Ullman,
Data Structures and Algorithms,
Addison-Wesley, Reading, Massachusetts, 1983.

[Ben 82] J. Bentley,
Writing Efficient Programs,
Prentice Hall, Englewood Cliffs, NJ, 1982.

[Ben 85] J. Bentley,
Programming Pearls: Thanks, Heaps,
Commun. ACM, Vol. 28, No. 3, 245 - 250, 1985.

[BG]   F. L. Bauer, G. Goos,
Informatik: Eine einführende Übersicht,
Springer Verlag, Berlin, Heidelberg, New York, 3. Auflage, 1984.

[BW]   F. L. Bauer, H. Wössner,
Algorithmische Sprache und Programmentwicklung,
Springer Verlag, Berlin, Heidelberg, New York, 2. Auflage, 1984.

[BZ]   K. Bauknecht, C. A. Zehnder,
Grundzüge der Datenverarbeitung,
B. G. Teubner Verlag, 1983.

[Dij]   E. W. Dijkstra,
The Discipline of Programming,
Prentice Hall, Englewood Cliffs, NJ, 1976.

[Gon]   G. H. Gonnet,
Handbook of Algorithms and Data Structures,
Addison-Wesley, Reading, Massachusetts, 1984.

[Gri]   D. Gries,
The Science of Programming,
Springer Verlag, Berlin, Heidelberg, New York, 1984.

[Heh]   E. C. R. Hehner,
The Logic of Programming,
Prentice Hall, Englewood Cliffs, NJ, 1984.

[KMW]   E. B. Koffman, P. L. Miller, C. E. Wardle,
Recommended curriculum for CS1, 1984,
Commun. ACM, Vol. 27, No. 10, 998 - 1001, 1984.

[KSW]   E. B. Koffman, D. Stemple, C. E. Wardle,
Recommended curriculum for CS2, 1984,
Commun. ACM, Vol. 28, No. 8, 815 - 818, 1985.

[Knu]   D. E. Knuth,
The Art of Computer Programming,
Vol. 1: Fundamental Algorithms, 1968,
Vol. 2: Seminumerical Algorithms, 1969,
Vol. 3: Sorting and Searching, 1973,
Addison-Wesley, Reading, Massachusetts.

[Meh]   K. Mehlhorn,
Data Structures and Algorithms,
Vol. 1: Sorting and Searching,
Vol. 2: Graph Algorithms and NP-completeness,
Vol. 3: Multi-dimensional Search and Computational Geometry,
EATCS Monographs on Theoretical Computer Science,
Springer Verlag, Berlin, Heidelberg, New York, 1984.

[Nol]   H. Noltemeier,
Informatik I: Einführung in Algorithmen und Berechenbarkeit,
Informatik III: Einführung in Datenstrukturen,
Hanser Verlag, München, 1982.

[NVH]   J. Nievergelt, A.Ventura, H. Hinterberger,
Interactive Computer Programs for Education:
Philosophy, Techniques, and Examples,
Addison-Wesley, Reading, Massachusetts, 1986.

[Ral]   A. Ralston,
The first course in computer science needs a mathematics corequisite,
Commun. ACM, Vol. 27, No. 10, 1002 - 1005, 1984.

[RND]   E. M. Reingold, J. Nievergelt, N. Deo,
Combinatorial Algorithms,
Prentice Hall, Englewood Cliffs, NJ, 1977.

[Sed 77]   R. Sedgewick,
The Analysis of Quicksort Programs,
Acta Informatica 7, 327 - 355, 1977.

[Sed 78]   R. Sedgewick,
Implementing Quicksort Programs,
Commun. ACM, Vol. 21, No. 10, 847 - 857, 1978.

[Sed 83]   R. Sedgewick,
Algorithms,
Addison-Wesley, Reading, Massachusetts, 1983.

[Wir 85]   N. Wirth,
Programmieren in Modula-2,
Springer Verlag, Berlin, Heidelberg, New York, 1985.

[Wir 86]   N. Wirth,
Algorithmen und Datenstrukturen mit Modula-2,
B. G. Teubner Verlag, Stuttgart, 4. Auflage, 1986.

Stichwortverzeichnis

Studienreihe Informatik

Herausgegeben von W. Brauer und G. Goos

P. C. Lockemann, H. C. Mayr: **Rechnergestützte Informationssysteme.** X, 368 S., 37 Abb. *1978.*

A. K. Salomaa: **Formale Sprachen.** Übersetzt aus dem Englischen von E.-W. Dieterich. IX, 314 S., 18 Abb., 5 Tab. *1978.*

F. L. Nicolet (Hrsg.): **Informatik für Ingenieure.** Unter Mitarbeit von W. Gander, J. Harms, P. Läuchli, F. L. Nicolet, J. Vogel, C. A. Zehnder. X, 187 S., 53 Abb., 20 Tab. *1980.*

A. Bode, W. Händler: **Rechnerarchitektur – Grundlagen und Verfahren.** XI, 278 S., 140 Abb., 4 Tab. *1980.*

B. W. Kernighan, P. L. Plauger: **Programmierwerkzeuge.** Übersetzt aus dem Englischen von I. Kächele, M. Klopprogge. IX, 492 S. *1980.*

A. N. Habermann: **Entwurf von Betriebssystemen – Eine Einführung.** Übersetzt aus dem Englischen von K.-P. Löhr. XII, 444 S., 87 Abb. *1981.*

T. W. Olle: **Das Codasyl-Datenbankmodell.** Übersetzt aus dem Englischen von H. Münzenberger. XXIV, 389 S. *1981.*

K. E. Ganzhorn, K. M. Schulz, W. Walter: **Datenverarbeitungssysteme – Aufbau und Arbeitsweise.** XVI, 305 S., 181 Abb., 1 Schablone als Beilage. *1981.*

B. Buchberger, F. Lichtenberger: **Mathematik für Informatiker I – Die Methode der Mathematik.** 2., korrigierte Auflage. XIII, 315 S., 30 Abb. *1981.*

F. L. Bauer, H. Wössner: **Algorithmische Sprache und Programmentwicklung.** Unter Mitarbeit von H. Partsch, P. Pepper. 2., verbesserte Auflage. XV, 513 S. *1984.*

F. Gebhardt: **Dokumentationssysteme.** 331 S., 14 Abb. *1981.*

E. Horowitz, S. Sahni: **Algorithmen – Entwurf und Analyse.** Übersetzt aus dem Amerikanischen von M. Czerwinski. XIV, 770 S. *1981.*

W. Sammer, H. Schwärtzel: **CHILL – Eine moderne Programmiersprache für die Systemtechnik.** XIII, 191 S., 165 Abb. *1982.*

P. C. Lockemann, A. Schreiner, H. Trauboth, M. Klopprogge: **Systemanalyse – DV-Einsatzplanung.** XIV, 342 S., 119 Abb. *1983.*

A. Bode, W. Händler: **Rechnerarchitektur II – Strukturen.** XI, 328 S., 164 Abb. *1983.*

H. A. Klaeren: **Algebraische Spezifikation – Eine Einführung.** VII, 235 S. *1983.*

H. Niemann: **Klassifikation von Mustern.** X, 340 S., 77 Abb. *1983.*

W. Heise, P. Quattrocchi: **Informations- und Codierungstheorie – Mathematische Grundlagen der Daten-Kompression und -Sicherung in diskreten Kommunikationssystemen.** X, 370 S., 62 Abb. *1983.*

K. Däßler, M. Sommer: **Pascal – Einführung in die Sprache; DIN-Norm 66256; Erläuterungen.** 2. Auflage. Unter Mitarbeit von A. Biedl. XIII, 248 S. *1985.*

G. Blaschek, G. Pomberger, F. Ritzinger: **Einführung in die Programmierung mit Modula-2.** VII, 279 S., 26 Abb. *1986.*

R. Marty: **Methodik der Programmierung in Pascal.** 3. Auflage. IX, 201 S., 33 vollständige Programmbeispiele. *1986.*

W. Reisig: **Petrinetze – Eine Einführung.** 2., überarbeitete und erweiterte Auflage. IX, 196 S., 111 Abb. *1986.*

H. Stoyan, G. Görz: **LISP – Eine Einführung in die Programmierung.** XI, 1. korrigierter Nachdruck. 358 S., 29 Abb. *1986.*

J. Nievergelt, K. Hinrichs: **Programmierung und Datenstrukturen – Eine Einführung anhand von Beispielen.** XI, 149 S. *1986.*

E. Jessen, R. Valk: **Rechensysteme.** XVI, 562 S., 269 Abb. *1987.*